JN296396

文法・談話研究と
日本語教育の接点

阿部二郎・庵功雄・佐藤琢三 【編】

くろしお出版

まえがき

　本書は、砂川有里子先生のご退職を記念して、先生にゆかりのある筆者が集まって一書としたものです。

　本書の題名である『文法・談話研究と日本語教育の接点』は、砂川先生の主著の1つである『文法と談話の接点』（くろしお出版2005年）にならったものですが、「文法」「談話」「日本語教育」は、砂川先生の研究・教育上のフィールドを表すキーワードでもあります。

　「文法」「談話」「日本語教育」は、「日本語学」建学の最大の功労者である故寺村秀夫先生の研究を位置づけるキーワードでもあります。文法、談話の研究と日本語教育を結びつけるという課題は、「日本語学」建学以来一貫した課題であり続けています。本書に掲載された15本の論文は、15人の筆者がこの課題に挑んだ最新の研究成果です。

　本書の最後には、砂川先生と白川博之氏の対談を収録しました。これは、「寺村文法の継承」をテーマに、寺村先生にゆかりの深いお二人にお話しいただいたものです。この内容は、研究史的にも貴重なものと言えるでしょう。

　本書は、筑波大学で砂川先生に教えを受けた阿部、佐藤と、砂川先生から研究上の多くの学恩を受けてきた庵が相談して起案し、砂川先生にゆかりのある方々に執筆をお願いして一書としたものです。

　本書の出版に当たってお世話になったくろしお出版の池上達昭さん、荻原典子さんに心から感謝申し上げます。

2015年3月
編者一同

目 次

まえがき i

第1章 補助動詞テオク .... 佐藤琢三 1
　　　──意味・語用論的特徴と学習者の問題──

第2章 「産出のための文法」に関する一考察 .... 庵　功雄 19
　　　──「100%を目指さない文法」再考──

第3章 従属節の共起について .... 長谷川守寿 33
　　　──接続助詞ガ・ケド類を持つ節を対象に──

第4章 引用句内におけるコピュラの非出現について .... 阿部二郎 57
　　　──「～だと思う」と「～と思う」──

第5章 文末のムード形式とポライトネス .... 牧原　功 79
　　　──「だろう」の機能を中心に──

第6章 格助詞から接続詞への拡張について .... 天野みどり 99
　　　──「が」「のが」「それが」──

第7章 非文末「ですね」.. 冨樫純一 119
　　　──使用実態・機能・効果──

第8章 学生－教員間会話における話題提供者の「ね」の使用
　　　──ポライトネスと「ね」の意味に注目して── .... 生天目知美 137

第9章　日本語の試食会におけるモダリティと
　　　　エビデンシャリティの用い方............ポリー・ザトラウスキー　159
　　　　──日本語母語話者と非母語話者のアメリカ人との違い──

第10章　論説的な文章・談話における文末表現の使われ方について
　　　　──ラジオ講座のテキストと講義の対照──..............渡辺文生　179

第11章　作文教育における文章論と日本語教育の接点........木戸光子　201
　　　　──日本語学習者が書いた新聞記事要約文の文章構造分析──

第12章　日本語学習者の意見文に見られる列挙の文章構造の問題点
　　　　──中国語母語話者と日本語母語話者の予告文を比較して──
　　　　..石黒　圭　223

第13章　文脈から見た文末表現と主題の持続
　　　　──社説に潜む対話──.............................アンドレイ・ベケシュ　243

第14章　談話終結部における文のタイプ.........................俵山雄司　265

第15章　逆接の接続詞と談話構成力の習得.....................砂川有里子　285
　　　　──日本語学習者の縦断的な作文コーパスを活用して──

対談　　日本語の教育と研究の間(あわい)............砂川有里子　白川博之　319
　　　　──来し方と行く末──

　　　　執筆者一覧...350

第1章

補助動詞テオク
──意味・語用論的特徴と学習者の問題──

佐藤琢三

1. はじめに

　一般的に、補助動詞テオクは「準備」を表すものと理解されている。具体的には以下のようなものである。
　（1）　夕食の支度をするために買い物をしておいた。
　（2）　授粉作業をするのは、花が開く 12 ～ 2 月の夜だ。ソンポールは朝のうちに、掛け合わせる片方の品種の木から、その夜に咲きそうなつぼみを選んで残し、布で覆っておく。
　　　　　　　　　　　　　　　　　　　（朝日新聞 2014 年 2 月 2 日）
　（3）　弁護士にとって、接見はアクリル板越しに直接会うのが鉄則だ。だがどうしても行けない緊急時のために、接見用のテレビ電話を用意しておく。　　　　　　　　（朝日新聞 2014 年 2 月 8 日）
（1）では「買い物をする」という行為が「夕食の支度」というその後の事態に備えるための準備であると位置づけられる。（2）（3）も同様である。
　このように、テオクの基本的な用法を「準備」を表すものとして理解することは難しいことではないが、それをそのまま学習者（非母語話者）に与えた場合、説明として有意義に機能するだろうか。
　（4）　夕食の支度をするために買い物を {した／しておいた}。
　（5）　（授業終了後、教室に残っている学生に対して）

あとで、電気、{消して／消しておいて}ください。

（4）における有標形「（買い物を）しておいた」は、確かに夕食の支度のための準備として理解することができる。しかしながら、そもそもテオクを使わずとも、無標形「（買い物を）した」でもまったく同様に、夕食の支度のための準備であることに変わりない。したがって、学習者にしてみれば、結局のところ有標形と無標形の違いがどこにあるのかわからない。また、どのような場合に、有標形と無標形のそれぞれを使えばいいのかもわからない。さらに、文法研究の観点からも、文の意味としての「準備」がどこまでテオクに由来するものかなどの点に再考の余地はあるだろう。また、（5）は後述するように先行研究では「処置」の用法と位置づけられてきた例であるが、（4）と同様にやはり有標形と無標形の違いがわかりづらい。「消す」にしても「消しておく」にしても、やるべきこともその目的もまったく同じだからである。

一般論として言えることであるが、文法形式の意味と用法の分析は、必ずしも学習者に対する説明としてじゅうぶん有効に機能するわけではない。文法形式の意味的特徴等の理解とその適切な運用は、相互に密接に関連しつつも別の問題だからである。補助動詞テオクの場合、この傾向が特に顕著である。このある種のとらえどころのなさは、文法研究と日本語教育の両面において、長きにわたりホットイシューであり続けているノダ文をも想起させる。

（6）　明日、実家に帰るんです。

ノダは前後の文脈や状況等に対する「説明」として理解されることが多い。しかしながら、それを理解しただけではどのような場合に有標形と無標形のそれぞれを使うべきかの説明は難しい。テオクもまったく同様である。

本研究は、補助動詞テオクを取りあげ、その意味・用法を分析するとともに、母語話者による有標形選択の動機づけの一端を明らかにする。すなわち、本研究は文法研究の成果である意味的な特徴の分析を、文脈、場面などの語用論的諸要因のレベルの問題と有機的に関連づけ、この形式のより深い理解につなげようとするものである。また、このような作業を通して、テオクの研究を日本語教育にも資するものとするための試みでもある。

ここで、本稿の構成について説明する。続く2節では、補助動詞テオク

がどのように分析されてきたかを概観する。また、3節では先行研究の問題点等をふまえて、本研究の立場からテオクの特徴をどのようにとらえるかを明らかにする。さらに4節では、3節において明らかにした意味的特徴と関連づけ、母語話者がどのような動機に基づいてテオクの有標形の文を使用するのかについてその一端を明らかにしたい。

2. 先行研究
2.1 先行研究の系統
　本研究は、テオクの使用動機を明らかにしてこれを学習者の理解につなげようとするものであるが、管見の限りではこのような観点からの研究はみあたらない。後述するように、テオクの文がどのような機能を果たすかという観点からのアプローチはあるものの、話者の使用の観点からの分析はみられない。これまでの研究は、大きく次のような系統に分けられるであろう。
　① 意味や用法について：高橋（1976）、吉川（1976）、笠松（1993）、長野（1995）、谷口（2000）、大場（2005）、山本（2005）、菊地（2009）
　② テオクとテアルの関係性について：黄（1994）、山崎（1996）、杉村（2003）、張（2010）、山森（2010）
　③ その他：古川（2008）、中俣（2011）、辻（2012）

　本研究と深く関わるのは①の系統である。これについては、次の2.2および2.3で詳しく取りあげる[1]。

2.2 先行研究における基本的機能
2.2.1 高橋（1976）
　高橋（1976）はテオクの働きを「すがた」と「もくろみ」の両面からとらえている。「すがた」とは独特の用語であるがアスペクトのことであり、「動

---

[1] ②は同じく補助動詞であるテアルとの異同などについての分析である。テアルの文は、「そのことは既に伝えてある」などのように行為の結果の効力が問題となる場合があり、そのような意味でテオクとの関係性が注目される。③はいずれも日本語教育と関わる研究である。古川（2008）はテ形補助動詞の中における位置づけと日本語教科書における導入について、中俣（2011）はコーパスにおける出現様相と教育への知見の分析、辻（2012）は中国語母語話者に対する導入について論じている。

詞の表す動きの過程のどの部分を問題にするかという文法的な意味」(p. 119)と規定される。また、「もくろみ」とは「動詞のあらわす動作がなんのためにおこなわれるかをあらわす文法的な意味」(p. 141)と規定される。そして、すがたともくろみの両面を有する補助動詞テオクの意味を「あとのことをかんがえてするうごきをあらわす動詞」(p. 133)と規定する。そのうえで、すがた動詞としてのテオクを「対象を変化させて、その結果の状態を持続させる動詞」(p. 133)、もくろみ動詞としてのテオクを「つぎにおこなうことがらのために準備的な動作としておこなう動作をあらわす」(p. 146)と規定している。

この研究は、テオクの働きを「すがた」と「もくろみ」の両面からとらえている点が特徴的である。

2.2.2　吉川 (1976)

吉川 (1976) は、テオクの基本的意味を「対象を変化させて、その状態を持続させること」(p. 267)とし、動詞の意味により「ある時まで一定の状態を持続させること」、「ある時までに対象に変化を与えること」(p. 267)の2種類のアスペクト的意味が生じると述べている。高橋 (1976) がテオクをすがた（アスペクト）ともくろみの両面からとらえるのに対し、吉川 (1976) はアスペクトの観点からとらえるものである。

2.2.3　その他（準備、目的、意図、効力等）

上の2つの研究以降、テオクは「準備」「目的」「意図」「効力」等、様々なキーワードが用いられつつも、高橋 (1976) で言う「もくろみ」の観点から論じられる場合が多く、アスペクトの観点からとらえる立場は少ない[2]。テオクの基本的機能を「準備」としてみるのは一般的な理解であると言えるだ

---

[2] 本稿はテオクをアスペクト形式として位置づけるのは難しいと考える。テオクは動詞の示す動きの展開をあらわすものとは考えにくい。例えば、シールが壁に貼られた状態にあるのをみて、「シールが貼ってある」は言えても「シールを貼っておく」とは言えない。また、「シールを貼っておいた」と言った場合は、過去における行為の遂行を表すことになる。なお、テオクをアスペクトとして位置づけることに対する疑問は、いくつかの先行研究でも述べられている。例えば、笠松 (1993) 等を参照されたい。

ろう。例えば、菊地（2009）はその中心的な意味的特徴を「後の時点における効力の発現を見越して、意図的にその行為を行う」(p. 1) として、この特徴を備えた典型的な準備の用法から、その一部を欠く用法まで、全体像をとらえようとしている。

2.3　用法の分類

それでは次に、先行研究においてテオクの用法がどのようにとらえられてきたかを概観する。

2.3.1　吉川（1976）（1982）

吉川（1976）（1982）は用法の全体をみわたしたものとして、先駆的なものである。また、その後の研究に対する影響力も大きいものがあると言える。ここでは、吉川（1982）の記述を引用する形で検討していきたい。吉川（1982）は、用法を次のようにまとめている。

（7）　吉川（1982）の分類

  a　結果の状態の持続
    例：なわ跳びのなわを教室の後ろに掛けておきます。
  b　ある時までに対象に変化を与えること
    例：会議の前に資料を配っておく。
  c　放任
    例：机の上に本を開きっぱなしにしておく。
  d　準備
    例：それを書いておけば、将来何かの役に立つ。
  e　一時的処置
    例：受け取ったお金を一時懐に入れておく。

前節でみたように、吉川は (7a) の「結果の状態の持続」を中心に考える立場をとっている。「放任」「準備」「一時的処置」というカテゴリーは、概ねこれ以降の研究に引き継がれていくことになる。

2.3.2 谷口（2000）・山本（2005）

　谷口（2000）は、テオクの分析にあたって「終結性」という概念に着目したものである。すなわち、テオクの用法の中に既に広く認められている「準備」の他に、事態の終結を表す「終結性」という特徴を有する3つの用法を提示している。

（8）　谷口（2000）における「終結性」を表すテオクの用法

  a　事後処置：話し手や相手の動作主が、文脈上、その事態の収拾や問題の解決といった一種の終結的な行為を表す。(p. 3)
   例：（妻との協議離婚を決めた夫が）
    息子には僕から話しておくよ。

  b　心理的な充足行為：行為自体が話し手（行為者）の心理的な充足（完結）的行為となっている。(p. 5)
   例：元気なうちに、富士山に登っておきたい。

  c　「結語」として用いられる：まとまった文章や談話の結語として用いられる。(p. 5)
   例：…では、そういうことにしておきましょう。

ただし、谷口（2000）の言う「終結」とは決して、テオクに前接する動詞の表す動きのことではない。例えば、(8a) の例文における終結性とは、息子に対する「話す」という行為の終結を述べているのではなく、「離婚というひとつのことがらを無事に終結させたいという話し手の意図を感じさせる」(p. 4) と説明している。

　このような谷口（2000）の主張する「終結性」という概念は、恣意的であるとの感を否めない。これらのような文を発したからと言って、話者は必ずしも何らかの事態を終結させようと意図しているとは限らない。例えば(8a)の例文において、仮に何らかの終結性を感じる話者が多いとしたら、それは協議離婚を決めた夫の発話であると設定されているからにすぎない。「明日はピクニックに行こう。息子には話しておくよ。それからおじいちゃんとおばあちゃんには…」という発話であったら、話者は何を終結させようとしているのだろう。いずれにしても、ここで述べられている終結とは、文の述語の表す動きとは無関係のものである。

その他にテオクの分類を提示したものとしては、山本（2005）がある。山本（2005）は、吉川（1976）（1982）と谷口（2000）の両方の流れをくむものである。この研究では、テオクを大きく「準備」「放置」「処置」の3つに分類する。さらに、「準備」の大カテゴリーを「準備」「期限内の完了」「心理的準備」の3つの小カテゴリーに、「処置」を「事態の収拾を図る」「一時的処置」「終結宣言」の3つに分けている。

3. 本研究のとらえ方
3.1 テオクのスキーマ的意味
　この節ではまずもって、本研究の立場から補助動詞テオクの基本的意味を明らかにしたい。ただし、本研究においては基本的意味と呼ぶべきものに、相互に密接に関係しつつも異なる2つの種類があると考える。
　1つは、プロトタイプ的意味である。プロトタイプ的意味とは、他の文脈的情報等に依存せず解釈されるという点での基本的意味である。前後に何らの文脈的条件等を考慮することなく、「それをしておいた」という発話を聞いた場合、たいていの母語話者は何らかの準備動作をしたものと解釈するであろう。「（難しいことを聞かれて困ったので）とりあえずそう答えておいた」などのような一時的な処置として解釈される可能性は低いだろう。
　もう1つは、スキーマ的意味である。スキーマ的意味とは、どの用法であれ当該の形式のすべての用法が共通して有する意味的特徴である。本研究はテオクのスキーマ的意味を次のようにとらえるものである。
　　（9）　テオクのスキーマ的意味：
　　　　　動作主が動詞の示す行為の結果や影響を意図してその行為を遂行したことを有標的に示す。
本研究はすべてのテオクは上の意味を共通して有するものと考える[3]。

---

[3]　テオクは補助動詞として文法化が一定の度合いで進んでいると考えられ、そのため動詞の意味もある程度抽象化しているだろう。しかしながら、本来の動詞としての意味もある程度残している。動詞「おく」とは、動作主が典型的には手を使って対象を当該の位置に存在させる動きである。その際、対象はその位置に至るまで動作主の手で直接的にコントロールされている。そのため、「置く」という行為遂行後の対象の状態はほぼ動作主の意図したとおりとなるのが普通である。このような意味的特徴が、（9）に示した結果や影響へ

3.2 テオクの用法

 2節では様々な先行研究を概観したが、テオクの用法はかなり細かく分類される場合がある。しかしその一方で、形式の意味と運用上の特徴というレベルの異なる要素が混同されていたり、必ずしもテオクと前接する動詞のあらわす動きの関係性がとらえられていない場合などもあった。また、細かな分類をするのであれば、一貫した観点からの分類が行われ、カテゴリー間の相互の関係性がより明確にされるべきである。

 本研究は、細かな用法分類は行わない。強いて言えば、動作主の意図が発話場面から切り離された時空間における効力の発揮にある場合にはいわゆる「準備」の用法として解釈され、行為遂行直後の発話場面における効力の発揮にある場合は「処置」と呼ばれる用法として解釈されるという、相対的な違いしかないと考える。

 (10)　夕食の支度のために買い物をしておいた。

 (11)　返答に困ったので、とりあえずそう言っておいた。

(10)における効力発揮が期待される場面は、夕食の支度時であるが、これは明らかに買い物をした時空間からは隔たりがある。(11)は困ったので、「そう言う」ことによってその場をしのいだと解釈されるものであり、「処置」などと呼ばれる。この場合、効力が発揮されるのは行為遂行と切り離されない同じ場面である。これらはいずれも(9)に示された意味的特徴を有するものであるが、その異なりは相対的なものであって本質的なものではない。

 また、「置く」「とめる」などの配置の動詞の場合は、「放置」などと呼ばれてきたが、これらの動詞は結果が明白に残存しやすいために、そのように言われているにすぎない。

 (12)　(明日の運動会のために)荷物をそこに置いておいた。

 (13)　(トイレに行くために)荷物をそこに置いておいた。

効力の発揮が当該の時点から切り離された時点において発揮される場合(12)は準備、行為遂行と切り離されない場面において効力が発揮される場合(13)は処置として解釈されるだろう。

の意図という意味的特徴に引き継がれているものと考えられる。

なお、以上はテオクが文末に位置する基本的な場合についてみてきた。テオクの中には、従属節中においてのみ成立するという点で周辺的な用例もみられる。

(14) a　彼はその秘密を知っておきながら、何も言ってくれなかった。
　　　b　*彼はその秘密を知っておいた。
(15) a　幼児の頃に水疱瘡をやっておいてよかった。
　　　b　*幼児の頃に水疱瘡をやっておいた。

　(14a)における「知る」の動作主に意図性はないだろう。しかし話者はあえて「彼」に意図性があったかのようにとらえて、そのことにより原因を焦点化し非難をしている。(15a)における「幼児」も意図性がないのは明白である。しかし、あたかも意図性があったかのようにそれを有標的に提示し、結果を合理化しているものである。

4. 有標形選択の動機づけの諸相
4.1 学習者にとっての問題
　前節までで議論してきたことは、文を単位とした狭義の文法研究において、テオクがどのようにとらえられてきたか、また、それらの問題点等をふまえたうえでどのようにとらえるべきかという問題であった。文法の研究成果を教育のために効果的に還元するために、文法研究の成果自体の質を高めていく努力が重要であるのは間違いないが、それだけではいずれにしても限界があるのも明白である。

(16)　次の授業までに必ず{予習する／予習しておく}ように。
(17)　お問い合わせの件は、上司に{伝えます／伝えておきます}。

テオクの機能を「準備」や「目的」等の観点でとらえたとしても、「意図的遂行の有標的提示」としても、上の(16)や(17)における有標形と無標形の使い分けを説明することは難しい。学習者にしてみれば、結局のところ、「予習する」にしても「予習しておく」にしても、授業のための準備であることに変わりはない。また、予習するという行為はその後の結果や影響を意図した行為である点でも変わらない。さらに問題を難しくしているのは、この形式は「非用」が問題になりにくいという点である。多くの母語話者が有

標形を使う場面であったとしても、無標形の使用も不適切とは言えない。そのため、いつまでも問題は解決されない。

しかしながら、有標形と無標形の違いがわずかなものであるにせよ、母語話者はそれらを使い分けている。ということは、母語話者に有標形と無標形のそれぞれを選択させる動機は何かしらあると考えるのが当然である。学習者の立場にしてみれば、母語話者の選択行為を動機づける要因が何であるかを知りたいと思うであろう。そのためには、文脈、場面などの語用論レベルの分析が何よりも求められるところである。以下、母語話者の有標形選択を促進する諸要因について考えてきたい。本研究は次の4つの要因を考えており、それぞれを順番にみていく。

① 段取り意識と行為遂行のタイミング考慮 (4.2)
② 結果の予想・確認による行為遂行の振り返り (4.3)
③ 丁寧さ等の含意 (4.4)
④ 行為の存在自体の叙述（有標形非選択の要因）(4.5)

4.2 段取り意識と行為遂行のタイミング考慮

本研究は、テオクの意味機能を、「動作主が動詞の示す行為の結果や影響を意図してその行為を遂行したことを有標的に示す」ものと考える。この意図的遂行の有標的提示を促進する要因とは何であろうか。

行為の結果や影響を考慮するということは、事態の流れや段取りの全体をよく考慮するということである。段取りを考慮するということは、行為遂行のタイミングについても慎重な考慮が求められることになる。なぜならば、意図した結果や影響をえるためには、当該の行為をどのタイミングで遂行するかが重要な鍵を握ることになるからである。本研究は、段取りの意識と行為遂行のタイミング考慮という要因が、母語話者による有標形選択を促進する要因として働くと考える。

本研究は母語話者42名を対象としたアンケート調査を行った[4]。以下のよ

---

[4] 2014年9月、学習院女子大学学生、副手の合計42名に協力いただいた。被調査者は全員が日本語母語話者である。

うな文を提示し、直観的に無標形と有標形のどちらを使うかを二者択一的に選択してもらった。以下、それぞれの文の有標形選択率を＜＞の中に示す。

(18) a　今日がテストなので、昨日は {勉強した／勉強しておいた}。
　　　　　　　　　　　　　　　　　　　　　　　　　　　　＜ 0% ＞
　　　b　今日からは忙しいので、昨日のうちに試験の {勉強をした／勉強をしておいた}。＜ 76.2% ＞

(18a) と (18b) は同じような状況を表しているが、母語話者の有標形選択率は大きく異なっている。(18a) では、42名中有標形を選択した者は1名もいなかった。この結果は予想以上に極端なものであったが、確かに筆者も母語話者の一人として判断するならば、無標形を選択する可能性が強いと感じる。これに対し、(18b) では 76.2% もの母語話者が有標形を選択する結果となっている。両文の違いは、「段取り意識と行為遂行のタイミング考慮」の強弱に求められる。(18a) では、さほどの複雑な段取りの計算は感じられない。これに対し、(18b) では、ある時点から試験までの段取りをよく計算し、試験勉強を当該のタイミング（つまり「昨日のうち」）で遂行すべき点が考慮されていることが読みとれる。すなわち、「段取り意識と行為遂行のタイミング考慮」という要因が有標形選択を促しているのである。常識的に考えて、試験勉強とは典型的な準備の作業であり、影響や結果を意図した行為である。これらの特徴づけは (18a) の文にも (18b) の文にも、同じようにあてはまる。しかしながら、「段取り意識と行為遂行のタイミング考慮」という要因が強く作用した場合に、有標形選択の蓋然性が高くなるのである。

さらに、以下の例文も同様の傾向を示すものである。

(19) a　私は富士山に {登りたい／登っておきたい}。＜ 2.4% ＞
　　　b　元気なうちに富士山に {登りたい／登っておきたい}。＜ 45.0% ＞
(20) （レストランの客同士の会話）
　　　A：まだ来ていない人もいるけど、注文はどうしようか。
　　　B：とりあえず適当に {注文しよう／注文しておこう}。＜ 54.8% ＞

(19a) は有標形選択率が 2.4% と低くなっているが、特にテオクを選択すべき積極的な理由はないので当然であろう。(19b) は、一部の先行研究で「心理的な充足行為」（谷口 (2000))、「心理的準備」（山本 (2005)) と呼ばれるも

のである。本研究のみるところ、「元気なうちに」と言っているので、話者は事態の流れと段取りを考慮して当該のタイミングにおける行為遂行を意図しているものと考えられる。すなわち、話者は自分自身の人生のサイクルを考え、体力の衰える時期になる前に、富士登山という行為を遂行するべきと考えている。このような場合、有標形選択率は大幅に高くなる。また、(20) は比較対照する例文はないものの、54.8% という比較的高い有標形選択率を示している。この例文では、話者がタイミングを考慮していることが「とりあえず」という副詞に表れている。

「段取り意識と行為遂行のタイミング考慮」という要因は、多くの実例の文脈の中からも読みとれる場合が多い。

(21) フキノトウみそを作る。フキノトウは細かく刻み、水につけておく。
(朝日新聞 2014 年 1 月 11 日)

(22) 日本企業は海外企業の巨額買収に走っている。最大の要因は、少子高齢化などで国内市場は先細りが避けられないことだ。余力のあるうちに成長性のある海外企業を買っておく戦略だ。
(朝日新聞 2014 年 1 月 14 日)

(21) は料理の手順を述べる文脈である。このような料理の手順を述べる文脈では、テオクが頻出する。料理における作業とは、常にその後の影響や結果を考慮して行うものであり、全体の段取りをふまえた行為遂行のタイミングが重要だからである。(22) は、「海外企業を買う」という行為が「余力のあるうちに」というタイミングをみはからって遂行されることを述べている。

4.3 結果の予想・確認による行為遂行の振り返り

この節の議論は、テオクが従属節におかれた場合に限定したものである。主節において行為の結果が予想されていたり確認されていて、その時点から行為遂行時が振り返られる場合、従属節述語のテオク有標形選択率は相対的に高くなるようである。

(23) a 私はここに自転車を {とめた／とめておいた}。＜ 28.6%＞
  b ここに自転車を {とめる／とめておく} と盗まれますよ。
 ＜ 66.7%＞

　　　　c　お菓子をテーブルの上に｛置いた／置いておいた｝ら、弟が食べてしまった。＜95.2%＞

(23b)と(23c)は、それぞれ主節における「行為結果の予想」、「行為結果の確認」が述べられている例である。いずれも単文である(23a)よりも圧倒的に有標形選択率が高い。また、この結果をみる限り、「行為結果の確認」(23c)の方が「行為結果の予想」(23b)よりも相対的に有標形選択率が高くなるようである。

4.4　丁寧さ等の含意

　テオク有標形と無標形の文は、ほとんどの場合いずれも非文になることなく、両方とも使用可能である。しかしながら、両者が母語話者に与える印象の違い等はないだろうか。また、聞き手に対する印象の違いの見込みが有標形選択の動機になっている場合などはないだろうか。
　まずはこれまでの例と同じように、次の有標形選択率をみてみよう。
　　(24)　(書店のカウンターで)
　　　　　客：この本を注文したいのですが。
　　　　　店員：このカードにお名前と電話番号を記入してください。あとはこちらで｛やります／やっておきます｝。＜38.1%＞

(24)はこれまでの研究において、「処置」の例としてしばしば取りあげられてきたものである。有標形選択率は38.1%となっている。
　この例における無標形の文と有標形の文に対して、母語話者はどのような印象を持つのだろうか。この点に関して、感じが良いか、丁寧と感じるか、信頼できると感じるか、責任感を感じるかの4つの観点から調査した[5]。被調査者に対して、4つの観点につき、「強くそう思う」「そう思う」「どちらとも言えない」「そう思わない」「まったくそう思わない」の5段階の中から該当するものを選んでもらい、それぞれについて100ポイント、75ポイント、50ポイント、25ポイント、0ポイントを与え、平均値を算出した。し

---

[5]　(24)の例文に対する評価の問いに答えたのは前述の42名のうちの21人である。調査は2回に分けて行ったが、2回目においてのみこの例文に関する質問をしている。

たがって、全員が「強くそう思う」を選択すれば100ポイント、全員が「どちらとも言えない」を選択すれば50ポイントとなる。結果は以下の通りであった。

表：(24) に対する母語話者の評価

	やります	やっておきます
感じが良い	36.4	65.9
丁寧である	35.2	58.0
信頼できる	54.5	65.9
責任感を感じる	53.4	62.5

表にみるように、4つの項目のいずれにおいても、有標形の方が母語話者の評価が高い。ことに、「感じが良い」と「丁寧である」の2つは無標形との相対差が大きい。「信頼できる」と「責任感を感じる」の2つについては、やや相対差が小さいが、無標形のポイントが「感じが良い」と「丁寧である」よりも比較的高いことと関係しているかもしれない。

テオクが結果や影響を意図しての行為遂行を有標的に提示するものであることを考えると、有標形の方がより丁寧な印象を与えるのは当然のことであろう。「やっておく」という有標形は、単に店員が当該の作業を行うことを表明するだけでなく、その作業にあたってその後の結果についても慎重に考慮していることを含意するからである。

以上は母語話者による評価を数値化し検討したものであるが、別の見方をすれば、この評価のあり方が有標形選択の動機として関与しているとみることができるだろう。上の例のように何らかの仕事を請け負うことを表明する場面において、母語話者は無意識的ながらも有標形選択が丁寧さ等の評価を高めることを知っている。したがって、丁寧さ等の含意という要因が有標形選択の動機として作用するものと言ってよいだろう。

4.5　行為の存在自体の叙述（有標形非選択の要因）

母語話者がどのような場合に有標形を選択するのかという問題は、どのような場合に有標形を選択せずに無標形を選択するかという問題と表裏一体の

関係である。ここでは、無標形が積極的に選択される要因について考える。

(25) (郵便局の窓口で)
客：これを書留でお願いします。
郵便局員：お預かりします。あとはこちらで｛送ります／送っておきます｝。＜47.6％＞

(26) (郵便局の窓口で)
客：お願いした書留が届いていないようなのですが。
郵便局員：おととい、確かに｛お送りしました／お送りしておきました｝。＜7.1％＞

(25)は「処置」と呼ばれる例で、郵便局の窓口で配送の仕事を請け負う場面である。47.6％という数値を示している。これに対し(26)は同じく郵便局の窓口の場面であるが、不達の問い合わせに対応し、「送る」という行為が確かに遂行されたことを述べる文脈である。(25)においても(26)においても郵便局員が遂行した行為は同じであるが、話者が伝達を意図するところは異なる。すなわち、(26)においては「送る」という行為が存在したこと自体を述べようと意図するものである。この例における有標形選択率は7.1％にすぎず、90％以上の話者が無標形を選択している。この事実から、「行為の存在自体の叙述」という要因は有標形非選択の要因として働いていることがわかる。

5. おわりに

本研究は補助動詞テオクを取りあげ、その意味、運用に関わる特徴等を分析した。本研究における結論は以下のようにまとめられる。

(27) テオクのスキーマ的意味：動作主が動詞の示す行為の結果や影響を意図してその行為を遂行したことを有標的に示す。

(28) テオク有標形選択を動機づける諸要因[6]
　a　段取り意識と行為遂行のタイミング考慮
　b　結果の予想・確認による行為遂行の振り返り

---

[6] ただし、(28d)については、有標形非選択（無標形選択）の動機について述べている。

c　丁寧さ等の含意
　　　d　行為の存在自体の叙述（有標形非選択の要因）
　テオクは多くの場合、有標形と無標形の文の違いが必ずしも明確には感じとれない。また、「非用」が問題視されにくいこともあり、文法研究の面でも日本語教育の面でも扱いの難しい文法形式である。本研究はテオクのすべての文が共通して有する意味機能（スキーマ）を抽出し、これと関連づけて母語話者による有標形選択を促進する諸要因の一端を明らかにした。学習者の観点に立つならば、当該の形式がどのような意味・用法を有するかの知識だけを与えられても、それを適切な運用に結びつけるのは難しい。この問題を解決するためには、文レベルを超えて文脈、場面などの語用論的なレベルの観点から、どのように有標形選択が動機づけられるかの説明が必要となる。
　ところで、日本語教育において補助動詞テオクの重要性とはどのように位置づけられるのだろう。そもそも、この文法形式は非用が決定的な問題になることはあまりない。つまり、使えるようにならなかったとしても、コミュニケーション上の問題はほぼない。それならば、テオクの教育はさほどの重要性はないのだろうか。
　学習者が日本語を使って社会において活躍する場合に、必ず問題になるのは母語話者からの日本語能力に関する評価であろう。日本語の運用能力に関して高い評価を得られれば、それは当人にとって大きくプラスに働くことは言うまでもない。その点において、言語は学習者にとって情報伝達の手段以上の意味を持つものである。本研究の調査では、ある場合においてはテオクの有標形使用が聞き手に対する丁寧さ、感じの良さなどの評価を高めることも明らかになっている。このようなことを考えると、日本語教育の立場からできる限りの支援をするべきでないだろうか。
　補助動詞テオクと学習者の問題は、未開拓の領域である。本研究では踏みこむことができなかったが、学習者によるテオクの使用と非用の実態は今後明らかにされるべき課題であろう。また、学習者の母語による影響等も重要な問題である。中国語には、テオクと対応する形式はないようであるが、韓国語の場合は「おく」にあたる動詞をもとにした類似の形式があると言われ

る[7]。今後、これらの問題も詳細に考察されることが期待される。

用例出典

聞蔵Ⅱビジュアル（朝日新聞オンライン記事データベース）

引用文献

大場美穂子（2005）「補助動詞「おく」についての一考察」『東京大学留学生センター教育研究論集』14: 19–33.
笠松郁子（1993）「『しておく』を述語にする文」言語学研究会（編）『ことばの科学』6: 117–139. 東京：むぎ書房.
菊地康人（2009）「「ておく」の分析」『東京大学留学生センター教育研究論集』15: 1–20.
黄麗雪（1994）「「〜シテアル」と「〜シテオク」についての考察――置き換えから見た意味と表現性の共通点・相違点――」『東北大学文学部日本語学科論集』4: 13–25.
杉村泰（2003）「テオク構文とテアル構文の非対称性について」『言語文化論集』24（2）: 95–101. 名古屋大学.
高橋太郎（1976）「すがたともくろみ」金田一春彦（編）『日本語動詞のアスペクト』117–153. 東京：むぎ書房.
谷口秀治（2000）「「〜ておく」に関する一考察――終結性をもつ用法を中心に――」『日本語教育』104: 1–9.
張賢善（2010）「「〜てある」文と「〜ておく」文の違いについて――文法構造の観点から――」『言語・地域文化研究』16: 203–213. 東京外国語大学.
辻周吾（2012）「日本語学習者の補助動詞「〜ておく」の習得について――中国人日本語学習者に対する指導方法をめぐって――」working papers from the near language education conference 2012　北東アジア言語教育学会.
中俣尚己（2011）「コーパス・ドライブン・アプローチによる日本語教育文法研究――「テアル」と「テオク」を例として――」庵功雄・森篤嗣（編）『日本語教育文法のための多様なアプローチ』215–233. 東京：ひつじ書房.
長野ゆり（1995）「「〜ておく」の用法について」『現代日本語研究』2: 155–163. 大阪大学.
古川由里子（2008）「『初級日本語』における動詞テ形の整理――中級への橋渡しを目指して、テイル・テアル・テオクを中心に――」『大阪外国語大学留学生日本語教育センター授業研究』6: 47–56.
山崎恵（1996）「「〜ておく」と「〜てある」の関連性について」『日本語教育』88: 13–24.

---

[7] 韓国語における「해 놓다」「해 두다」はともにテオクに対応する形式である。

山本裕子（2005）「「〜ておく」の意味機能について」『名古屋女子大学紀要』51: 207–218.
山森良枝（2010）「「てある」・「ておく」構文について」『神戸言語学論叢』7: 107–120.
吉川武時（1976）「現代日本語動詞のアスペクト研究」金田一春彦（編）『日本語動詞のアスペクト』155–327. 東京：むぎ書房.
吉川武時（1982）「ておく」日本語教育学会（編）『日本語教育事典』（旧版）368. 東京：大修館書店.

付記

　本稿の内容は第6回日本語／日本語教育研究会大会（2014年9月28日、於学習院女子大学）において発表した。席上や発表後にさまざまなご意見等をいただいた。深く御礼申し上げたい。ただし、筆者の力不足のため、それらをじゅうぶんに活かしきれていない点もある。

第2章
「産出のための文法」に関する一考察
―― 「100％を目指さない文法」再考 ――[1]

庵　功雄

1. はじめに

　日本語教育文法ということが言われるようになってある程度の時間が経つが、その内実はかなり多様である（cf. 小林 2013）[2]。本稿では、筆者の立場からした日本語教育文法における「規則」ということについて、筆者の考える「100％を目指さない文法」という観点から論じたい。

2. 日本語教育文法と「産出のための文法」

　日本語教育文法という用語の内実はさまざまであるが、筆者はこの用語を「産出のための文法」という意味で使いたいと考えている。なぜなら、学習者にとって使いこなすことが難しい文法形式（ex.「は」と「が」、ている／ていた、受身、自動詞と他動詞）の多くは理解という面ではそれほど重要ではないからである。これらの形式が問題になるのは、産出の場合であるのが普通である[3]。

---

[1] 本稿の内容の一部は庵（2014b）を敷衍したものである。
[2] 日本語教育文法と日本語記述文法という用語について詳しくは庵（2011a）を参照されたい。
[3] なお、このことは「理解のための文法」が不要だということではない。例えば、日本語母語話者の言語情報処理において、「は」と「が」の違いは相当大きな役割を担っていると

2.1 母語話者のための文法と非母語話者のための文法—日本語とニホン語

日本語教育文法は、非母語話者のための文法とも言えるが、これは母語話者のための文法と異なるものなのだろうか。結論から言うと、両者は質的に異なるものである。

まず、母語話者のための文法について言えば、母語話者は次のような文法能力（grammatical competence）を持っていると考えられる。

（1）a. 母語話者は母語の任意の文が文法的かどうかを判断できる。
　　　b. 母語話者は（モニターができる環境下では）文法的な文のみを産出する。

このことから、母語話者に対する説明では、母語話者の内省に依存した説明が可能である。言い換えれば、「○○とは言いますね。××とは言いませんね。それはなぜかというと～（だ）からです。」という説明が可能であるということである。この意味で、母語話者に対する説明は「謎解き」である。

一方、非母語話者に対する説明では、こうした内省に依存した説明はできない。つまり、前段落の下線部を使えないということである。そうである以上、非母語話者に対する説明は、母語話者に対する説明とは（全く）異なるものと考えるべきである。この点を、白川（2002）は、母語話者にとってのJapanese language を「日本語」、学習者にとってのそれを「ニホン語」と呼び、日本語教育にとって重要なのは後者の観点からの記述であるとしている[4]。

2.2 理解レベルと産出レベル

次に重要になるのは、理解レベルと産出レベルの区別である。

言語要素（文法と語彙）には、意味がわかればいいもの（理解レベル）と、意味がわかった上で使える必要があるもの（産出レベル）がある（庵 2011b）。

考えられる。なぜなら、三上（1960）が指摘するように、「は」は「文末まで」係り、「が」は「動詞の語幹まで」しか係らないという違いがあるからである。しかし、現在の談話文法研究は、こうした問題（庵 2007 で言う「実時間内処理可能性」）を扱えるレベルにはほど遠い状態にある。こうした現状を考えると、日本語教育文法としてまず手をつけるべきは「産出のための文法」ということになるというのが筆者の考えである。

[4] 白川（2002）については、その解説である庵（2002）および庵（2013）も参照されたい。

例えば、「事由」という語は意味は「理由」と同じだが、ほとんどの場合、法律関係で使われる（現代日本語書き言葉均衡コーパス（BCCWJ）で検索してもこのことは確かめられる）。つまり、法律や行政を専門にする人以外にとってはこの語は理解レベルの語なのである。一般に、日本語母語話者が通常の言語生活で使っている語は1万語程度とされているのに対し、小型の国語辞典でも5～7万語程度は収録されている。つまり、少なくとも4～6万語は理解レベルの語があるということである。

　このように、母語においても、理解レベルと産出レベルの違いがあり、かつ、理解レベルの方が圧倒的に多いとすれば、外国語においてはより一層、産出レベルの語は少なくなるのが当然と言えよう。OPIにおける発話データを分析した山内（2009）のデータにおいて、OPIで「中級」と判定された話者の発話に「初級」で習っているはずの文法形態素の半分程度しか出現していないという事実も、教えられてすぐに産出レベルになる語は多くなく、多くの語は理解レベルに留まる、というふうに理解できるのではなかろうか[5]。

2.3 「産出のための文法」と規則の性質

　日本語教育文法を「産出のための文法」と捉えるときに問題となるのは「規則」についての考え方である。
　一般に、規則のカバー率を上げるには次の2つの方法が考えられる。
　（2）a.　規則を増やす
　　　 b.　規則の抽象度を上げる
　しかし、このどちらも「産出」という観点からは不適当である。
　まず、(2a)のように規則の数を増やすと、カバー率は100%になるかもしれないが、規則の数が増えると、学習者がオンラインで使うということは困

---

[5] これに関して、本稿とは異なる立場として、「今すぐは使えるようにならないがいずれ使えるようになるように早い段階から導入しておいた方がいい」という考え方もあり得る。確かに、学習者の動機付けが高く、学習の最終目標が上級にある、いわゆる「日本語エリート」（野田2005）を対象とする場合にはこうした考え方に合理性があると言えるかもしれない。しかし、現在の大学の「留学生センター」のように、そうした動機付けが高くない学生が多数派を占めつつある現状ではそうした考え方は必ずしも有効とは言えないと筆者は考える（cf. 庵2014a）。

難になるし、さらに、複数の規則の間で適用の優先順位が生じたりする可能性もある。一方、(2b)のように規則を抽象化することも、用法ごとにラベルを貼っただけに終わることが多い。例えば、「から」と「ので」について、永野(1952)は「から」は主観的、「ので」は客観的であるとしたが、趙(1988)はその逆の定義付けを行っている。こうしたことが起こるのは、「主観的／客観的」ということが無定義で使われているために、単なる「ラベル」にすぎなくなっているためである。そして、そうした抽象的な「ラベル」を与えただけでは学習者が正確に産出できるようにはならないのである[6]。

3. 類義表現の新しいとらえ方

以上を踏まえて、類義表現の記述に関する新しい考え方を提案したい。本節では、そのために必要なことについて述べる。

3.1 無標と有標

最初に考えるのは、無標と有標ということである。

ここで、無標と有標を次のように定義する。

（3） 形式Aと形式Bが類義表現であり、かつ、その文脈においてはAかBのいずれかを使うことが義務的であるとする[7]。このとき、文脈XではAだけが使え、それ以外の文脈Y（= not X）ではBが使えるとき[8]、文脈Xは有標、文脈Yは無標である（cf. 庵 2011b）。

---

[6] なお、(2a)(2b)も母語話者に対する説明としては妥当なことが多いし、非母語話者に対する説明としても、多義語の理解のような理解レベルのものとしては有効であることが多い。

[7] これはつまり、AとBが範列的な(paradigmatic)対立をなすということだが、広義の相補分布的な関係性さえ満たせば、対立項は3つ以上でもよい。

[8] ここで、文脈Xには「形式Aだけ」とあり、文脈Yには「形式B」とあって「だけ」がついていないことに注意されたい（4節参照）。

(4) | 形式 A | 形式 B |
| --- | --- |
| 有標（文脈 X） | 無標（文脈 Y = not X） |

この形に一般化できれば、産出レベルの類義表現の記述は容易になる。

3.2　産出レベルとしての記述

次に留意すべきことは、本稿で考えているのは「産出レベル」の記述であるということである。後述するように、このことから出てくるのは、「理解レベルでは例外があっても（＝学習者が規則に反する例を目／耳にすることがあったとしても）、産出レベルで正しければ（＝その形式を使って間違いにならなければ）、その規則は妥当である」という考え方である。

3.3　「100％を目指さない文法」の必要性

最後に考えるのは、「100％を目指さない文法」ということである。

2.3で述べたように、規則として「（カバー率）100％」を目指すと、結局はその規則は学習者にとって使いこなせないものになってしまい、誤用や非用を生むことになる。

庵（2011b）ではこの点に留意して、「（カバー率）100％を目指さない文法」の必要性について論じた。本稿でもこの論点は維持するが、「100％を目指さない」ということの中身については考え直すべき点がある。次節ではこれを踏まえ、新しい考え方にもとづく類義表現のとらえ方を論じることにしたい。

4.　「100％を目指さない文法」再考

本節では、産出レベルの規則のカバー率として「100％を目指さない」ということの意味について改めて考えてみたい。

4.1　「100％を目指さない」とはどういうことであるべきなのか

筆者が規則のカバー率において「100％を目指さない」という考え方を提案した背景には、「100％を目指す」と、規則が複雑になったり、抽象的になったりして、学習者がオンラインでは使いこなせないものになるという判

断がある（2.3 および庵 2011b 参照）。

こうしたことから筆者は、産出レベルでは「100%を目指さない」ことが重要であると主張したのであり、その考え方は間違っていないと考えているが、その後考察を続ける中で、「100%を目指さない」ということについての考え方に不十分な点があったことに気がついた。

具体的には、先に述べた（4）である。

（4） | 形式 A | 形式 B |
|---|---|
| 有標（文脈 X） | 無標（文脈 Y = not X） |

ここで、（4）の定義から、文脈 X は形式 A だけが使える場合であり、文脈 Y はそれ以外の場合である。一般に、類義表現のパターンは表1のようになる（A も B も使えない場合は考察する必要がないので、省略する）。

表1　類義表現のパターン

形式 A	形式 B		
○	×	①	文脈 X
×	○	②	文脈 Y
○	○	③	

表1で注目すべきは、③の場合である。（4）の定義から③は文脈 Y に入るが、このことから次のように言える。

（5）　無標の文脈 Y においては、形式 B を使えば間違いにはならない。

ここで重要なのは、③の場合には、A が使われる場合もあるが B を使っても間違いにはならない、ということである。言い換えると、学習者が A が使われている実例を目／耳にすることがあったとしても、それは無視して B を使えばよい、と考えるということである。

「100%を目指さない」ということをこのように捉え直すことで、この考え方の記述能力は大きく高まると考えられる。

4.2 「産出のための文法」から見た類義表現のパターン

以上の議論を踏まえて考えると、産出レベルから見た類義表現のパターン

には次の4種類があることになる。

(6) a. 産出レベルでも理解レベルでも例外がないタイプ
　　b. 産出レベルでは例外がなく理解レベルでは例外があるタイプ
　　c. 産出レベルでも例外があるタイプ
　　d. 相補分布にならないタイプ

以下、順に見ていく。

4.3　産出レベルでも理解レベルでも例外がないタイプ

まず、産出レベルでも理解レベルでも例外がないタイプであるが、この例としては、文脈指示のソとアが挙げられる。

久野(1973)から金水・田窪(1990, 1992)に至る議論を整理すると、文脈指示のソとアの使い分けは次のように整理することができる[9]。

(7) a. 話し手も聞き手も指示対象を知っているときにはアが使われる。
　　b. それ以外の場合はソが使われる。

これを先の(4)に対応させると、次のようになる。

(8)

ア	ソ
有標（文脈 X）	無標（文脈 Y = not X）

＊文脈 X：話し手も聞き手も指示対象を知っている

この規則は非常に単純で、わかりやすいものであるが、現在の文法シラバスではほとんど明示的に教えられていない(cf. 庵 2012a)。そのため、上級、超級の学習者でもこの使い分けに関する誤用は多い。これも、現在の文法シラバスに見られる「初級で一度取り上げた項目に関する他の用法がそれ以降取り上げられることは（原則として）ない」という問題点の例である。

さて、(7)に関する例外は理解レベルでもほとんどないが、次の例はそれに当たるとも考えられる。

(9)　ぼくは大阪にいるとき山田という先生に習ったんだが、君もあの

---

[9] このまとめは理論的には問題がある(cf. 金水・田窪(1992, 2004²: 173–177))。ただし、学習者向けの記述としてはこれで十分であると筆者は考えている。

先生につくといいよ。　　（金水・田窪 1990=1992, 2004²: 130）
　ただし、この場合には「その」も使えるので、この例が産出レベルで（7）の反例になるわけではない。

4.4　産出レベルでは例外はなく理解レベルでは例外があるタイプ
　次に、産出レベルでは例外はないが理解レベルでは例外があるタイプについて考える。この例に当たるのは、文脈指示における指定指示[10]の「この」と「その」である[11]。
　庵・三枝（2012: 10–11）で指摘しているように、次のタイプのときは「その」しか使えない[12,13]。
　（10）a.　未来のことや仮定のことを表す場合
　　　　b.　先行詞が固有名詞（相当）で、2文間の意味関係が逆接の場合
それぞれの例は次の通りである（いずれも庵・三枝（2012）より）。
　（11）　特急電車が来たら、{*これ／それ}に乗って行こう。
　（12）　吉田さんは時間を守る人だ。{*この吉田さん／その吉田さん}が1時間も遅れるなんて、きっと何かあったにちがいない。
　これを先の（4）に対応させると、次のようになる。

---

[10]　「この」と「その」には指定指示と代行指示という2つの用法がある（庵 2007, 2012b）。指定指示というのは、i. のように「この／その＋NP」全体で先行詞と照応する場合であり、代行指示というのは、ii. のように「この／その」の「こ／そ」の部分だけが先行詞と照応し、「この／その」が「これの／それの」の意味で使われる場合である。
　i.　先日銀座で寿司を食べたんだが、この／その寿司はおいしかった。
　ii.　先日銀座で寿司を食べたんだが、この／その味はよかった。

[11]　「この」と「その」の使い分けについて詳しくは庵（2007, 2012b）参照。

[12]　ここで問題としている書きことば（厳密には、庵 2007 の言う「自己完結型テキスト」）においては、アは使われないので、「この」と「その」についてのみ考えればよい。

[13]　（10a）については金水・田窪（1990=1992, 2004²）を、（10b）については庵（1997）をそれぞれ参照されたい。

(13)

その	この

　　　有標（文脈 X）　　無標（文脈 Y = not X）
　　＊文脈 X：(10a) (10b) の場合

ここで、表1を再掲する。

表1　類義表現のパターン

形式 A	形式 B		
○	×	①	文脈 X
×	○	②	文脈 Y
○	○	③	

表1における②③に当たるのはそれぞれ次のような例である[14]。

(14) 私はクリスマスにキリスト教の洗礼を受けたので、この（／＊その）祝日には特別の思いがある。
　　　　　　　　　　　　（加藤一二三「わが激闘の譜」『将棋世界』1995.2）

(15) 名古屋・中村署は、殺人と同未遂の疑いで広島市内の無職女性(28)を逮捕した。調べによると、この（／＊その）女性は20日午前11時45分ごろ名古屋市内の神社境内で、二男(1)、長女(8)の首を絞め、二男を殺害した疑い。　（日刊スポーツ 1992.11.22）

(16) 戦後間もないころ、ノンプロ野球界で華々しい活動をした別府星野組は、野球をまじめに考える人たちからは、野球を冒とくしていると見られていた。都市対抗野球に出場して安打一本打てばいくら、といったことを新聞に書かれるような野球をしていた。この（／その）星野組へ私を誘ったのは、またも永利勇吉だった。
　　　　　　　　　　　　　　　　　　　（西本幸雄「私の履歴書」）

(17) 第二次大戦以後、四回にわたって戦争を重ねたアラブ世界とイスラエルの間の敵意の根底に横たわるのは、いうまでもなくパレスチナ問題である。その解決なくして、相互の敵意の解消もありえ

---

[14] 以下、() の外のものが実例で、() の中はそれを言い換えたものである。

ない。その（／この）パレスチナ問題、つまりイスラエル占領地域におけるパレスチナ人の暫定自治、さらには国家樹立という難題が、6月の総選挙の結果誕生したラビン労働党政権の新占領地政策により、双方の対話の進展へ向けて大きく動き出したのだ。

(朝日新聞朝刊 1992.7.23)

　(14)(15)は「この」だけが使える例（表1の②）で、(16)(17)は「この」も「その」も使える例（表1の③）である[15]。ここで、(16)は実例（＝学習者が目／耳にする例）が「この」なので問題はないが、(17)は実例が「その」なので、一見すると(13)の例外のように見える。もちろん、理解レベルで考えれば、この例は例外であるが、(17)では「この」も使えることから、産出レベルでは「この」を使って間違いになるわけではないので、この例は(13)の例外ではないのである。このこと、すなわち、(13)に反する例を目／耳にすることがあるかもしれないが、「この」を使って間違いにはならないので、そうした例は無視してよいということを学習者に伝えることが重要である。

4.5　産出レベルでも例外があるタイプ

　次に取り上げるのは、産出レベルでも例外があるタイプである。この例として、ここでは、「は」と「が」の使い分けを取り上げる。

　「は」と「が」の使い分けについては、野田(1996)、庵・高梨・中西・山田(2000)などの議論があり、筆者も庵(2010, 2011b)などの提案をしてきたが、ここでは、それらを踏まえて新しい規則を提案する（単純化のために単文の場合のみを対象とする）。

　(18) a.　英語で言う "It is/was A that/who B." の構文（分裂文）で言いたい内容があるときは、それを「AがB（だ）。」という形で表せる。この場合の「が」は「排他」[16]になる。

　　　 b.　aのニュアンスがなく、かつ、主語が3人称で、述語が動詞ル

---

[15]　これらについて詳しくは庵(2007: ch.6)を参照されたい。

[16]　「排他」は三上(1963)、野田(1996)の用語で、久野(1973)の「総記」に相当する。

形以外（テイル形、テイタ形、タ形）であり、かつ、1）テキストに新規に要素を導入する、2）五官でとらえられたことを述べる、3）過去の出来事を報告する、のいずれかの場合は、主語は「が」で表され、その「が」は「中立叙述」（久野 1973）になる。

c. a、b 以外の場合の主語には「は」をつける。

ここで、(18) は (4) の相補分布性を満たしているので、ここで提案している規則の例となる。これを図示すると次のようになる。

(19)

排他	中立叙述	は
有標（文脈 X, Y）		無標（文脈 Z＝X, Y 以外）

＊文脈 X：排他の「が」 文脈 Y＝中立叙述の「が」

(18) の意味するところは次のようなことである。

(18a) は、「排他（総記）」ということを、「A が B（だ）。」の A が焦点であるということと読み替え、明示的に焦点を作り出す構文である「分裂文」を利用してその意味を伝えようとするものである[17]。なお、ここで、B が名詞の場合は西山 (2003) の言う「指定文」になる[18]。

(18b) は、「中立叙述」について規定したものだが、中立叙述は、現象描写か過去の出来事の報告に使われる[19]ため、通常、主語は三人称で、述語はル形以外になる（ル形は未来か恒時になるため）ということである。

ここで、(19) は (4) の例であるから、有標である (18a)(18b) 以外の無標の場合には「は」になる。

さて、ここで問題になるのは、(18) には明示的な反例があるということ

---

[17] 「排他」を「強調」と言ってしまうと、「が」を過剰使用させることになるので、分裂文で言うのが適当な場合という形でたがをはめるのである。

[18] 「指定文」は三上 (1953) の用語だが、三上は「B は A（だ）。」を「指定文」と呼んでいる。しかし、本稿の目的からすると、「A が B（だ）。」を「指定文」と呼ぶ西山 (2003) の用語法の方が趣旨に叶う。なお、西山 (2003) は三上 (1953) の「指定文」を「倒置指定文」と呼んでいる。

[19] この意味で、中立叙述に相当する文は導入文（representational sentence）と呼ばれることがある（cf. Lambrecht 1994）。

である。具体的には、(7b) のタイプである。このタイプの例を挙げる。
　(20)　彼は病気知らずが自慢の男だった。その彼 {??は／が} ガンで
　　　　あっけなく逝ってしまった。　　　　　　　　　(cf. 庵 2007)
　このタイプは (18) の反例になる。このタイプを反例と見なすと、(18) には産出レベルでの反例を含むものとなる[20]。

4.6　相補分布にならないタイプ

　最後に考えるのは、相補分布にならないタイプである。この例としては、太田 (2014) などで扱われているモダリティに関するものがある。このタイプでは、(何らかのモダリティ形式は必要であるため) 範列的な関係は成り立つものの、何が無標で何が有標であるかが確定できない (つまり、相補分布にならない) ため、ここで考えているタイプの記述はできない。

4.7　「100％を目指さない文法」再考

　本節では、「100％を目指さない文法」ということについて詳しく考えた。「100％を目指さない」という考え方は当初、産出レベルではカバー率が多少下がっても問題ではないという考え方を前提としていた (庵 (2010, 2011b) などではそうした考え方にもとづく記述をしている)。

　しかし、「産出レベルの規則」という考え方をより突き詰めて考えれば、「100％を目指さない」と言っても、実際には (産出レベルでは)「(カバー率) 100％」になることがかなりあるということがわかってきた[21]。本稿の考察が正しければ、類義表現の記述の適否は、(4) の形に当てはめられるか否かが重要な分岐点となるということになる。

---

[20] ただし、(20) の 2 番目の文は (18a) に当てはまるとも考えられる。そう考えることができれば、この小節の場合も産出レベルで例外は存在しないことになる (森篤嗣氏 (個人談話) のご指摘を参考にした)。

[21] 逆に言うと、庵 (2010, 2011b) のように、実際のテキストにおける分布を元にカバー率を計算するのは不適切であるということになる。なぜなら、そうした分布は理解レベルのものであって産出レベルのものではないからである。

5. まとめと日本語教育への含意

　本稿では、「産出のための文法」という観点から、類義表現の記述方法について考えた。

　その結果、無標と有標、産出レベル、ということを基盤に考えれば、産出のための規則は、かなり簡潔に記述でき、かつ、そのカバー率は（少なくとも産出レベルでは）「100%を目指さない」と言いながら実際には「100%」と言ってもよい場合がかなりあることがわかった。この結論が正しければ、日本語教育についてその含意するところは決して小さくないものと考える。

引用文献

庵功雄（1997）「「は」と「が」の選択に関わる一要因」『国語学』188: 1–11.
庵功雄（2002）「書評　白川博之「外国人のための実用日本語文法」」『一橋大学留学生センター紀要』5: 123–128.
庵功雄（2007）『日本語研究叢書 21　日本語におけるテキストの結束性の研究』東京：くろしお出版.
庵功雄（2010）「産出のための日本語教育文法」『台湾日本語文学報』28: 40–55.
庵功雄（2011a）「日本語記述文法と日本語教育文法」森篤嗣・庵功雄（編）『日本語教育文法のための多様なアプローチ』1–12. 東京：ひつじ書房.
庵功雄（2011b）「「100%を目指さない文法」の重要性」森篤嗣・庵功雄（編）『日本語教育文法のための多様なアプローチ』79–94. 東京：ひつじ書房.
庵功雄（2012a）「新しい文法教育のパラダイム構築のための予備的考察」『日中言語研究と日本語教育』5: 37–45.
庵功雄（2012b）「指示表現と結束性」澤田治美（編）『ひつじ意味論講座6　意味とコンテクスト』183–198. 東京：ひつじ書房.
庵功雄（2013）『日本語教育・日本語学の「次の一手」』東京：くろしお出版.
庵功雄（2014a）「これからの日本語教育で求められること」『ことばと文字』創刊号: 86–94.
庵功雄（2014b）「日本語学と日本語教育の関係について――日本語教育の役に立つ研究とは？――」『日本語学研究』40: 111–124.
庵功雄・三枝令子（2012）『上級日本語文法演習　まとまりを表す表現――指示詞、接続詞、のだ、わけだ、からだ――』東京：スリーエーネットワーク.
庵功雄・高梨信乃・中西久実子・山田敏弘（2000）『初級を教える人のための日本語文法ハンドブック』東京：スリーエーネットワーク.
太田陽子（2014）『日本語教育学の新潮流9　文脈をえがく』東京：ココ出版.

金水敏・田窪行則（1990）「談話管理理論からみた日本語の指示詞」『認知科学の発展』3（金水敏・田窪行則（編）（1992, 2004²）『日本語研究資料集第 1 期第 7 巻　指示詞』123–149. 東京：ひつじ書房に所収）.
金水敏・田窪行則（1992）「日本語指示詞研究史から／へ」金水敏・田窪行則（編）（1992, 2004²）『日本語研究資料集第 1 期第 7 巻　指示詞』151–192. 東京：ひつじ書房に所収）.
金水敏・田窪行則（編）（1992, 2004²）『日本語研究資料集第 1 期第 7 巻　指示詞』東京：ひつじ書房.
久野暲（1973）『日本文法研究』東京：大修館書店.
小林ミナ（2013）「日本語教育文法の研究動向」『日本語学』32 (7): 4–17.
白川博之（2002）「外国人のための実用日本語文法」『月刊言語』31 (4): 54–59.
趙順文（1988）「「から」と「ので」永野説を改釈する」『日本語学』7 (7): 63–77.
永野賢（1952）「「から」と「ので」はどう違うか」『国語と国文学』29 (2): 30–41.
西山佑司（2003）『日本語名詞句の意味論と語用論——指示的名詞句と非指示的名詞句——』東京：ひつじ書房.
野田尚史（1996）『新日本語文法選書 1 「は」と「が」』東京：くろしお出版.
野田尚史（2005）「コミュニケーションのための日本語教育文法の設計図」野田尚史（編）『コミュニケーションのための日本語教育文法』1–20. 東京：くろしお出版.
三上章（1953）『現代語法序説』東京：くろしお出版.
三上章（1960）『象は鼻が長い』東京：くろしお出版.
三上章（1963）『日本語の論理』東京：くろしお出版.
森篤嗣・庵功雄（編）（2011）『日本語教育文法のための多様なアプローチ』東京：ひつじ書房.
山内博之（2009）『プロフィシェンシーからみた日本語教育文法』東京：ひつじ書房.
Lambrecht, Knud (1994) *Information structure and sentence form*. Cambridge: Cambridge University Press.

第3章

従属節の共起について
――接続助詞ガ・ケド類を持つ節を対象に――

長谷川守寿

1. はじめに

　本稿の目的は、現代日本語における接続助詞ガ・ケド類[1]の共起の実態を明らかにすることである。一つの文・発話においては、複数のガ・ケド類が使用されることがあるが、どのような特徴があるのか、網羅的には研究されてこなかった。そこで、現代日本語においてガ・ケド類が複数使われている実態を探索的に調べ、特徴を明らかにし、その特徴と日本語学習者の作文に見られる接続助詞の共起の実態を比較する。本稿では、近年整備された大規模コーパスと、学習者コーパスを用いて分析を行う。
　次章では先行研究を概観し、第3章では本稿で対象とする大規模コーパスとその検索方法、検索結果から除外する基準について説明する。第4章では接続助詞の共起の結果を考察し、また少数であるが日本語学習者の使用状況を明らかにし、まとめを述べ、本稿で考察できなかった点について言及する。

2. 先行研究

　接続助詞ガ・ケド類の用法を指摘した研究には、国立国語研究所(1951)、森田(1980)等があり、それらの用法の中で特定の用法をさらに詳しく扱っ

---

[1] 本稿では「けれど・けれども・けども・けど」をまとめてケド類と呼び、それぞれの違いについては必要に応じて言及する。

た研究に、才田・小松・小出(1983)、小出(1984)、前田(1995)、渡部(1995)などがある。また用法間の関係について考察した研究（松本 1989、永田・大浜 2001）やガ・ケド類間の相違点を明らかにした研究（三枝 2007、永田・茂木 2007）、言いさしとしての研究（白川 1996、内田 2001）、談話における研究（山崎 1998）などがあり、従来から研究の盛んな分野である。

ただし、このように研究の関心は接続助詞ガ・ケド類が単独で使用された際の機能・用法に向けられることがほとんどで、例外は複数の従属節間の関係に言及している南(1974)や複数使用される実態にも触れた三枝(2007)、岩崎(2008)である。

南(1974)では従属節（南の用語では「従属句」）を構成要素の種類の範囲、及びその他の特徴からA類・B類・C類の三種類に分けている。ガ・ケド類が節末に位置する従属節を共にC類に分類し、C類は他のC類に含まれる従属節の一部になることができるとしている。長谷川(2002)では、南(1974)の考え方を元に、複文構造を記述するために従属節の構造規則の記述を行った。その中で、ガ・ケド節については前置きやモダリティ表現的な節を他と区別して規則化する必要性を述べた。そこで、規則化を見すえ、ガ・ケド節が一文においてどのように共起するのか、その実態を調べる必要があった。

また、ガ・ケド類の接続表現が複数使われている例に言及している研究として、岩崎(2008)では、「「て」形で節が次々につながっていく現象は「節連鎖」と呼ばれ、日本語以外の多くのSOV言語でも観察される」(p. 136)と述べ、複数現れる現象に着目し、「て」形の他に、「たら」「けど」「から」が用いられている例を挙げ、考察を行っている。しかし現象の指摘にとどまり、網羅的な考察は行っていないという問題がある。

また三枝(2007)は、現代日本語研究会『女性のことば・職場編』(1997)、同『男性のことば・職場編』(2002)を対象に、複数のガ・ケド類が一発話内で使われる頻度を調べており、結果として「男性は（中略）一発話内で異なる接続詞を使用し、かつその組み合わせも多様なことが見てとれる。全体に男性の方が使い方が多様でかつ頻度も多く、女性は男性にくらべると頻度が幾分少なく、使い方も限られている。」(p. 14)と述べ、性別による複数使

用の違いを明らかにしている。しかし、使われる助詞が「同じ」か「異なる」かだけを数えているため、接続助詞ガ・ケド類のどのような組み合わせが使われているかに関しては明らかになっていない。

　接続助詞ガ・ケド類が一つの文に複数出現する現象が日常的に見られながらも、これまで考察される機会が少なかったのは、いわゆる逆接の意味を持つガ・ケド類を一文中で複数使うことは避けたいという直観があり、また作例はもちろん、データを収集することも難しく分析対象になりにくかったところがあると思われる。しかし、近年公開された大規模コーパスにより、この現象を実態に即して分析することが可能となった。とりわけ、計量的に実態を捉える手法で、出現の傾向を明らかにでき、複数出現するという現象の仕組みを解明するための大きな手がかりを得ることが期待できる。

　そこで本稿では、その第一歩として現代日本語において従属節の共起が実際にどのように出現するのか、類義表現として捉えられることが多いガ・ケド類を対象に考察を行う。以後、ガ・ケド類で終わる従属節を、ガ節・ケド節と呼び、その共起を表す時は「ガ–ガ」「ガ–ケド」「ケド–ガ」「ケド–ケド」を用いる。

3. 調査方法
3.1 用語の定義

　本稿では、「同一の主節にかかる従属節と従属節」を「共起する節」と考え、その節末に位置する接続助詞を「共起する接続助詞」として扱う。従属節と引用節内、従属節と連体修飾節内で現れても、節の共起の例とは考えない。本稿で述べる従属節は、連用修飾節とも呼ばれるもので、接続助詞が節内の述語に後接し、主節にかかっていくものである。例えば（1）はテモとトが「共起」していると考える（下線は筆者、以下同）。一方、（2）（3）では一文中に二つの接続助詞が現れているが、（2）は一方が引用節内、（3）は連体修飾節内なので、本稿の考える共起の例にはならない。

　　（1）　たとえ時間が短くても、ここに駐車をしていると、みんなの迷惑
　　　　　になる。　　　　　　　　　　　　　　　　　　　　　　（作例）
　　（2）　何人かの人にだが、「もう少し安ければ買う」と言われた。

(作例)
（3）この年齢になると、量は少なくてもおいしい食べ物を出してほしい。
(作例)

　先行研究で述べた岩崎（2008）では、このように接続助詞が「次々につながっていく現象」を「節連鎖」としているが、「鎖」という語の持つイメージ同様の強固な関係を従属節同士が持つのかどうか、そのこと自体を今後明らかにしていきたいため、本稿では出現だけを意味する「共起」という用語を使用する。

3.2　対象コーパス

　本稿では、コーパスを対象に調査を行う。現代日本語における接続助詞の共起の実態を明らかにするために、さまざまな媒体[2]が含まれている「現代日本語書き言葉均衡コーパス」（Balanced Corpus of Contemporary Written Japanese、以下 BCCWJ）を対象とする[3]。また、日本語学習者の学習者コーパスとしては「日本語学習者による日本語作文と、その母語訳との対訳データベース CD-ROM 版」（略称、作文対訳 DB）と、「YNU 書き言葉コーパス」（金澤 2014）の二つを対象とする。

　会話コーパスである「KY コーパス version1.2」（2004）は、発話単位で区切られており、文の終わりの認定が困難な場合がある。後述するが、本稿では文に初めて出てくる従属節と、その後方に共起する従属節を対象とするため、どこから文が始まっているのか明確ではないデータは対象にできない。よって今回は「KY コーパス」は調査の対象とはせず、一部を参考資料として扱う。

---

[2]　国立国語研究所コーパス開発センター（2011）では、サブコーパスを構成する要素の呼び方は複数あり、第1章では「レジスター」、第2章では「媒体」、第3章・第8章では「メディア」と呼ばれる。本稿では第2章に従い「媒体」と呼ぶこととする。

[3]　日本語母語話者のデータとして、国立国語研究所・情報通信研究機構（旧通信総合研究所）・東京工業大学他「日本語話し言葉コーパス」、現代日本語研究会『女性のことば・職場編』『男性のことば・職場編』などの使用も考えられるが、これらは会話データに限定されるため、除外した。個々の媒体での調査や結果の比較は今後行っていく予定である。

3.3　手順

現代日本語において接続助詞ガ・ケド類を節末に持つ従属節が複数現れる例を検出する手順について説明する。さまざまな媒体での用例を抽出し、その実態を明らかにするために、BCCWJ に含まれる全てのサブコーパスである出版（生産実態）サブコーパス、図書館（流通実態）サブコーパス、特定目的サブコーパスを使用して、意味・用法の類似した接続助詞の共起の実態を調べる。従来、ガ・ケド類に分類される接続助詞は文体的特徴が異なるだけで、意味用法は異なることがないとして、どちらかを代表表現として扱う先行研究が多いが（例えば小出（1984））、本稿ではさまざまな媒体における出現の違いを明らかにするために、文体の影響の考えられるガとケド類を区別して調査を行う。検索には、品詞情報等を使用した複雑な検索が可能なサイトである「中納言」(https://chunagon.ninjal.ac.jp/search) を使用する。短単位での検索を行い、接続助詞ガ・ケド類が共起する用例を収集した。条件式は以下のような形式である（「中納言」では語彙素読み「ケレド」を指定することで、「けれど、けれども、けど、けども」を含む用例が検索できる）。なお「中納言」の「検索フォームで検索」タブでは、キーと後方共起の間は 10 語までしか設定できないが、「履歴で検索」タブを使い条件式を編集することで、10 語以上の設定が可能になる。

(4)　キー:(語彙素読み = "ケレド" AND 品詞 = "助詞 - 接続助詞") AND 後方共起:(語彙素読み = "ガ" AND 品詞 = "助詞 - 接続助詞") ON 5 WORDS FROM キー DISPLAY WITH KEY WITH OPTIONS unit="1" AND tglWords="100" AND limitToSelfSentence="1" AND endOfLine="CRLF" AND tglKugiri="" AND encoding="UTF-8" AND tglFixVariable="2";

(4) は、ケド類とその語から 5 語離れたところにガがある例を可変長・固定長データから抽出する条件式で、(5) のような例が検索される。(5′) に示すように、ケドから 5 語離れた位置にガが出現している（ここでは中納言の結果に従うため、記号も語として数える）。

(5)　疑惑を書くのは自由ですけど、私はいいが井上はたまらないですよ。　　　　　　　　　　　　　　　　　　　　　　　　PM21_00116

(5′)　疑惑を書くのは自由です（0　けど）（1　、）（2　私）（3　は）（4　いい）（5　が）井上はたまらないですよ。

　条件式では、初めに見つかった接続助詞（検索式では「キー」）と後続（条件式では「後方共起」）する接続助詞の距離（条件式では ON 5 WORDS FROM キー）は 1 語から 20 語までとした。語の間隔を 20 語までとした理由は、キーと後方共起の間隔があまりに大きくなると、その間に別のガ・ケド節が入ってくることが多くなり、対象外となる用例が多くなるためである。また媒体毎に、始めに見つかるキーと後方共起する語の間隔を 1 語ずつ増やして出現数を確認したところ、20 語の前までで頻度の最大値が現れた。そこで今回は便宜的に 20 語までとした。さらにキーと後方共起する語の間隔を 20 語より増やした場合、国会会議録では一つの従属節に含まれる語数が多いものが多く見られるため出現数は増加するが、他の媒体では減少していくことが予想される。従属節の共起を調べるのに、キーと後方共起する語の間隔を何語までにするのが適切であるかは今後も検討が必要であろう。

3.4　対象外とする表現

　（4）のような条件式を用いて検索した用例の中には、本稿の対象に適さない例文も検出されるため、除外しなければならないものがある。以下では、これについて説明する。まず、（6）のような推量の逆接は排除する。これは「あろうがなかろうが」や「食べようが食べまいが」など、定型的な表現が多く検出され、数が膨大であるためである。また、後方共起する例が言いさしの用例（7）も排除し、従属節・主節の組み合わせのみを抽出することとする。言いさしのガ・ケド節は、従属節に共起するものの性格が明らかになってから検討を加えることとし、今回は対象外とした。言いさしを含めた共起にどのような傾向があるのかは、今後の検討課題とする。また、条件式では文を「またがない検索」としたが、BCCWJ には文と文を分ける部分に必要なタグが入っていない問題がある（長谷川 2014）ので、別の文中に後方共起する語が出現する例が出てくる（8）。これも排除の対象となる。

（6）　衣食住がいくら整っていよう<u>が</u>、健康で仕事の波に乗っていよう<u>が</u>、人の心に何の不安も翳りもないなどということがあるでしょ

うか。　　　　　　　　　　　　　　　　LBe9_00219
（7）　そうですね、最近五年以内で結構ですが、その状況について御説明いただきたいと思っておりますが。　　OM65_00005
（8）　わしは化けることはできますが、あなたのとくいな算数とやらはできません。オキ丸は空を飛べますが、…　LBin_00012

　本稿では同一構造上に現れる従属節を共起と考えるため、（9）のように注釈のような括弧内に出現するものとそれ以外に出現する場合や、引用文中に出現するものとそれ以外に出現する場合などは共起と考えない。

（9）　分類はむつかしいが（本質的には、この分類にさほどの意味があるとは思えないが）こういう方法のあることを知っておけば、ウイットを発揮する助けとなる。　　PB19_00172

　ここで、BCCWJ の品詞情報（具体的には接続助詞）と、本稿で考える接続助詞ガの違いについて説明しておきたい。例えば、連語的表現「言うが早い」（10）や「言われるがごとく」（11）の「が」は、BCCWJ では「接続助詞」とされるが、本稿では除外する。また誤入力と思われる「早いが」（10）も接続助詞とされるため抽出されるが、これらも除外する。

（10）　早口に言うが早いが身を翻して出ていく。　　LBn9_00015
（11）　"見た目だけ"と言われるがごとく、内容がないと考えられがちだが、見た目の良さはロジックではないが視覚的な意味内容を持つものである。　　PB42_00135

　また、出現の条件に問題がある例も検出される。今回は（12）のように接続助詞（キー）から、後方共起する接続助詞までの距離が 20 語以内の用例を対象としている（"【】"は節を、"…"は文字列を表す）。しかし、検索された用例の中には、キーと後方共起の間は確かに 20 語であっても、（13）のようにその間に別の【ガ・ケド節】が入っていたり、（14）のようにキーと後方共起の前に別の【ガ・ケド節】が存在する用例がある。このようなものは、対象外となる。

（12）　…＜キー＞…＜後方共起＞…【主節】
（13）　…＜キー＞【ガ・ケド節】＜後方共起＞…【主節】
（14）　【ガ・ケド節】＜キー＞…＜後方共起＞…【主節】

```
         抽出しない
       ┌─────────┐
＜キー＞【ガ・ケド節】＜後方共起＞
       └───┘
        抽出する
```
図1　抽出する例・抽出しない例

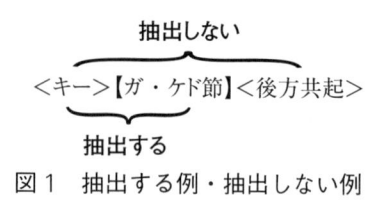

　例えば、(13)の例として(15)を挙げる。(15)は先行する接続助詞「が」と後方に共起する接続助詞「が」の間が20語離れている例である。しかし、その間に「経ちますが」(波下線は筆者、以下同)という従属節が入っている。この場合はさらに「今回2度目なのですが、注文から一週間経ちますが」の部分をより短い間隔の共起例として抽出しているため、20語離れた例として抽出された例は除外する(図1)。キーから後方共起の語までの間隔が空くとこのようなケースが増えてくる。

(15)　前に1度注文させていただいて今回2度目なのですが、注文から一週間経ちますがまだ商品の方が届かないみたいなのですが、私が注文の時にミスをしたかもしれないので1度そちらの方でご確認お願いできますでしょうか？　　　　　　　OC08_02540

　(14)の具体的な例として(16)を挙げる。(16)は「ガ－ガ」で検索された用例であるが、その前にケド類のケレドモが出現しており、「ケド－ガ」の用例として抽出されるべきものなので、「ガ－ガ」の用例としては除外する。

(16)　最後に、租税特別措置全体のことでございますけれども、どうなんでしょうか、だんだんとふえておるということは先ほど言いましたが、例えば抜本改正、どんな中身かわかりませんが、今考えておられる抜本改正の法案が、出ることは望みませんが、もし出るとなれば、こういうものは大幅に見直しをされたものが出てくるのでしょうか。　　　　　　　　　　　　　OM31_00005

　このように(4)は品詞情報から検索を行うだけで、節の係り受け構造までは指定できないため、本稿の対象として不適切な用例も多々抽出される。そこで、全ての用例に対して筆者が確認を行った。

4. 調査結果
4.1 BCCWJ における節の共起

表1に各媒体毎の共起の出現数と媒体内での比率を示す。媒体の括弧内は、略称である。媒体は、国立国語研究所コーパス開発センター（2011、p. 15）の順番に従う。共起例のなかった「韻文」・「法律」は表1から外した。検索の単位は、キーと後方共起する語を組み合わせた形で、「ガーガ」「ガーケド」「ケドーガ」「ケドーケド」と示し、「類」は略すこととする。

表1 各媒体毎の共起の出現数 [4]

検索単位 媒体	ガーガ	ガーケド	ケドーガ	ケドーケド	計
書籍 （PB）	247 71.4%	40 11.6%	28 8.1%	31 9.0%	346 100%
雑誌 （PM）	25 56.8%	9 20.5%	7 15.9%	3 6.8%	44 100%
新聞 （PN）	4 100%	0 0%	0 0%	0 0%	4 100%
書籍 （LB）	291 71.7%	46 11.3%	26 6.4%	43 10.6%	406 100%
白書 （OW）	10 100%	0 0%	0 0%	0 0%	10 100%
教科書 （OT）	2 100%	0 0%	0 0%	0 0%	2 100%
広報紙 （OP）	5 100%	0 0%	0 0%	0 0%	5 100%
ベストセラー （OB）	34 57.6%	11 18.6%	6 10.2%	8 13.6%	59 100%
Yahoo! 知恵袋 （OC）	1,878 85.0%	146 6.6%	85 3.8%	101 4.6%	2,210 100%
Yahoo! ブログ （OY）	471 65.4%	73 10.1%	51 7.1%	125 17.4%	720 100%
国会会議録 （OM）	697 38.9%	402 22.5%	360 20.1%	331 18.5%	1,790 100%

---

[4] BCCWJ 内の各媒体はデータ収集方法が異なり、検索単位毎の合計には意味がないため行わない。

なお表1は条件式（4）の「キー」と「後方共起」と間隔を変更して検索したものから3.4に述べた対象外となる表現を除いた用例数である。検索の結果約1万例抽出され、今回対象となったのは約5,600文であり、約半数近くが対象外となった。また用例が1,000例以上検出された媒体では、対象外となったのは国会会議録（25.1%）、Yahoo! 知恵袋（35.9%）、Yahoo! ブログ（51.4%）、書籍PB（68.2%）、書籍LB（70.7%）となり、媒体間でばらつきが見られた。

各媒体のデータ収集法や総語数が異なり、しかもキーから後方共起まで20語以内という制限つきであるため慎重に言葉を選ぶ必要があるが、表1からまず言えることは、新聞・白書・教科書・広報紙では「ガ－ガ」の共起しか観察されなかったことと、この4媒体における接続助詞の共起の少なさである。

本調査と関連する調査に宮内（2012）がある。宮内（2012）では多様なジャンルを含む大規模コーパスを資料として、各ジャンル（本研究では媒体）における接続助詞の出現傾向とジャンル別の文体的特徴との関連について論じ、その中で、接続助詞の（単体での）出現数を調べ、ガの出現比率には媒体によっても大きな偏りがないことを示している。宮内（2012）の結果で本調査と関連する部分を表2に示す[5]。表1・2を比較すると、単体での使用と複数使用を比べてみても、新聞・白書での共起の出現が非常に少ないことが分かる。

表2　宮内（2012）の結果

	ガ	ケレド
白書	195	1
新聞	564	27
書籍1（文学以外）	567	53
書籍2（文学）	450	157
知恵袋	890	147

（宮内（2012: 43）より筆者が再編集）

---

[5] 宮内（2012）は対象とした媒体が異なり、BCCWJ内のコアデータ等に加え、人手による修正されたデータも対象としている。

この結果は、そもそもガの共起が日本語として正しいのかを考える際に重要だと思われる。教科書や新聞など、規範的な文が求められる媒体では、接続助詞の共起は避けるべき（修正すべき）表現とされるだろう。実際にこれらの媒体からは、非常に少数の用例（教科書2例、新聞4例）しか抽出されなかった。また、実際に抽出された用例（教科書は(17)、新聞は(18)）は、それらの媒体から想像する典型的な文とはかけ離れた例外的な用例と考えるのが妥当ではないだろうか。なお白書・広報紙では、規範性が多少弱まり、(19)(20)のような文の使用も認められるものと思われる。

(17) 島にも医師はいるが、原爆症が出た場合、大木は、私もだが、長崎市にある原爆病院に入院したい、という希望がある。

OT03_00026

(18) これは、まさに戦略戦術の奥義だと、話を聞いた反町栄一は感心しているのだが、たしかに戦争はルーレットなどとは比較にもならないが、博打性という意味では似ているところがある。

PN3i_00010

(19) 一方、中高年層では、魚介類から動物性たんぱく質を摂取する割合が高いが、これは水産物の栄養特性によるところもあるとみられるが、魚そのものへのし好も高まり、また、価格が多少高くても購入が可能となることも理由であろう。　　　OW2X_00173

(20) 一昨年までは元気に家庭菜園をしていましたが、今年の梅雨時期に少し体調を崩されたそうですが、娘さんとの同居で、楽しそうに暮らしております。　　　OP22_00011

出現の総数が100以上の媒体について、四つの共起の組み合わせの中で「ガ－ガ」の占める割合の小さい順に並べたのが図2（次ページ）である。この中で国会会議録（OM）では、「ガ－ガ」が4割弱、「ガ－ケド」が2割強、「ケド－ガ」が2割、「ケド－ケド」が2割弱で、他の媒体と比べると「ガ－ガ」の占める割合が一番少ない。それに対してYahoo!知恵袋（OC）では「ガ－ガ」の共起が全体の85％と大半を占め、「ガ－ケド」、「ケド－ガ」、「ケド－ケド」はいずれも5％程度である。

出版サブコーパス内の書籍（PB）と図書館サブコーパス内の書籍（LB）は、

出現の傾向がほぼ一致しており、「ガ－ガ」が7割強、「ガ－ケド」が1割強、「ケド－ガ」が1割弱、「ケド－ケド」が1割程度である。サンプリングの対象が異なる二つの媒体において、同様の結果となったことは、これを書籍における傾向として見ることができるだろう。

一方、Yahoo!ブログ（OY）は独自の特徴を示している。「ガ－ガ」が6割台半ば、「ガ－ケド」が1割、「ケド－ガ」が1割弱、「ケド－ケド」が2割弱であった。「ガ－ケド」「ケド－ガ」は出版書籍・図書館書籍と近い分布を示しているが、「ケド－ケド」の比率は多くなっている。

なお全ての媒体において、「ガ－ケド」の出現数は「ケド－ガ」の出現数を明らかに上回っている。もし、ガとケド類に従来言われるような文体的な違いしかないのであれば、「ガ－ケド」と「ケド－ガ」の出現数は同程度であるはずであるが、このような違いが出たことは、複数使用の場合に優先的に選択される組み合わせの可能性も示唆され、大変興味深い。今後さらにデータを増やし、考察を加えたい。

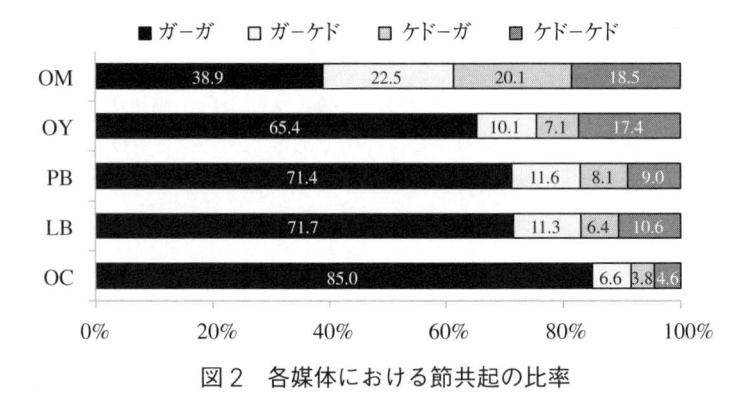

	ガ－ガ	ガ－ケド	ケド－ガ	ケド－ケド
OM	38.9	22.5	20.1	18.5
OY	65.4	10.1	7.1	17.4
PB	71.4	11.6	8.1	9.0
LB	71.7	11.3	6.4	10.6
OC	85.0	6.6	3.8	4.6

図2　各媒体における節共起の比率

さらに、「ガ－ガ」の比率が圧倒的に多いYahoo!知恵袋（OC）では、ガ節を二つ含むだけでなく、三つ以上持つ用例があるという特徴が見られる。(21)はガが4回使われているやや極端な例である（三つ以上含まれる用例がいくつあるかは数えていない）。これは多少分かりにくい文であるが、繰

り返しによるたたみかけの効果があり、意図的に使っていると捉えられる[6]。
　(21)　出品者ですが、現在落札者と取引中で本日入金確認したところですが、その落札者が次に出品している商品に入札しているのですが、今回始めての落札者ですが、お取り置きの提案をしてあげたほうが良いでしょうか？　　　　　　　　　　　　　OC14_06618

　また国会会議録（OM）での特徴は、「ガーケド」（22.5％）、「ケドーガ」（20.1％）、「ケドーケド」（18.5％）の共起が他の媒体に比べ多いことである。「ガーケド」、「ケドーガ」が多い理由の一つとして、三枝（2007）でも述べられているように、談話において同じ表現を回避しようという意識が働いていることによるのではないだろうか。従来の文法研究では、ガ・ケド・ケレド・ケレドモ・ケドモは文体の差と捉えられ、同一に扱われることが多かったが、今回の結果を見ると、やはり談話においては異なる語として扱っていく必要もあろう。

　また、国会会議録における共起では、ケド類の中でケレドモの使用が大半であることが観察された。もちろん単体では、ケレドモ以外に（22）（23）（24）に示すようにケドモ、ケド、ケレドの使用は見られる。しかし、共起の場合はケレドモがほとんどで、ケレドモ以外の例は3例しか見あたらず（その内の一つが（25））、しかもその直前は全てデス・マス形であり、ダ・ル形の例は見られない。ケド類は、ガに比べ文体上カジュアルであるとか丁寧でないと言われるが、デス・マス形に続くことによって、その点を補っているのではないかと思われる[7]。

---

[6]　もちろんケド類にも以下のように繰り返し使用されている表現は見られるが、非常に稀である。
　（あ）くれぐれも言いますけれども、もう一回言うのですけれども、いつ言ってもわからないのですけれども、帯を扱っている方々はよく御存じなのですけれども、いろいろな帯が確かにあります。　　　　　　　　　　　　　　　　　　OM54_00001
[7]　これは、あくまでもキーから後方共起する語の間隔が20語までの例においてであり、（い）のように間隔が大きくなった場合（49語）には、辞書形に続く例も見られる。
　（い）それから将来、これは山下元防衛庁長官が発言をしているんだけれども、将来は向こうの国防長官と日本の防衛庁長官の協議を、不定期か定期かは別として、行いたいという願望を述べ、向こうはもとより歓迎しているという記録があるけれども、〈以下略〉　　　　　　　　　　　　　　　　　　　　　　　　　　OM26_00001

(22) このことはきょうはこの所管は警察の関係ですから、まあこれ質問はいたしませんけども、そういうふうな点もある。
 OM18_00001
(23) 私ちょっとふざけているにもほどがあると思うけど、ちょっと大臣のお考えも聞きたいです。 OM25_00003
(24) その第一の点は、これも先ほど触れましたけれど、輸入石油の依存度を六三・三％までに下げる。 OM15_00003
(25) 遺体が残っておる間は大変重苦しい気持ちでございましたけれど、全部収容されたということで、ひとまずほっとしたわけでございますが、問題はこれからであろうと思います。 OM25_00001

　このような傾向が見られる要因について、考えてみたい。国会会議録での傾向が他と大きく異なるのは、これが話し言葉であることによるだろう。国会会議録は質問・応答という形式があり、事前に用意された資料に基づく発話であることが多く、話し言葉の典型とは言い難いものの、話された言葉を記録したという点で、紛れもなく話し言葉ではある。また話し言葉という側面について他の媒体を見ると、出版サブコーパス内の書籍と図書館サブコーパス内の書籍は、書かれた文章以外に対談や講演内容などが収められているケースがあり、話し言葉と書き言葉双方を含むものと考えられる。
　そこで、これら三つの媒体の特徴を踏まえ、さらに国会会議録とこれらの書籍で傾向が異なることから、書き言葉か話し言葉かといった文体の違いは、ガ・ケド類の出現とどのように関係しているのか考えていくことにする[8]。
　次節では話し言葉か書き言葉かという文体の差による違いを確認するために、両方の文体を含む媒体を対象に、文体とガ・ケド類の共起の出現実態を見る。

---

[8] なお媒体における文体的特徴については、Yahoo! 知恵袋の文体的特徴を、宮内（2012）が接続助詞の出現傾向から「話し言葉的な文体的特徴の強いジャンル」と述べているが、どのような表現を基準として見るかによって変わる可能性があり、一意に決定できないと思われる。

4.2 文体による共起の出現傾向について

　ここでは、接続助詞ガ・ケド類の共起の傾向と、共起が現れる文の文体の関係を調べる。Yahoo! 知恵袋、国会会議録、Yahoo! ブログに比べ、共起の出現数は少ないのであるが、BCCWJ の内、会話文も地の文も含まれる「特別目的サブコーパス内のベストセラー（OB）」、「図書館サブコーパス内の書籍（LB）」、「出版サブコーパス内の書籍（PB）」、「出版サブコーパス内の新聞（PN）」、「出版サブコーパス内の雑誌（PM）」を対象に、会話文と地の文とで共起の出現に違いがあるか調べ、文体との関係を確認する。

　この場合、各媒体における出現位置を確認する必要があるが、方法は全ての用例に対し BCCWJ-DVD 版を用いて、出現した箇所を含む文章をそれぞれ筆者が読んで確認し、会話文内か地の文内かを判断する。地の文と会話文の認定であるが、括弧（「」）がつき明らかに発話としている部分を会話文とし、他に括弧はなくても対談や語り下ろしなども会話文にした。中納言では可変長データ・固定長データを検索対象としたため、BCCWJ-DVD 版を調べても一部しか現れておらず判断に迷う用例もあるが、その際は"（笑）"や「語らせていただいた」などの表現や書名から検索を行い、語り下ろしか否かの判断をした。例えば、(26) は話し言葉に出てくる「ガ－ケド」の例、(27) は地の文に出てくる「ケド－ガ」の例である。

(26)　それならば、いつになったらそういうことをきちっとやれるときがあるのかというただいまのお尋ねですが、これは私個人の考えで、だれとも議論いたしておりませんけれども、少なくとも二千一年になりますとペイオフが来なければなりません。　PB13_00045

(27)　カラヤンも死んだけれど、彼の演奏スタイルを継承する人はいくらもいるように思うが、ホロヴィッツの場合、まねできるような容易な個性ではない。　LBe7_00046

　各媒体毎に接続助詞の共起が地の文と会話文のどこに現れたかを示したものが表3である（「会話」は「会話文」、「地」は「地の文」を示す。媒体は「会話文」と「地の文」での合計が多い順に並べた）。

　表3の結果からは「ガ－ガ」は地の文で使用される傾向が強く、「ケド－ケド」は会話で使われる傾向が強いことが見てとれる。「ガ－ケド」「ケド－ガ」

に関しては、会話での出現が多いとは言えるが、これ以上の考察を加えるには、出現数が少ないため、詳細な考察にはデータの追加が必要となろう。

表3　各媒体毎の地の文・会話文の集計

媒体	LB		PB		OB		PM	
共起＼出現箇所	会話	地	会話	地	会話	地	会話	地
ガ－ガ	72	219	52	195	7	27	6	19
ガ－ケド	26	20	24	16	8	3	7	2
ケド－ガ	17	9	15	13	5	1	7	0
ケド－ケド	38	5	26	5	5	3	2	1
計	153	253	117	229	25	34	22	22

　媒体別では、図書館サブコーパス内の書籍（LB）と出版サブコーパス内の書籍（PB）においては、表1の調査で書籍の共通の特徴とも言うべき傾向が見られたが、今回は「ガ－ガ」「ケド－ケド」に関して、共に「ガ－ガ」は地の文で、「ケド－ケド」は会話で使用される傾向が強いという特徴が見られた。一方、特定目的ベストセラー（OB）と出版サブコーパス内の雑誌（PM）は、総出現数が少なく参考程度にしかならないが、「ガ－ガ」が地の文で多く使用される傾向が見てとれる。

　このように、会話文か地の文かという文体により、出現する接続助詞の共起に違いが見られること、また「ガ－ケド」「ケド－ガ」「ケド－ケド」に共通することとして、会話文での出現の方が多いという傾向がつかめる。共通する要素である「ケド」が使用される状況として、会話文の方がより出現しやすいのではないかと推測されるが、更なる調査が必要である。

4.3　日本語学習者の用例に見られる共起について
4.3.1　『日本語学習者による日本語作文と、その母語訳との対訳データベース』
　以上のように現代日本語における接続助詞ガ・ケド類の共起の実態を計量的に把握できたので、日本語学習者は接続助詞ガ・ケド類を共起させて使うことがあるのか、あるとすればどのような特徴があるか見ていくこととする。

日本語学習者の作文の例として、初めに『日本語学習者による日本語作文と、その母語訳との対訳データベース』(以後、対訳 DB) を用いる。作文の課題は2種類で、「あなたの国の行事について」と「たばこについてのあなたの意見」である。両方の作文を対象とした。その結果を表4に示す。

表4　対訳 DB に見られるガ・ケド類の使用

ガ (単独)	ケド (単独)	ガ－ガ	ガ－ケド	ケド－ガ	ケド－ケド
874	127	4	1	0	1

　形態素解析器 ChaSen と形態素解析用辞書 (IPAdic) を用いて調べたところ、ガ・ケド類の単独使用は、ガは874例、ケド類は127例見られた (作文の誤りによる誤解析も含む)。しかし、本調査で対象とする共起と認められるものは、(28) から (30) のような6例だけで、言いさしの用法 (31) を含めて、7例である。学習者の個々のレベルは不明であるが、この結果を見る限り学習者は、ガ・ケド類を続けて使っていない現状が分かる。

(28)　今日の社会生活にいろいろなきん張がありますがそんなぜんぜんいみはないがあなたは今日のさん張のなくなってために自分の将来を苦しします。　　　　　　　　　　　　　　　IN013BJ

(29)　公的場所でタバコを吸わないが、人のない場所、それはどこでもいいけど、タバコを吸っていいであろう。　　IN008BJ

(30)　今は女子のたばこ吸うの人が増＊加しているけれども私はあまりいいじゃないと思いましたけど今は女子のたばこ吸うは昔しより似外の見点で見えています。　　　　　　　　　KR007J

(31)　そして吸いたい人のに喫煙室があったらいいと思うが、この部屋にたばこからの病気や子供や家族にさせる問題についての掲示やポスターとか掛けたらいいと思うが。　　　　　　IN008BJ

4.3.2 「YNU 書き言葉コーパス」

　「YNU 書き言葉コーパス」は、日本人大学生と留学生に対し、12種類のタスクを課し、得られた作文を電子化したコーパスである。留学生は大学の

講義を受けられる「上級」とされるレベルであるが、さらに上位群・中位群・下位群と詳細にレベル分けされているのが特徴である。

「YNU 書き言葉コーパス」には日本人大学生のデータも含まれているが、本稿では留学生の用例のみ集計した。また調査では、被験者が書いたとおりのものを再現した「オリジナルデータ」ではなく、一行一文とし、誤った漢字や送り仮名などが修正されている「補正データ」を対象とした。4.3.1 と同様の方法で、それぞれの出現数を調べたところ、ガの単独使用は 614 例、ケド類は 248 例見られた。

表 5 では、「YNU 書き言葉コーパス」に含まれるガ・ケド類の出現状況を示した。3.4 で述べた基準と同様に、言いさしが含まれている用例は対象外とした。「ガ－ガ」「ケド－ケド」の共起は複数観察されたが、「ガ－ケド」（1 例）「ケド－ガ」（0 例）はほぼ使われていない。4.3.1 の作文より共起の出現数が多いことを解釈するなら、設定されたタスクの状況が複雑（例えば、タスク 1 は「面識のない先生に図書を借りる」）で、理由などを説明しながら書き進めることと関係があるだろう。

表 5 「YNU 書き言葉コーパス」に見られたガ・ケド類の使用状況

ガ（単独）	ケド（単独）	ガ－ガ	ガ－ケド	ケド－ガ	ケド－ケド
614	248	15	1	0	5

「YNU 書き言葉コーパス」では、タスクによってガ・ケド類の使用が分かれたので、タスク別に共起の出現数とその表現を使った学習者のレベルを示したのが表 6 である。タスク 1 では、「ガ－ガ」の共起が 4 例使用されているが、使用の内訳は、上位群の学習者の使用が 2 例、中位群の学習者の使用が 1 例、下位群の学習者の使用が 1 例であることを示す。また、タスク 7 の「上' 2」はこの場合のみ同一人物が 2 回使用したことを示す。なお、共起例のなかったタスク 3・5・8 は表から外した。

まず「ガ－ガ」の共起は、9 タスク中 8 タスクと多くのタスクに現れており、幅広く使われていることが分かる。

表6 タスク別・レベル別に見た「YNU書き言葉コーパス」での共起

	ガーガ	ガーケド	ケドーガ	ケドーケド
タスク1	4（上2、中1、下1）			
タスク2	1（下1）			3（上2、中1）
タスク4	2（上1、下1）			
タスク6				1（下1）
タスク7	3（上'2、下1）			
タスク9	1（中1）			
タスク10	2（上1、中1）			
タスク11	1（下1）			1（上1）
タスク12	1（上1）	1（上1）		
計	15	1	0	5

（「上」は上位群、「中」は中位群、「下」は下位群を示す）

　タスク別に見ると、タスク1の実例は(32)で、4例中4例が全て「ガーガ」の例であった。タスク2（友人に図書を借りる）では、「ケドーケド」は5例ある内の3例であり（(33)はその内の1例）、「ガーガ」が使われた例は(34)の1例であり、2種類の共起が見られた。

(32) そこで、田中先生の研究室にその本があると聞いておりますが、一日だけでもありがたいですが、その本をお貸しいただくことは可能でしょうか。　　　　　　　（上位群）R_TASK_01_C058

(33) 実は今、レポートを書いていて、この本がめっちゃ必要なんだけど、図書館で探してみたんだけど、ないんだってΠ_Π
　　　　　　　　　　　　　　　　　　（中位群）R_TASK_02_K034

(34) さっそくですが、実は鈴木さんにちょっとお願いがあるんですが、私、今論文を書いているところで『環境学入門』という本が私にとってとても大切な本だと思ってる。
　　　　　　　　　　　　　　　　　　（下位群）R_TASK_02_C020

同じタスクに対して「ガーガ」と「ケドーケド」の両方が見られたことについて、少し詳しく見ると、タスクで設定している「友人」として想定している人物が異なることにより、どちらを使うかが異なってくる可能性も指摘

できる。例えば (33) では、この文が使われる前に「この間の飲み会は楽しかったよ。またみんなでもう一度遊びたいね」とあるのだが、このようなことが言える（親しい）相手には「ケド－ケド」を使用し、友人であっても (34) のように「最近どうですか。忙しいですか」((34) の作文の初めに出てくる）と問いかけるような相手には、「ガ－ガ」を使用しているとも推測できる。

　同様に 2 種類の共起が見られるタスク 11（友人に早期英語教育についての意見を述べる）での使われ方を見ると、(35) の K039 は上位群に、(36) の C013 は下位群にグループ分けされており、学習者のレベルも関連しているのではないかと思われる（ちなみに、上述の (33) (34) もレベル差に還元することも可能であり、(33) の K034 は中位群に (34) の C020 は下位群に属する）。

　　(35)　何か賛成は賛成だけど条件付きで、しかも後半ちょっとまとまらない感じ<u>だけど</u>、私の意見使えそう？
　　　　　　　　　　　　　　　　　　　　　（上位群）R_TASK_11_K039
　　(36)　そうなんです<u>が</u>、今このことを研究するんです<u>が</u>、おもしろいと思うよ。　　　　　　　　　　（下位群）R_TASK_11_C013

このように学習者にはレベル差があり一概に言えない部分もあるが、タスクにおけるコミュニケーションの「相手」という要素が、どのような接続助詞の共起を使うかに関係してくるのではないかと推測される。すなわち「ガ－ガ」はより目上の相手に対して、「ケド－ケド」は自分と同等の相手に対して使用していると考えられる。このように、学習者は話し言葉・書き言葉という現代日本語に見られた区別ではなく、フォーマルさと関連して捉えているのではないかと思われる。

　また接続助詞の共起の中で、助詞が替わるものは「ガ－ケド」の 1 例 (37) だけであったが、「ケド－ガ」では見られなかった。類義表現であるガとケド類を繰り返さないという点では規範的な用例であるが、学習者の中にどのような規則があるのか、今後別の方法（例えば、穴埋め実験とそのフォローアップインタビューなど）を用いて明らかにしていきたい。

　　(37)　仙人は、服を一生懸命作っている娘です<u>が</u>、もう 20 歳になり気

がすすまないけれど、娘のためにお嫁に行かせることを決めました。　　　　　　　　　　　　　　　　（上位群）R_TASK_12_C049

　さらにBCCWJの国会会議録で多く見られたデス・マス形にケレドモが後続する形式であるが、「YNU書き言葉コーパス」では異なる様相を示した。単体では「ですけど」「ますけど」など、デス・マス形がケドにつながる形式は多く見られるが（31例）、デス・マス形がケレドモにつながる形式は「ますけれども」（1例）、「ませんけれども」（2例）と、単体での使用も非常に少ないことが指摘できる。国会会議録はフォーマルな話し言葉の例であるが、タスク2など同様の丁寧さが求められる課題であり、デス・マス形に後接するケレドモが使えるようになることも必要かと思われる。

　ちなみに今回分析対象としなかったKYコーパスでは、デス・マス形にケレドモがついた（38）のような例は多数観察されるが、CAH05のように特定の発話者に限定される等の特徴が見られた[9]。

(38)　や、管理ーがやっぱりしなければなりませんけれども、管理主義になったら困るんですよね、〈あー〉なんだかんだ、あ私が、一番理想としてるのは今の雰囲気がいいんですよ、〈はい〉大学の自由の雰囲気が、いいんですけれども、あのーなんか放任しててもあんまり役に立ってない、〈あー〉うん　　　　CAH05

5.　まとめ

　本稿では、BCCWJを対象に「ガ−ガ」・「ガ−ケド」・「ケド−ガ」・「ケド−ケド」の共起の実態を調べた結果、日本語の表現においては「ガ−ガ」は地の文・書き言葉に多く現れ、「ケド−ケド」は会話文・話し言葉に多く現れている状況を明らかにした。それに対して、日本語学習者の使用の観点は、丁寧さなどが中心になっていると思われる現象を指摘し、現代日本語では共起が頻発したのとは対照的に、日本語学習者にはわずかな使用しか見ら

---

[9]　KYコーパスでは、一発話単位で区切られているとされている（http://www.opi.jp/shiryo/ky_corp.html 2014年9月24日取得）が、〈あー〉や〈はい〉の前で終わっているとも考えられ、共起として捉えていいのか判定できないこと、言いさしと区別がつかないなど、判定の面で問題が生じやすいため、本稿では前述の通り研究対象とはしなかった。

れなかった表現として、デス・マス形にケレドモがつく形を挙げた。今後、日本語教育の現場において、丁寧さが求められる状況においてこのような形が使えるように指導することも必要になってくるのではないだろうか。

　キーとなる接続助詞ガ・ケド類と、その語から 20 語以内に接続助詞ガ・ケド類が出現するという制限つきで言えることであるが、「ガ–ガ」は、Yahoo! 知恵袋で多く用いられ、文体では書き言葉に多く出現した。話し言葉である国会会議録での出現状況との対比や、接続助詞ガ・ケド類の共起という観点からは、Yahoo! 知恵袋は文体としてはむしろ書き言葉的な特徴を持っていると言っていいのではないかと思われる。

6. おわりに

本稿で触れられなかった点について記す。

　BCCWJ では「ガ–ガ」や「ケド–ケド」のように同じ表現の繰り返しだけではなく、「ガ–ケド」(39) や「ケド–ガ」(40) のように、用いられる接続助詞が替わる用例が多く見られた。日本語学習者から得られた同様の用例は前述の (37) の 1 例のみであるが、はたして替わることには何らかの要因があるのか、あるとすればどのようなことが要因になりうるのか、優先される形式はあるのかなど、さらにいろいろな言及が可能となるだろう。

　　(39)　そこでパリ大学など、いろいろなところを調べたのですが、学生たちは漢字とか、文法とかはよく知っていましたけれども、会話はまったくできませんでした。　　　　　　　　　LBo8_00003

　　(40)　幽霊というのはぼくの一つのクセなんですけれども、高校を卒業するまでだいたい十二、三本のシナリオを書きましたが、七、八本に幽霊が出てきます。　　　　　　　　　　　LBf9_00034

さらに、どのような機能・用法を持つ節が共起しているのかを明らかにすることは、複文構造に含まれる従属節の規則を考える上で必要となる。媒体の違いにより共起の実態が異なる傾向があることを考えると、特定の媒体、例えば国会会議録などに限定し、機能まで含めてさらに詳しく調べていくことが今後の課題となろう。

調査資料

「日本語学習者による日本語作文と、その母語訳との対訳データベース」(ver.2 CD-ROM 版)
「現代日本語書き言葉均衡コーパス」：国立国語研究所コーパス開発センター (2011)「『現代日本語書き言葉均衡コーパス』利用の手引　第 1.0 版」.BCCWJ-DVD 版収録
「YNU 書き言葉コーパス」：金澤裕之編 (2014)『日本語教育のためのタスク別書き言葉コーパス』．ひつじ書房

引用文献

岩崎勝一 (2008)「話し言葉の現場性と瞬時性」『日本語学』27 (5): 130–141.
内田安伊子 (2001)「「けど」で終わる文についての一考察——談話機能の視点から——」『日本語教育』109: 40–49.
現代日本語研究会 (1997)『女性のことば・職場編』東京：ひつじ書房.
現代日本語研究会 (2002)『男性のことば・職場編』東京：ひつじ書房.
小出慶一 (1984)「接続助詞ガの機能について」『アメリカ・カナダ十一大学連合日本研究センター紀要』7: 30–44.
国立国語研究所 (1951)『現代語の助詞・助動詞——用法と実例——』東京：秀英出版.
国立国語研究所コーパス開発センター (2011)「『現代日本語書き言葉均衡コーパス』利用の手引　第 1.0 版」BCCWJ-DVD 版収録.
才田いずみ・小松紀子・小出慶一 (1983)「表現としての注釈——その機能と位置づけ——」『日本語教育』52: 19–31.
三枝令子 (2007)「話し言葉における「が」「けど」類の用法」『一橋大学留学生センター紀要』10: 11–27.
白川博之 (1996)「『ケド』で言い終わる文」『広島大学日本語教育学科紀要』6: 9–17.
永田良太・大浜るい子 (2001)「接続助詞ケドの用法間の関係について——発話場面に着目して——」『日本語教育』110: 62–71.
永田良太・茂木俊伸 (2007)「接続助詞のスタイルをどう捉えるか——母語話者の意識調査とコーパスの分析から——」『語文と教育』21: 116–109. 鳴門教育大学国語教育学会.
長谷川守寿 (2002)「複文構造から見た接続表現の分類について」『文教大学文学部紀要』15 (2): 18–39.
長谷川守寿 (2014)「BCCWJ の文構造タグに関する一考察」『人文学報』488: 23–48. 首都大学東京人文科学研究科.
前田直子 (1995)「ケレドモ・ガとノニとテモ——逆接を表す接続形式——」宮島達夫・仁田義雄 (編)『日本語類義表現の文法 (下) 複文・連文編』496–505. 東京：くろしお出版.

松本哲洋 (1989)「接続助詞『が』の用法に関する一考察」『麗澤大学紀要』49: 205–214.
南不二男 (1974)『現代日本語の構造』東京：大修館書店.
宮内佐夜香 (2012)「接続助詞とジャンル別文体的特徴の関連について――『現代日本語書き言葉均衡コーパス』を資料として――」『国立国語研究所論集』3: 39–52.
森田良行 (1980)『基礎日本語 2』東京：角川書店.
山崎深雪 (1998)「接続助詞ガの談話機能について」『広島大学教育学部紀要　第二部』47: 229–238.
渡部学 (1995)「ケド類とノニ――逆接の接続助詞――」宮島達夫・仁田義雄（編）『日本語類義表現の文法（下）複文・連文編』557–564. 東京：くろしお出版.

第4章

引用句内における
コピュラの非出現について
―「〜だと思う」と「〜と思う」―

阿部二郎

1. はじめに

　本研究では、文が引用句を伴い、その引用句内にコピュラ（繋辞）が現れるものを扱う。本研究における引用句とは、発話・思考内容等を「と」を用いて示したものを指す。たとえば、次のような例の下線で示した箇所が引用句である[1]。

　（1）　ちなみに<u>横浜の最高峰は磯子区の円海山だ</u>と思います。

　　　　　　　　　　　　　　　　　　　　　　　　　　　（Yahoo! 知恵袋）

　引用句内には発話内容や思考内容を表す様々なものが出現し得るが、（1）ではコピュラを伴った「横浜の最高峰は磯子区の円海山だ」という文が現れている[2]。本研究におけるコピュラとは名詞および形容動詞（ナ形容詞）が述語を形成する際に付加される「だ」「である」を指す。

　一方、次のように名詞や形容動詞に「と」が直接後接し、引用句内にコピュラが出現しない場合がある。

　（2）　相手を<u>兄妹、姉弟</u>と思う前に、まず一人の別の独立した人間と認

---

[1] 実例中の下線は筆者によるもの。以下同様。
[2] 「横浜の最高峰は」は主節に置かれ、「磯子区の円海山だ」が引用句に含まれるという分析の可能性もある。

めることの中から、ほんとうの愛情が生まれてくるのではないか
と思う。　　　　　（下重暁子『女が30代にやっておきたいこと』）
この場合、次のようにコピュラを出現させることも可能である。
　（2′）　相手を兄妹、姉弟だと思う前に、まず一人の別の独立した人間と
　　　　認めることの中から、ほんとうの愛情が生まれてくるのではない
　　　　かと思う。
つまり、（2）の引用句内ではコピュラの出現が任意になっていると考えることができる。一方、（1）は次のようにコピュラを削除すると欠落感が生じ、許容度が下がる。
　（1′）？ちなみに横浜の最高峰は磯子区の円海山と思います。
つまり、（1）の引用句内ではコピュラを任意に削除できないようになっていると考えられる。
　なお、ここでの「許容度」はあくまでも筆者の内省に基づくものであり、後述するように、大規模コーパスを観察すれば（1′）に類する表現も少数存在する。しかし、日本語教育の現場では一般的に、学習者が（1′）のような文を発したら「だ」を挿入するよう訂正されるであろう。たとえば、市川（1997）は、日本語学習者による「～と思う」を用いた次のような作文を「誤用」としてとりあげ、訂正例では「だ」を付している[3]。
　（3）　おじいさんとおばあさんがいっしょにすんでいます。タイでも同
　　　　じです。これはいいところ（→ところだ）と思います。
　（4）　漢字はえみたい（→みたいだ）と思います。見るときは意味が分
　　　　かりますが読めません。
　（5）　大正時代生まれのおじいちゃんに家事をやらせるのはたぶん無理
　　　　（→無理だ）と思う。
　（6）　たくさん人は、中国がとてもきびしくて、自由のない国（→国だ）
　　　　と思っているようですが、実は全く間違った。（市川 1997: 282）
　一方、これらと比べて（2）のような文の場合は、そこまでの欠落感は感

---

[3]　市川（1997）による例では下線部以外の箇所についても訂正されているが、ここでは便宜上省略した。

じられない。

　ところで、コピュラは次のように主節述語を形成するときも出現しないことがある。

　　（7）　マウント・ハムは、ハムスターワールド最高峰。
　　　　　　　　　　　　　　　　　　　　　（『ルームメートはハムスター』）

　引用句は独立性の高い従属節であり（南1974）、基本的には主節をそのまま受けることが可能である。したがって、（7）も引用句で受けることができると予想されるが、実際には予想に反し、次のように（1′）と同程度に許容度が下がって感じられる[4]。

　　（7′）?マウント・ハムは、ハムスターワールド最高峰と思います。

　つまり、コピュラの出現・非出現には、主節の場合とは別に引用句内における独自の条件や規則性があると考えられる。

　以上のことを踏まえ、本研究では引用句内におけるコピュラの出現・非出現に関する条件を明らかにすることを目的とする。

　次節では先行研究を概観し、第3節では先行研究における指摘、および未解決となっている問題の所在について論ずる。第4節ではコーパスを用いた調査の方法を説明し、第5節では調査結果を示す。第6節では調査結果に基づき、引用句内におけるコピュラの出現・非出現について考察する。

2.　先行研究
2.1　三枝（2001）

　三枝（2001）は文内における「だ」の分布を全般的に扱う中で、引用句内における「だ」の出現について言及している。

　そこでは、文末で述語を形成する「だ」が省略され得るのと同様、引用句内の述語でも「だ」の出現が義務的ではないとされる。その一方で、書き言葉では省略しないことも多いという指摘も見られる。

---

[4]　次のように発話・思考内容をそのまま再現する、いわゆる直接引用であれば許容度が向上するが、ここでは直接引用は対象としない。
　「マウント・ハムはハムスターワールド最高峰！」と思った。

2.2 田野村 (2006)

田野村 (2006) は従属節におけるコピュラの分布を観察し、以下のように分類している (田野村 2006: 265)。

(8) I類　太郎が学生 {である／　だ／$^×$な／$^×$の／$^×$φ} から〜
　　II類　太郎が学生 {である／$^×$だ／$^×$な／　の／$^×$φ} ものの〜
　　III類　太郎が学生 {である／$^×$だ／　な／　の／$^×$φ} はずだ
　　IV類　太郎が学生 {である／$^×$だ／$^×$な／$^×$の／　φ} なら〜

しかし、引用の「と」に関しては以下のようにI類とIV類の中間的な性質が見られ、いずれとも決めがたいとしている。

(9)　太郎が学生 {である／　だ／$^×$な／$^×$の／　φ} とは限らない。

すなわち、引用句内ではコピュラの出現が任意であるということになるが、その一方で、「私は太郎が学生と思う」のような表現については「いささか舌足らずに感じられる」(同論文: 266) とも述べている。このような内省判断は (1′) や (7′) に対するものと相通ずる。

2.3 田野村 (2008)

田野村 (2008) はコーパスを用いた日本語の通時的分析を行う中で、「〜と思う」における引用句内のコピュラの分布 (出現・非出現) について調査している。

国会会議録をデータとして通時的に見た場合、引用句内のコピュラはもともと現れない場合が多く、経年とともに現れる傾向が強まっている。ただし、この調査では引用句を受ける「思う」の活用形の別は調査の対象外とされており、その点に関しては次の金城 (2012) に興味深い観察が見られる。

2.4 金城 (2012)

金城 (2012) は「思う」「考える」が受ける引用句内コピュラの出現・非出現に関して、その現象が任意であるか否か、またその原因について、大規模コーパスを用いて考察している。その結果、引用句内コピュラの出現・非出現には偏りが見られ、任意のものではないとしている。具体的には、引用句内の述語が名詞の場合より形容動詞、さらには「こと」「もの」といった

形式名詞の方がコピュラの現れない傾向が強く、また、引用句を受ける動詞についても「思う」よりも「考える」の方がコピュラの現れない傾向が強いという観察結果が得られている。

さらに、「思う」「考える」が自発形をとるときにコピュラの現れない傾向が強いことを指摘し、コピュラの非表示が「発話の力 (illocutionary force)」の軽減という語用論的な要因によって導かれるものであると結論付けている。

3. 先行研究から分かることと問題の所在

先行研究において、引用句内におけるコピュラの出現・非出現に関しては、何らかの差異が指摘されているが、金城（2012）を除けば、直観を述べるにとどまっている。

金城（2012）による、コピュラの非出現と主節引用動詞の自発形との相関の指摘は興味深い。たとえば、（7′）は「～と思う」の引用句内にコピュラが出現しておらず、許容度が下がっていた。しかし、次のように「思う」を自発形にすると、コピュラが現れないままでもかなり自然な表現となる。

(7″) マウント・ハムは、ハムスターワールド最高峰と思われます。

この現象の指摘は重要な発見であると思われるが、その説明に関しては未解決の問題も残されているように見受けられる。

金城（2012）は引用句内の「だ（である）」の非表示を「命題としての形式を整えないこと」と位置づけ、書き手や話し手が「illocutionary force（発話の力）を軽減させるための方策 (hedge) の一つとして『形式を整えない』という選択をした」（同論文: 28）という仮説を立てている。その傍証として挙げられているのが、コピュラの非出現と引用動詞の自発形との相関である。すなわち、話者が引用内容に責任を負わない方策として命題を完成させない（コピュラを示さない）ということと、「責任回避」の表現として自発形を用いることとの関係が示唆されている[5]。

---

[5] 厳密には「～ものと思われる」に比べ「～ものだと思われる」の用例が極端に少ないことを挙げ、完成命題としての「～ものだ」と「責任回避」としての自発形との間に共起制限が見られることが根拠とされている（金城 2012: 29）。また、同論文は自発形とコピュラ

金城 (2012) は自発形以外の場合についても同様の原理を適用しており、その事例として以下の例が挙げられている。

(10) a. これらの状況証拠から A が犯人<u>である</u>と考える。
　　 b. これらの状況証拠から A が犯人<u>だ</u>と考える。
　　 c. これらの状況証拠から A が犯人<u>φ</u>と考える。　　（金城 2012: 29）

コピュラの現れていない (10c) では、(10a) および (10b) に比べ、「断定性」が表されていないとされる。

しかし、この観察はあくまでも「考える」におけるものであり、「思う」の場合は成立しないように思われる。

(11) a. これらの状況証拠から A が犯人<u>である</u>と思う。
　　 b. これらの状況証拠から A が犯人<u>だ</u>と思う。
　　 c. ?これらの状況証拠から A が犯人<u>φ</u>と思う。

(10c) と (11c) を比較すると、後者はコピュラが現れていないことにより、相対的に許容度が下がって感じられる。

また、金城 (2012) では次のように、「～と思う」の引用句内におけるコピュラの出現例と非出現例が挙げられている。

(12) a. こういうのって、二者択一には出来ない<u>問題だ</u>と思いますよ。
　　 b. 日本と比べると、タクシー料金が安いので、少し多めにチップを渡すこともあります。チップという習慣に対する慣れの<u>問題</u>と思います。　　（Yahoo! 知恵袋）（金城 2012: 21）

コピュラの現れていない (12b) の許容度を問題としないとしても、(12a) と (12b) との間に「断定性」に関するコントラストがあるようには感じられない。

金城 (2012) は、引用句内におけるコピュラの出現・非出現の動機を語用論的要因に求めているが、それは同論文に述べられる以下の前提に基づいている。

「だ」の潜在が任意のものであり文法の適格性に関与しないとすれば、

非出現の相関を一般的な現象として扱っているが、実際の調査ではこのように形式名詞を用いたものに限定して行われている。

この潜在現象は文法以外の要因に左右される（例えば語用論的に説明可能な側面がある）のではないか。　　　　　　　　　　（金城 2012: 23）

　しかし、少なくとも「〜と思う」に関していえば、先にも見たように引用句内コピュラの有無が文法の適格性に関与する場合もあるため、語用論的な要因の以前に考察すべき点があると考えられる。また、同論文は「〜と思う」および「〜と考える」の両者を研究対象としてはいるものの、考察を進める中で、実質的には引用句内コピュラの非出現頻度が高い「〜と考える」の分析に重きが置かれている。

　そこで、本研究では「〜と思う」の方に焦点を当て、スル形と自発形、また文内に置かれた位置も考慮に入れた上で、その引用句内コピュラの出現・非出現についてコーパスデータを観察し、文法的観点から考察を進める。

4. 調査方法

　電子コーパスとして、『現代日本語書き言葉均衡コーパス（BCCWJ）』を用いる。本コーパスは書籍全般、雑誌全般、新聞、白書、ブログ、ネット掲示板、教科書、法律などのジャンルから無作為にサンプルを抽出したもので、総データは 1 億 430 万語である。コーパスの検索には BCCWJ の検索サービスとして公開されている「少納言」（国立国語研究所）にて正規表現を用いることで行う[6]。

　「少納言」で「と思う」を検索すると 38,495 件見つかる[7]。ここで、「（だ｜である）と思う」を検索すると 7,894 件となる。しかし、この検索結果には「動詞＋のだ／んだと思う」「動詞＋そうだ／ようだと思う」や「あんまりだと思う」など、名詞／形容動詞述語文以外のものも多く含まれている。「だ／である」が現れているものについては、その直前に制約をかけることで、ある程度こうしたノイズを排除できるが、「だ／である」が現れていない「と思う」については、直前にくる語の多様性が高く、そのような処理は現

---

[6] 文脈を確認する目的で、前後文脈を長く表示できる「中納言」も一部用いる。

[7] 「少納言」は文字列検索を行うため、活用形や文体の違いといった形態や表記のゆらぎは検索結果に含まれない。38,495 件という数値も文字列検索の結果である。

実的ではない。そこで、ほぼ確実に「名詞／形容動詞＋（だ／である）と思う」を検索する方策として、「［漢字］＋（だ／である）と思う」を検索ワードとして用いることとした。具体的には以下の正規表現を用いる[8]。

(13)　漢字＋コピュラ＋と思う：　　［艹 - ✲］（だ|である）＄と思う
　　　漢字＋と思う：　　　　　　　［艹 - ✲］＄と思う

　また、この方法は、「ものだと思う」「ことだと思う」などの形式名詞を伴ったものや「べきだと思う」などもほぼ排除される[9]。なお、形式名詞を除外する理由については次節に述べる。
　一方で、「人たちだ」「みじめだ」など、名詞述語や形容動詞述語が平仮名や片仮名で表記されたものについても排除されてしまう。しかし、本調査ではそうしたデメリットよりも、確実に名詞や形容動詞を拾うことを重視した。また、この方法には、実データを見渡せる程度に検索結果が絞り込まれるという副次的な効果もある。実際に、上記の方法で検索した結果は以下の通りである[10]。

(14)　漢字＋コピュラ＋と思う：　3,453 件
　　　漢字＋と思う：　　　　　　392 件

　なお、本研究では、文内で「と思う」が置かれている位置も問題とする。文末の場合、それを判定する文字列には「。」「．」「…」「・」を用いる[11]。文末の文体については普通体と丁寧体の両者を含める。また、「と思う」が連体修飾位置に現れる場合は「漢字＋と思う＋漢字」の形式で検索を行う。

---

[8]　正規表現中の［艹 - ✲］は Unicode において漢字が割り当てられている領域を指す。なお、「✲」は、実際には当該コード（U+9FFF）に現時点で何も文字が割り当てられていないため、未使用であることを示す記号表記となっている。具体的には U+3400–U+9FFF に相当する。また、「少納言」では仕様上、前文脈と後文脈が検索語と分割されるため、前文脈末尾と後文脈先頭にそれぞれ「＄」「＾」を明示する必要がある。

[9]　「事（だ）と思う」「物（だ）と思う」など漢字で表記された一部の例は排除されない。

[10]　(14)からコピュラの非出現率を算出すると 10.2% となる。金城（2012）の調査では「と思う」におけるコピュラの非出現率が 9.8% とこれに近い値となっている。両者の近似は本調査手法の有効性を示していると思われる。

[11]　「・」（中黒点）は「…」（三点リーダ）の代わりに用いられている例が散見するため、文末記号に含めた。また、終助詞、長音記号、ダッシュ、閉じ括弧等は文末に含めていない。

5. 調査結果

　金城（2012）では、「〜と思う」の引用句内コピュラの非出現率（9.80%）が「〜と考える」の場合（62.29%）に比べ、低いことが示されている。ただし、そこでは「思う」「考える」の活用形やその文内の位置については考慮されていない。

　また、同調査では「と」に形式名詞が前接する場合が含まれており、この場合にコピュラの有無に関して統計的に大きな差が現れている。しかし、形式名詞を伴ったものは以下のように「〜ものと思う」「〜ことと思う」で連語化したものが少なくない。

　（15）　この事実を指摘すれば、すでに、<u>わたしがなにを言いたいのかは察知していただけるもの</u>と思います。

　　　　　　　　　　　（稲垣正浩『紀行文学のなかにスポーツ文化を読む』）

　（16）　今日は春のお彼岸の中日です。<u>皆さまもご先祖を偲んで、お墓参りに行かれたこと</u>と思います。　　　　　　（Yahoo! ブログ）

このような場合は「〜もの／こと（だ）」という形式をコピュラ文（の一部）として考えるべきではないと判断される。

　以上を踏まえ、ここでは形式名詞を除外した上で、「思う」がスル形であるか自発形であるか、また文末にあるか否かということを考慮して調査を行う。

5.1　スル形（「〜と思う」）

　まず、スル形で文末位置に現れる「〜と思う。」における引用句内コピュラの非出現率を見ると、次のようになる。

表1　「〜と思う。」におけるコピュラの非出現率[12]

出現例	4,163
非出現例	237
計	4,400
非出現率	5.4%

---

[12] 前節の（14）と検索数が異なるのは、正規表現を用いて文体の異なりを含めたことに加え、文末であることを明示したからである。

以下に文末の「〜と思う。」における非出現例の一部を挙げ、その許容度を観察する。なお、以下の例文は先行研究の指摘する文体差や品詞による差も考慮している。

(17) 力勘打ちはプレッシャーに敏感な打ち方であり、寄る時は鬼の如き寄り様を見せるが、寄らない日はまったく寄らない打ち方と思う。　　　　　　　　　　　　　　　　（『週刊ゴルフダイジェスト』）

(18) 第5章の市場分析と賃貸アパート・マンション市場の見通しはとても有益な情報と思います。　　　　　　　（Yahoo! ブログ）

(19) 営業が回りに回って販売しないと駄目と思う。　（Yahoo! ブログ）

(20) 大きさは回線数、電話機の数により様々、NTTの2回線用には電話機に内蔵されているタイプ［αAX］もある）から信号を取り出して接続するので、一般電話には無理と思います。
　　　　　　　　　　　　　　　　　　　　　　（Yahoo! 知恵袋）

文末が普通体か丁寧体か、「と」の前が名詞か形容動詞かの違いによらず、いずれも市川（1997）に誤用として挙げられている（3）–（6）と同程度に許容度が低く感じられる。

次に、「〜と思う〜」という形をとり、連体修飾として文中に位置しているものについて、引用句内コピュラの非出現率を見ると、次のようになる。

表2　「〜と思う〜」におけるコピュラの非出現率

出現例	111
非出現例	59
計	170
非出現率	34.7%

(21) また、自分の仲間、もしくは自分が異端者と思う者の名を挙げねばならなかった。　　　　（久野昭『オカルティズムへの招待』）

(22) 夫の母だからといって、何も自分の母と思う必要はないと宣言して、まわりをびっくりさせています。
　　　　　　　　（瀬戸内寂聴『人は愛なしでは生きられない』）

(23) そこで一致する項目は拾い出し、さらに筆者が必要と思う制度を

加えた。　　　　　　　（前田正子『生涯現役時代の雇用政策』）
(24)　だからこそ、苦手と思う相手とは、ふだんからよく話しあって、お互いの意志を確認しておく必要があるのです。
　　　　　　　　　　（植西聰『職場のやっかいな人とつき合うコツ』）

　これらはいずれも引用句内にコピュラが現れていないが、文末の場合の(17) – (20) に比して許容度が向上する。
　また、「～と思う～」の場合は、「～を～と思う」の形で対格を伴った、いわゆる認識動詞構文（例外的格付与構文）の形が一定数見られるのも特徴である。今回の調査ではコピュラ出現の場合111件中15件、非出現の場合は59件中10件にこの構文が観察された。以下にコピュラ非出現の場合の例を挙げる。

(25)　宮﨑被告の犯行を正気の沙汰と思う者はおそらく、誰もいないだろう。　　　　　　　　　　　　　（一橋文哉『宮﨑勤事件』）
(26)　中吊りを拷問と思う人もいるように、楽しむ人もいるわけだから、結局は表現のセンスの問題に戻ってしまうんですね。
　　　　　（丸谷才一ほか『丸谷才一と22人の千年紀ジャーナリズム大合評』）
(27)　例えば、「一年に一度くらいは連絡してくれる」ことを重要と思う割合は、専業農家34.0%、兼業農家32.9%、非農家33.0%、全体は33.1であった。　　（渡辺靖仁『農協共済と農村保障ニーズ』）

　このような場合は特に、コピュラが現れていなくても自然な文に感じられる。なお、冒頭に見た (2) の例文はこれに類するものである。
　以上では、「～と思う」におけるコピュラの非出現率について、これが文末に置かれた場合と、連体修飾位置に置かれた場合の差異を観察した。その結果、前者では非出現率が5.4%と著しく低く、また、コピュラが現れていない事例を観察したところ、いずれも許容度の低い表現であることが分かった。一方、後者では非出現率が34.7%に上昇し、コピュラが現れていない事例についても許容度の向上が観察された。また、特に「～を～と思う～」の形をとる場合、自然に感じられる。

5.2 自発形 (「〜と思われる」)

　金城 (2012) は、形式名詞「もの」「こと」に着目して、「と思われる」（および「と考えられる」）との相関を検討している。本調査では、先に述べた理由により形式名詞を除外し、また、「と思われる」が置かれる位置、すなわち文末と文中での違いについても調査する。

　まず、自発形で文末位置に現れる「〜と思われる。」における引用句内コピュラの非出現率を見ると、次のようになる。

表3　「〜と思われる。」におけるコピュラの非出現率

出現例	261
非出現例	285
計	546
非出現率	52.2%

　以下に「〜と思われる。」の非出現例の一部を挙げ、その許容度を観察する。

(28) この史料は、前田領において曽々木が、公的に位置付けられたことを示す最も古い史料と思われる。　（泉雅博『奥能登と時国家』）
(29) 栽培されているのは北米原産の洋種カタクリの一種と思われます。　　　　　　　　（『趣味の園芸』2005年8月号）
(30) しかし、濡衣を着せられたのであれば、小津の長い、激しい怒りは当然と思われる。　（中村博男『若き日の小津安二郎』）
(31) ただし、化粧品会社に対する請求が法律的に認められることは、一般的には困難と思われます。
　　　　　　　　　　　　　　（『Q&A 暮らしの法律トラブル110番』）

いずれの例も、「と思う」が文末でスル形をとっている (17)–(20) に比べると、許容度が高まっているように思われる。

　次に、「〜と思われる〜」のように自発形で連体修飾として文中に位置しているものについて、引用句内コピュラの非出現率を見ると、次のようになる。

表4 「〜と思われる〜」におけるコピュラの非出現率

出現例	29
非出現例	370
計	399
非出現率	92.7%

　以下に「〜と思われる〜」におけるコピュラ非出現例の一部を挙げ、その許容度を観察する。

(32) 応募者は真犯人と思われる登場人物の名前を書いてはがきで応募し、真犯人は最終回に明らかにされる。

(風間純子『国民文化が生まれるとき』)

(33) そしたら、普段愛想が悪いバイトの高校生と思われる女の子がそれ見てニコニコしていました。　　　　　　（Yahoo! ブログ）

(34) 自然の生存権は、動植物ばかりでなく、景観や山や川、不要と思われる土や水にも認められる。

(藤島弘純『日本人はなぜ「科学」ではなく「理科」を選んだのか』)

(35) 預ける場合は必要と思われる金額にしておかないと再度日本円に換金した場合大きく目減りする可能性があります。

（Yahoo! 知恵袋）

　これらは、全く自然に感じられる。さらに、92.7% という非出現率からも分かるように、コピュラが現れない場合がむしろ普通である。これらに対し、次のようにコピュラを挿入すると、いずれも冗長で、若干ではあるが不自然に感じられる。

(32′) ?応募者は真犯人だと思われる登場人物の名前を書いてはがきで応募し、真犯人は最終回に明らかにされる。

(33′) ?そしたら、普段愛想が悪いバイトの高校生だと思われる女の子がそれ見てニコニコしていました。

(34′) ?自然の生存権は、動植物ばかりでなく、景観や山や川、不要だと思われる土や水にも認められる。

(35′) ?預ける場合は必要だと思われる金額にしておかないと再度日本円に換金した場合大きく目減りする可能性があります。

以上のように、「〜と思われる」の場合は、文末と連体修飾のいずれの場合もコピュラの非出現率が高く、コピュラが現れない場合の許容度も高い傾向にある。とりわけ連体修飾の場合は非出現率が高く、むしろコピュラが現れにくくなっている。

5.3　調査結果のまとめ
　以上の調査結果を整理すると、以下の通りである。
　　1.　スル形で文末に位置する「〜と思う。」においては基本的にコピュラが現れる。
　　2.　自発形で文末に位置する「〜と思われる。」はコピュラが出現する場合と出現しない場合が等しく見られる。
　　3.　スル形と自発形いずれの場合も、連体修飾では文末の場合に比べ、コピュラの非出現率が相対的に向上する。特に自発形の場合は連体修飾においては基本的にコピュラが現れない。
　また、定性的な観察として以下が得られた。
　　4.　スル形が連体修飾を構成する際に「〜を〜と思う」の形をとったときは特に、コピュラが現れていなくても許容度が高い。

6.　考察
6.1　「〜と思う」とコピュラの出現について
　「〜と思う」がスル形で文末に位置したものは定量的に見てコピュラの非出現率が際立って低く、また、定性的に見ても非出現例の許容度が低い。なぜ文末の「〜と思う。」はコピュラ無しで用いることができないのであろうか[13]。その要因について考えるに当たり、以下で「と思う」の性質を確認しておく。
　文末に置かれた「〜と思う。」がスル形の場合、その「と思う」は実質的な動詞というよりは概言的モダリティ形式として機能しているということが

---

[13] 本研究の対象外ではあるが、「〜ことと思う」「〜ものと思う」のように連語化したものでは許容される。

以前より指摘されている（中右 1979、仁田 1991 など）。

　（36）　犯人は彼だと思う。（＝犯人は彼だろう。）

　その上で、先行研究の多くが、そのような「と思う」を「だろう」のようなモダリティ形式に相当するものとみなしているのに対し、宮崎（1999）が異論を唱えている。すなわち、従来の研究では「と思う」が「だろう」と同様に、命題を包み込んでいると分析するのに対し、宮崎（1999）は「と思う」における引用句の内部に示されるのは命題ではなく判断等も含んだ思考内容であるとしている[14]。

　（37）a.　[Mod [Prop 明日は晴れる]　だろう]。
　　　 b.　[Mod [Prop 明日は晴れる]　　　]と思う。

このことは、次のように「と思う」の引用節内に「だろう」を含む余地が存在することから確認できる。

　（38）　明日は晴れるだろうと思う。　　　　　　　　　　（宮崎 1999: 2）

これを踏まえ、宮崎（1999）は「と思う」が、確実なことから不確実なことへと意味を変えるために付加するものではなく、（判断も含めて）文が思考内容であることを明示する機能を果たすものであるとしている[15]。

　以上を「～と思う。」におけるコピュラ非出現率の低さに当てはめると次のように考えることができる。すなわち、「と思う」の引用句の内部に表されているものは思考内容であり、そこには判断を示す要素が含まれている。思考内容が名詞述語文や形容動詞述語文で表されるものである場合、判断を示す要素はコピュラということになる[16]。田野村（2006）が「私は太郎が学生

---

[14] 厳密には、引用句内部には聞き手目当てのモダリティは含むことができないが、事柄目当てのモダリティは含み得るとされる（宮崎 1999: 2）。

[15] 宮崎（1999）は「と思う」が付加した結果表される「不確実性」自体を否定しているわけではない。ただし、「と思う」の本質は思考内容の提示にあり、「不確実性」は思考内容を提示したことによって副次的に生じる解釈と見ている。この点に関しては森山（1992）も参照。

[16] ただし、「"犯人は太郎！"と思った。」のように直接引用であれば、コピュラが現れていなくても許容される。これは、「と」の内容がイコン記号として引用されているためである。「犯人は太郎だと思った。」の場合、思考内容は言語記号（シンボル）として引用されている。引用されたことばのイコン性・シンボル性については藤田（2000）を参照。

と思う」という表現を「いささか舌足らずに感じられる」と評しているのは、思考内容全体を示すべき引用句内に、判断を伴わない未完成のものが提示されていることを反映している[17]。

6.2 「〜と思われる」とコピュラの非出現について

「〜と思う」に比べ、「〜と思われる」においてコピュラの非出現率が上昇するのはなぜであろうか。この点に関しては砂川 (1987) による引用文の類型化が参考となる。

砂川 (1987) は引用文を次のように類型化している。
1. 典型的な引用文
2. 「〜と思う」型の引用文
3. 「〜と見える」型の引用文

この分類には「場の二重性」という概念が用いられている。場の二重性の「場」とは、引用された「もとの発言の場」と「当の引用文の発言の場」を指す。典型的な引用文においては、一つの引用文にこの二つの場が入れ子状に存在している。これを場の二重性という。「〜と見える」型は述語が完全にモダリティ形式化しており、形式上は引用句をとりつつも場は当の発言の場に限られ、二重性が生じない。「〜と思う」型は両者の中間的存在で、モダリティ形式化しつつ、場の二重性が保持されている。これは発話の場と思考の場が同一になることによって生じるとされる。

ここで、「〜と見える」型に着目すると、「と」に名詞や形容動詞が前接する場合はコピュラが現れにくいという特徴が見られる[18]。

(39) 礼儀を知らぬやつだな。よほどのいなか者と見える。
　　　　　　　（アレクサンドル＝デュマ著、桜井成夫訳『三銃士』）
(39′) ?礼儀を知らぬやつだな。よほどのいなか者だと見える。

---

[17] 金城 (2012) は、命題を未完成のまま提示することが話者の語用論的方策であるとしている。しかし、それはコピュラの非表示が文法的に許される環境でのことであり、コピュラの有無が文法的な適格性を左右するここでの議論とは異質なものである。

[18] BCCWJ で検索したところ、「〜と見える。」が 21 件であるのに対し「〜だと見える。」は 2 件であった。

(40) 義経は川のそばに立って見渡せば、この宇治川は瀬速く、水量多く、渡河はいかにも困難と見える。

(宮尾登美子『宮尾本平家物語』)

(40′)??義経は川のそばに立って見渡せば、この宇治川は瀬速く、水量多く、渡河はいかにも困難だと見える。

これは、「〜と思う」型の場合にコピュラが必須となるのと対照的である。このことは、「〜と思う」型が場の二重性を持つのに対し「〜と見える」型が場の二重性を持たないことと対応していると考えられる。すなわち、単一の場で構成される「〜と見える」の引用句は判断を含んだ思考内容ではなく、命題を表している。そのため、その引用句内には判断を示す働きを持った「だ」が現れにくくなっていると考えられる[19]。

では、「〜と思われる」はこの類型にどのように位置づけられるであろうか。砂川(1987)による引用文の類型が、典型的な引用文から「〜と見える」型にかけての連続的なものであるとしたら、「〜と思われる」は「〜と思う」型と「〜と見える」型の中間に位置するのではないかと考えられる。その根拠は、以下のようなものである。

砂川(1987)は「〜と思う」型は思考主体を表示できるのに対し、「〜と見える」型は表示できないことを指摘している。

(41) 私は彼が相当の手練れだと思う。

(42)??私には彼が相当の手練れと見える。

「〜と思われる」は思考主体を表示することも不可能ではないが、対比的に述べるときを除けば、主体を表示しないのが普通である[20]。そのような性質により、「〜と思われる」は「〜と見える」型に接近する。その結果、「〜と思われる」の引用句は、判断を含んだ、すなわち「だ」を伴った思考内容

---

[19] 「だ」が全く命題内要素たり得ないかどうかについては、より慎重な議論が必要と思われる。ここでは、「だ」が典型的には判断を表すという点から論じる。

[20] 思考主体を示す場合は「私には〜と思われる」のようになるが、この場合の「は」は基本的に対比解釈となる。また、安達(1995)も「自発では主語は文中に現れないのが最も普通である」(同論文：125)としている。

ではなく、「だ」を伴わない命題を表すことが可能となると考えられる[21]。

6.3　連体修飾とコピュラの非出現について

　連体修飾の「〜と思う〜」では、文末の「〜と思う。」に比べ、コピュラが現れていなくても許容される傾向が見られるのはなぜであろうか。たとえば、次のような例では引用句内にコピュラが現れていなくても許容度はさほど低くない。

　　（43）　親友と思う人に裏切られた。

　ここでの「親友」は思考内容そのものではなく、「この人は親友だ」という文で表されるような思考内容が連体修飾化に伴って分裂したことで、分析的にとらえられた思考の一部とでもいうべきものである。

　文末の「〜と思う。」においてコピュラが必須となるのは、6.1 節に述べたように、この場合の引用句が判断を含む思考内容を表しているからであった。一方、(43) の「親友」は思考内容そのものではないから、文末の「〜と思う。」とは異なり、コピュラを表示しないことも可能となると考えられる。

　ただし、「〜と思う」は連体修飾にすれば常にコピュラの非表示が容認されるようになるとは限らない。たとえば、次のように、連体修飾がいわゆる「内の関係」にあるときと「外の関係」にあるときを比べた場合、後者の方が「と」の前に「だ」を挿入したくなる[22]。

　　（44）　これらの人物の中から、自分の親友と思う人を指さしてください。

　　（45）　?では皆さん、太郎は自分の親友と思う人は挙手してください。

---

[21]　三上 (1953) はコピュラの現れない「〜と思われる」について、音形を持たないコピュラ相当のゼロ記号が引用句内に存在すると見ているが、本稿ではそのような分析はとらない。詳細は 6.4 節を参照。

[22]　次のように「は」の代わりに「が」を用いると、相対的に許容度が向上する話者もいる可能性がある。もしそうであれば、引用句内から主題の出現する階層が失われたことで、思考内容から命題に近づき、結果としてコピュラの非出現が許容されるようになっている可能性がある。引用句内における「は」と「が」の問題については阿部 (2006) を参照されたい。

　　では皆さん、太郎が自分の親友と思う人は挙手してください。

このことは、「と」の前接要素がより「思考内容らしさ」を有しているかどうかということと関係していると考えられる。すなわち、連体修飾が内の関係をとる場合は、思考内容が分断されることになるが、外の関係の場合は分断が起こらない。つまり、前者より後者の方がより思考内容としての形を保っていることになる。(45)において「だ」を挿入したくなるのは、思考内容としての形を保ちやすい環境であるほど、判断を表すコピュラを伴わせたくなるような心理が働くからではないかと考えられる。

　また、5.1節の調査結果では、コピュラ非出現例の許容度はさほど低くなかったものの、非出現率は34.7%にとどまっていた。これは、先にも見たように、多様な連体修飾節の中で全てのタイプにおいてコピュラの非表示が許容されやすくなるとは限らないということ、さらに、コピュラの非表示が許容される環境であってもコピュラの表示が任意に起こり得ることが要因であると推測される。

　一方、5.2節の調査結果では、「〜と思われる〜」におけるコピュラ非出現率が92.7%と極めて高かった。これは、「〜と思われる〜」が形成する連体修飾のタイプと、前節に見た「〜と思われる」自体の性質に起因すると考えられる。すなわち、「AとBわれるB」(「高校生と思われる女の子」)では、基本的にBとAが主述の関係にある(「女の子が高校生だ」)[23]。この場合、連体修飾は外の関係とはなり得ず、AとBが常に分断されている。これは先に見たようにコピュラの非表示を許す環境である。さらに、「〜と思われる」自体も「〜と見える」型に近似してコピュラの非表示を許すタイプであるため、相乗的にコピュラが出現しにくい環境にあると考えられる。

6.4　「〜を〜と思う」型

　前節では次のように、内の関係を構成するような連体修飾ではコピュラの非表示が容認され、外の関係では容認されにくくなることを見た。

　　(46)　これらの人物の中から、自分の親友と思う人を指さしてくださ

---

[23]　コーパスには「町県民税申告が必要と思われる人」のような例も見られるが、その場合は「(その)人には町県民税申告が必要だ」のように「人」が与格主語の関係となっている。

い。

（47）?では皆さん、太郎は自分の親友と思う人は挙手してください。

しかし、内の関係でなくても次の場合はコピュラの非表示が容認される。

（48）　では皆さん、太郎を自分の親友と思う人は挙手してください。

このような「～を～と思う」においては、「と」の前に音形的に空であるコピュラが潜在すると仮定する考え方（Kitagawa 1985）と、コピュラの存在を認めない考え方（森山 1988、阿部 2001）がある。この点について考えるに当たり、コピュラ文のタイプと性質について確認する。

コピュラ文には、「彼は親切だ」のような措定文と「彼が犯人だ」のような指定文があり、後者は「犯人は彼だ」のように語順を交替できることが知られている。

指定文に見られる語順交替は、次のように、「～を～だと思う」に適用することもできる。

（49）　彼を犯人だと思う人が少なくない。

（50）　犯人を彼だと思う人が少なくない。

しかし、次のように「と」の前にコピュラが現れていない場合、このような語順交替が許容されにくくなる。

（51）　彼を犯人と思う人が少なくない。

（52）?犯人を彼と思う人が少なくない。

もし、コピュラが現れていない場合でも「と」の前にコピュラが潜在しているのであれば、このような違いは起こらないはずである。ここから、「～を～と思う」では、引用句内にコピュラは存在しないと考えられる。

以上の議論は、6.1 節から 6.3 節まで述べてきたことにつながる。それらに共通していたのは、もともとは判断を含んでいた思考内容が、命題に近づいたり、分析的にとらえられたりすることによって、コピュラの非出現を許容するようになるということであった。もし、上記の通り「～を～と思う」における引用句内にコピュラが存在しないとしたら、この型もまた、思考内容の要素が「～を」部と「～と」部に分断され、思考内容が分析的にとらえられるようになった結果、コピュラの非出現を許容する環境になっていると考えられる。

7. おわりに

　本研究では、引用句内におけるコピュラの出現・非出現について「〜と思う」を用いて調査・考察した。調査の結果、コピュラの出現率は「思う」がスル形であるか自発形であるか、また文末にあるか連体修飾として文中に位置するか、「〜を〜と思う」型であるか否かということと相関することが明らかとなった。この調査結果に基づき、引用句内においてコピュラの非表示が容認されるか否かは、その引用句が思考内容そのものを表す環境にあるか否かに依存するということを主張した。

　市川（1997）にも挙げられているように、日本語学習者が「〜と思う」のコピュラを欠落させることはよくある誤用の一つである。初級段階では「〜と思う」にコピュラを付すと指導されるが、学習者がより上級になれば、コピュラの伴わない「〜と思う」を目にする機会も多くなる。どういった条件で「〜と思う」のコピュラが落ちるのか。これが本研究の動機であった。5節の調査結果は、この疑問にある程度答えるものであると思う。

　6節での考察は「引用」を基本としつつ、様々な用法の見られる「と」という形式[24]に「思考内容らしさ」という角度から光を当てたものである。これは、たとえば「〜を〜とみなす」のようにコピュラの出現を容認しない「〜と」について考察する際の基礎となる[25]。

　また、ここでは文内の現象を中心に扱ったが、「〜と思う」におけるコピュラの出現・非出現は、次のように文章・談話においても問題となることがある。

(53) A：テスト 90 点超えたー
　　 B：すごい、がんばったんだね
　　 A：ϕと思うでしょ？…ほんとはそんなに勉強してない
(54) A：このあいだ頼んだ奴やっといてくれた？

---

[24] 藤田（2000）は「『〜ト』形式による表現の広がり」と呼ぶ。

[25] 森山（1988）はそのような「と」と「太郎が学生となる」における「と」に連続性を見いだし、「同一的なト」と呼んでいる。
　「同一的なト：ガ格ないしヲ格に準ずる格と外延的な同一性の関係が成立する格」
　　　　　　　　　　　　　　　　　　　　　　　　　　　　（森山 1988: 16）

B：ごめん、まだやってない
　　A：だと思った
　本研究はこうした文章・談話における同様の現象の分析に資するものとなる可能性もある。

引用文献

安達太郎（1995）「思エルと思ワレル――自発か可能か――」宮島達夫・仁田義雄（編）『日本語類義表現の文法（上）単文編』121–130. 東京：くろしお出版.

阿部二郎（2001）「『ＡヲＢダト思ウ』と『ＡヲＢト思ウ』」『日本語と日本文学』33: 14–24. 筑波大学日本語日本文学会.

阿部二郎（2006）「引用句内に現れる『ハ』と『ガ』」矢澤真人・橋本修（編）『現代日本語文法　現象と理論のインタラクション』127–150. 東京：ひつじ書房.

市川保子（1997）『日本語誤用例文小辞典』東京：凡人社.

金城克哉（2012）「コーパスに基づく引用句内のコピュラ（「だ」）の顕在と潜在に関する研究」『留学生教育』9: 21–33. 琉球大学留学生センター．

三枝令子（2001）「『だ』が使われるとき」『一橋大学留学生センター紀要』4: 3–17.

砂川有里子（1987）「引用文の構造と機能――引用文の３つの類型について――」『文芸言語研究　言語篇』13: 73–91. 筑波大学文芸・言語学系.

田野村忠温（2006）「コピュラ再考」藤田保幸・山崎誠（編）『複合辞研究の現在』249–270. 大阪：和泉書院.

田野村忠温（2008）「大規模な電子資料に見る現代日本語の動態」『待兼山論叢』42: 55–76.

中右実（1979）「モダリティと命題」林栄一教授還暦記念論文集刊行委員会（編）『英語と日本語と』223–250. 東京：くろしお出版.

仁田義雄（1991）『日本語のモダリティと人称』東京：ひつじ書房.

藤田保幸（2000）『国語引用構文の研究』大阪：和泉書院.

三上章（1953）『現代語法序説』東京：刀江書院.

南不二男（1974）『現代日本語の構造』東京：大修館書店.

宮崎和人（1999）「モダリティ論から見た『～と思う』」『待兼山論叢』33: 1–16.

森山卓郎（1988）『日本語動詞述語文の研究』東京：明治書院.

森山卓郎（1992）「文末思考動詞『思う』をめぐって――文の意味としての主観性・客観性――」『日本語学』11 (9): 105–116.

Kitagawa, Yoshihisa（1985）Small but Clausal. *CLS 21. Papers from the General Session at the Twenty-First Regional Meeting*. Chicago, Illinois.

第5章

文末のムード形式とポライトネス
——「だろう」の機能を中心に——

牧原　功

1.　はじめに

　日本語では文末の様々なムード形式がポライトネスに関係している。《主張》という発話機能[1]を持つ文を取り上げ例を挙げると以下のようになる。
（1）　これらのことから以下の結論を導くことができる。
　　　これらのことから以下の結論が導くことができるだろう。
　　　これらのことから以下の結論を導くことができると思う。
　　　これらのことから以下の結論を導くことができるかもしれない。
　　　これらのことから以下の結論を導くことができるようだ。
　　　これらのことから以下の結論を導くことができるのではないか。

これらの例では「導くことができる」と言い切るより「導くことができるだろう」「導くことができると思う」のように、「だろう」「と思う」などを用いた方がより丁寧な表現となっている。
　上記のような現象に対する直感的な理由説明は以下のようなものになろう。
　①　意見を表明するという行為が、異なる意見を持つ人にとっては
　　　FTA[2]（フェイス脅かし行為）に該当する可能性がある

---

[1]　発話機能の分類については山岡（2008）に従う。
[2]　Brown and Levinson（1987）による。

② そのため、蓋然性判断、及びそれに準じる文末形式[3]を使用することで自らの意見が正しくない可能性を示し、FTAを緩和する

しかし、蓋然性判断、及びそれに準じる文末形式を用いることが必ずしも文のポライトネスを高めるわけではない。例えば、以前、日本語を母語としない学生を対象とした授業の中で、以下のようなやりとりがあった。

（2） S1（学生1）：これはどうしてだと思いますか？
　　　 S2（学生2）：それは〜だからでしょう。
　　　 S1：S3（学生3）さん、今のS2さんの意見についてどう思いますか？
　　　 S3：?? ちょっと問題があるでしょう。

この会話例では、話者の断定的な主張を回避するはずの「だろう」が使用されているにも関わらず、ポライトネスは高められていない[4]。同様の文脈で、「だろう」を使わず「かもしれません」のような蓋然性判断の形式を用いても、「だろう」を用いたときほど文の許容度は落ちず、「問題があります」と言い切るより丁寧な表現となっている。

（3） S1：S3（学生3）さん、今のS2さんの意見についてどう思いますか？
　　　 S3：ちょっと問題があるかもしれません。

以後、ポライトネスを高めるために用いられる言語形式を「配慮表現」[5]と呼ぶことにするが、文末の蓋然性判断に関わる形式が、FTAを緩和することができる（3）のような場合と、そうでない（2）のような場合があることがわかる。本稿では、配慮表現として文末の蓋然性判断のムード形式がどのように用いられるかを考察し、その過程で「だろう」の機能の整理を試みる。

2.　「だろう」についての先行研究

「だろう」の機能については様々な考察があるが、談話における「だろう」

---

[3] 「と思う」は蓋然性判断とは考えない。この点は第6節で触れる。
[4] 「でしょう」も「だろう」の派生形であるため、以後は「だろう」として扱う。
[5] 配慮表現の定義については、山岡・牧原・小野（2010）を参照されたい。

について詳細な検討を行っている優れた研究として、森山（1992a）及び安達（1997）が挙げられよう。まず、この二つの論考を概観し、これまでに指摘されている現象、明らかにされていること、残されている問題について整理したい。

2.1 森山（1992a）の概要

森山の論考は、「だろう」の多様な働きを統一的に説明することを目的とし、推量とはなにかと検討した後に、「だろう」が推量を表すのはどのような場合であるかを語用論的に検討したものである。

まず、森山（1992a）の主張を箇条書きで以下に示す。

推量の定義
　① 推量の表現とは、ある内容を述べるとともに、それに矛盾対立する内容も成立する可能性があることを暗示する

ダロウの意味
　② ダロウは、談話現場における判断形成過程を表示する
　③ ダロウは推量という意味を固定的に持っているわけではない

ダロウが推量を表すための条件
　④ 内容として取り上げられることが話し手にとって本来的に未知のものでなければならない
　⑤ 聞き手が存在しなかったり、存在しても聞き手に確実な情報があると仮定せずに話すということが必要である

ダロウの使用制約が生じる理由
　⑥ ダロウは、談話現場で判断を形成する過程を表すのであり、その内容に関する情報を持った聞き手が談話現場にいれば、その聞き手を判断の形成に参加させることになる。それで聞き手の情報に依存し、その聞き手の反応を要求することになってしまう
　⑦ 聞き手なりの判断の在り方を問題とする場合は「伺い型の確認」（聞き手の同意を引き出すことによって共通理解へ至ろうとする）或いは「押しつけ型の確認」（話し手の情報を押しつけ、確認させて、同じ理解へ聴者を誘導しようとする）となる

例）君も疲れただろう。「伺い型の確認」
　　　現実にフグの白子がない以上、別のもので悟らせるしかないだろう。「押しつけ型の確認」

　以上の考察は、「だろう」の本質的な機能が判断形成過程を表示すると仮定すれば、様々な現象の説明付けが可能であるとするものである。精緻な論理構成であり、頷く部分の多いものであるが、それでもいくつかの疑問は残る。
　まず、例えば以下のような例は、森山の分類では「君も疲れただろう。」と同様、推量ではなく「伺い型の確認」となるものであろう。

（4）　就職したばかりじゃ、毎日忙しいでしょう。↘

　だが、この「疲れただろう。」「忙しいでしょう。」は、相手が疲れた、忙しいという事態を想定しつつ、しかしそれに矛盾対立する内容も成立している可能性がある（さほど疲れていない、忙しくない）ことを示しているのは確かだと思われる。つまり、「だろう」の本質が推量ではなく、「談話現場で判断を形成する過程を表す」と言い切ってしまってよいのかということである。
　また、森山が提唱した「だろう」の性質や機能、使用制約の条件では、例文（2）で挙げた「ちょっと問題があるでしょう。」が不適切であることを説明することが難しい。例文（2）では聴者に確かな情報はなく（森山の挙げた⑤の条件を満たしていると考えられる）、使用制約には違反していないと考えられるからである。

2.2　安達（1997）の概要

　次に、安達（1997）の主張を見てみたい。安達（1997）は、「だろう」による言い切りが困難な場合があることを明確に指摘した最初の論考である。（5）のような例では、「だろう」を用いると「山田団地の規模は不確かであるにもかかわらず、断定的な主張を行っているという印象を与えてしまう」とする。

（5）　先生：山田団地行きのバスが多いけど、規模が大きい団地なの？
　　　　学生：そうだろうと思います。
　　　　　　　??そうでしょう。

そして、「だろう」による言い切りが困難な理由として以下を挙げている。

① 当該事項が不確かであるにもかかわらず、一方的な判断を行っているというニュアンスを持ってしまう
② 「だろう」が伝える判断は、本来的には聴者に向けて発信されるものではないために独断的で一方的な主張というニュアンスが生じるのではないか

例文（5）は「だろう」による言い切りが困難な例であり、その理由として「当該事項が不確かであるにもかかわらず、一方的な判断を行っているというニュアンスを持ってしまう」と想定するのは妥当な説明であるように思われる。しかし、以下のような文は不適切にならない。

（6） 学生：山田団地行きのバスが多いけど、規模が大きい団地なんでしょうか？
　　　先生：そうでしょう。↘　これだけバスが走ってるんだからね。
（7） 先生：ゲルゲイさん、まだ来ないけど大丈夫かな？
　　　学生：ゲルゲイさんなら大丈夫でしょう。↘　時間に正確ですから。

どちらの例も、当該事項は不確かなものであり、安達の提示した条件に抵触するはずだが、（5）と比較すると適格性が高いことは明らかであろう。

また、「だろう」は安達の述べるように、本来的には聴者に向けて発信されるものではない。だが、「でしょう」の形になり丁寧形になった時点で聴者目当て性が生じているはずである。「でしょうか」などは「ですか」よりも丁寧な問いかけになる場合も多い[6]。「だろう」が聴者目当て性を持たないということを、「でしょう」という形で用いられる場合でも使用制約が生じる根拠とするのには、疑問が残る。

また、安達は「だろう」によって言い切る条件として、以下の二つを挙げている。

③ 認識が共有されているものとして話を進める
（8） K：変にカラヤンがインターナショナル化してしまいましたからね。

---

[6] 詳細は牧原（1994）を参照されたい。

　　　　　　　　A：もう立ち直らないでしょう。
この例文はオーケストラのレベルの低下について話者と聴者が共通認識を
持っているとする例である。
　　④　相手に対する配慮を犠牲にしてでも、強く主張する
　　（9）　巻子：「お父さんでもつきあいがあるのかな」
　　　　　綱子：「そりゃあるでしょ。男は、つきあいしなくなったらおし
　　　　　　　　まいよ。」
　しかし、例えば以下のような例では、認識の共有も、相手への配慮の犠牲
もなく、「だろう」が使用できているように思われる[7]。
　　（10）（予定の時間になってもバスが来ないという状況で）
　　　　　部長：バス来ないね。もう行っちゃったのかな？
　　　　　部下：もうじき来るでしょう。この路線は遅れることが多いんで
　　　　　　　　すよ。
　以下では、発話機能によって「だろう」がどのように用いられるかの観察
を通して、「だろう」の意味、機能の検討を試みる。

3. 配慮表現としての「だろう」と発話機能

　本節では、「だろう」を配慮表現として用いることができるかどうかは文
の発話機能と密接な関係があると考え、発話機能と「だろう」との共起とい
う面から言語現象の確認を行う。その結果をもとに、次節において、「だろ
う」の発話機能について仮説を提案するものとする。

3.1 《主張》（対話の場合）

　《主張》は聴者に向けて、話者が自らの意見や見解を述べる文である。こ
のようなタイプの文として、いくつかの例を挙げて考えたい。
　　（11）　患者：どうでしょうか？
　　　　　医師：このぶんだと、あと2〜3日で退院できるでしょう。

---

[7]　相手が上司の場合「来るでしょう」より「来ると思いますよ」のような表現が選択され
る可能性が高いが、（5）の例文と比較すると、明らかに適格性の高い文となっている。

患者：ありがとうございます。
(12) A：この雲の具合だと明日の天気はどうなのかな？
B：この感じだと、明日は晴れるでしょう。
(13) 教師：この論文のこの部分の指摘、間違いなのかなあ。
学生：?? 間違いでしょう。
(14) 学生：この論文のこの部分の指摘、間違いなんでしょうか。
教師：間違いでしょう。
(15) 田中さんの今の主張は一面では正しいでしょう。しかし、…
(16) 先生：山田団地行きのバスが多いけど、規模が大きい団地なの？
学生：?? そうでしょう。

　まず、(11) の医師と患者との会話では、医師が「2〜3日で退院できる」ということを不確かなこととして述べている。(12) の天気の話も同様である。これらの文では、対話でありながら問題なく「だろう」が使用できている。「だろう」は配慮表現として用いられているというよりも、あくまでも事態の実現する可能性について言及した蓋然性判断の形式として用いられていると考えられる。また、これらの例は、2人の話者の間には共通認識が形成されているとは言えず、安達の挙げた「認識が共有されたものとして話を進める」というものでもないように思われる。

　(13) と (14) の教師と学生の会話例もやはり蓋然性判断として用いられている例であろう。しかし、これらの例からは「だろう」に待遇的な使用制約のようなものが見られることがうかがえる。これは教師と生徒という上下関係というよりも、ある事柄についてより豊富な知識を持っているであろう相手に対して「だろう」を用いることが難しいということのようである。

　(15) の「一面では正しいでしょう」という例は、不確かなことを述べるということに主眼があるわけではなく、「正しい」ということを認めた上で、それに反論する場合などによく用いられる用法である。聴者は例えば「一面では」という成分がなくても、「田中さんの今の主張は正しいでしょう」という文が発話された場合、その後に、「しかし、以下のような問題があります」のような「田中さん」の主張に対する反論を表す文が後接する可能性が極めて高いことを予測するはずである。

（16）は安達の提示した用例（5）と同じものであるが、これを、以下のように変えると文の適格性は高まる[8]。

(17)　先生：山田団地って、規模が大きい団地なの？
　　　　学生：そうでしょう。山田団地行きのバスが多いですから。

これらの例はどちらも対話における《主張》の例と考えられるが、（16）の例文が不適切に感じられる理由として、先生が「山田団地行きのバスが多いけど」と発話していることが関係している可能性がある。（16）のように判断の根拠を示しつつ問いかけるという文脈では、話者も聴者も他に判断材料を持たないこと、つまり、話者も聴者も当該事象について明確な知識を持っていないという状況を想定する可能性が高くなると考える。そして、これが（16）の不適切さと関係しているように思われる。

3.2　《賞賛》

《賞賛》は相手を褒める文である。このような発話機能の文では、「だろう」を用いることは難しい。

(18)　今日の演奏、素晴らしかったです。
　　　＊今日の演奏、素晴らしかったでしょう。

これは、《賞賛》を行う場合 Leech (1983) の言う是認の原則、他者への賞賛を最大限にしなければならないというルールに抵触するからであると考えることができ、他の蓋然性判断の形式も、「素晴らしかったかもしれません」「素晴らしかったみたいです」のように不適切になることと同様の現象であると言える。ただし、「と思う」を用いた「素晴らしかったと思いますよ」という表現は不適切なものとはならず、「と思う」がやや特殊な性格を持っていることがうかがえる。この点については第6節で触れる。

3.3　《非難》

《非難》の文では、「だろう」を用いることができる場合とできない場合が

---

[8] 「そうだと思いますよ」のような表現の方がより適切であることは確かであるが、（16）と比較すると許容度は上がっていると思われる。

ある。(19) a、b のように相手の責任を問うような場合は使用可能であり、「無茶だ」「間に合わない」という言い切りの形を用いるよりも、「だろう」を用いた文の方が丁寧に感じられる。一方、否定的な評価をするような場合は尊大な感じが強く使用し難いように感じられる。

(19) （相手の責任を問う、責めるような場合）
  a あそこで、あんなことをするのは、ちょっと無茶だ。
    あそこで、あんなことをするのは、ちょっと無茶でしょう。
  b このままだと、締めきりに間に合わないよ。
    このままだと、締めきりに間に合わないでしょう。
(20) （否定的な評価をする場合）
  A：B さん、今の C さんの意見についてどう思いますか？
  B：?? 少し問題があるでしょう。

3.4 《助言》

《助言》の文では、「だろう」は使用可能である。(21) (22) の例ともに、「〜でしょう」を用いた例文の方が、聴者への当たりが柔らかい感じを受ける。純粋な蓋然性判断というよりも、配慮表現として機能しているように感じられるものである。

(21) もう少し早めに準備したほうがいいですね。
   もう少し早めに準備したほうがいいでしょうね。
(22) タマネギは飴色になるまでよく炒めた方がいいですね。
   タマネギは飴色になるまでよく炒めた方がいいでしょうね。

(21) (22) のように、より多くの知見を持つものがアドバイスするという場面であれば配慮表現として使用可能である。だが、中には (23) のように不適切な例も見られる。

(23) 部長：そろそろ我が社も方針を転換したほうがいいのかな…
   部下：?? そのほうがいいでしょう。

これは、部長の発話は一見すると助言を求めているように考えられるが、実際には、同意して欲しい、或いは一緒に考えて欲しいという程度の発話であると考えるべきなのだろう。以下のように純粋に助言を求める文脈であれ

ば、配慮表現として使用可能である。

(24) 部長：そろそろ我が社も方針を変換したほうがいいと思うかね。君の意見はどうなんだ？
部下：そのほうがいいでしょう。このままでは先が見えています。

3.5 《忠告》

《忠告》の文でも「だろう」は使用可能である。(25)のように、「～でしょう」を用いた方が柔らかな表現であり、配慮表現として機能していると解釈可能である。

(25) そういうことはすぐに連絡しないとダメだ。
そういうことはすぐに連絡しないとダメでしょう。

3.6 共感を表す場合

共感を表す場合は、発話機能ではない。しかし、「だろう」との共起を考えたとき、特殊な使われ方をしていると思われたため、文のタイプとして独立して取り上げた。

例えば以下のような例において、話者が聴者の喜びや悲しみ、苦しい状態を十分理解しているということを示し、共感を表す場合には、「だろう」はよく用いられる[9]。

(26) お子さん、合格されたそうで…。さぞお喜びでしょう。
(27) プレゼンご苦労様。疲れたでしょう。

これらの文は、「お喜びですね」「疲れましたね」という表現を用いることも可能であろうが、「でしょう」を用いた表現が第一選択肢となる可能性が高い。この点については、次節で「だろう」の機能について仮説を提示した際に触れることにする。

---

[9] 森山(1992a)における伺い型の確認の例である。

4. 「だろう」の談話における機能

　以上、いくつかの発話機能を取り上げ「だろう」の使用例を観察したが、本節ではこれらの現象を統一的に説明するために「だろう」の機能をどのように規定すればよいか検討したい。まず、これまでに観察された現象を列挙すると以下のようになる。

① 《助言》や《忠告》で「だろう」は使用可能である。配慮表現として用いられる場合が多いと考えられる。
② 対話における《主張》では、不確かな情報を述べる場合は、「だろう」を用いることができる。ただし、待遇的な制約が見られる。
③ 「だろう」には話者が聴者の意見に反論する際に、部分的な賛意を表す用法がある。
④ 判断の根拠が明示されている文脈が既にある場合には、「だろう」を使用し難い。
⑤ 《賞賛》では使用することができない。
⑥ 《非難》では相手を責めるような場合は使用可能であるが、否定的評価を与える場合は使用し難い。
⑦ 共感を表す場合に「だろう」はよく用いられる。

　これらの現象を統一的に説明しうる「だろう」の機能とはどのようなものになるだろうか。本稿では、上記の現象を統一的に説明する「だろう」の機能として以下を提案する。

　　「だろう」は、当該命題について、話者の方が聴者よりも情報をより多く持っていることを明示する談話上のマーカーとして機能する

　この「当該命題について、話者の方が聴者よりも情報をより多く持っていることを明示する」という部分について補足しておきたい。
　平叙文は、周知のように［話者＞聴者］、という情報構造のもとで発話される[10]。

---

[10] 森山 (1988) を参照されたい。

(28) ??あなたは田中さんです。
　　　??あなたはおなかが痛いです。

　(28)は［話者＞聴者］という情報構造に違反するのに平叙文を用いたために不適切となる[11]。「だろう」も平叙文においては、当然［話者＞聴者］という情報構造のもとで用いられているわけであるが、そのような情報構造にあることを話者が強調し明示する形式と考えるということである。このように仮定した場合、［話者＞聴者］という情報構造が明らかである、或いはそうあることが求められる文脈においては「だろう」は使用しやすいということになる。

　以下では、このような機能を「だろう」が有すると仮定することにより、これまで観察した言語事象が包括的に説明可能となることを述べたい。

　まず《主張》における例を見てみると、(13)(14)の例のように、教師に向かって「間違いでしょう」は使い難いが、教師が学生に向かって「間違いでしょう」と述べることが可能である。これは、［話者＞聴者］という情報構造が求められるということに関係する。前節で、これは教師と生徒という上下関係というよりも、ある事柄についてより豊富な知識を持っているであろう相手に対して「だろう」を用いることが難しいということのように思われる、と述べたが、当該事象について自分よりもより多くの知識を持っているという前提で発話すべき相手に対し、自分の方がより多くの知識を持っているということを示すマーカーを付与して発話することが、この不適切性を生じさせる原因となっているのではないだろうか。

　「だろう」が反論の前置きとして賛意を表す場合に用いられるのも、「正しいと認めるが、しかしその当該事項については私の方がよく知っている／わかっている」ということを示す談話上のマーカーとして「だろう」が機能するとすれば統一的に説明できる。

　次に、《非難》の文でも、(19)のように相手を責める場合、つまり話者が聴者を責めることができる立場にある場合は、当該事項に対する情報は、［話者＞聴者］となっていると考えられ、「だろう」は配慮表現として用いら

---

[11] 記憶喪失の相手にお前は田中だと理解させるような場合はこの限りではない。

れている。しかし、(20) のように単に否定的な評価を行うだけの場合は、[話者＞聴者]という情報構造を持っているとは限らず、「だろう」を用いて、当該命題について話者の方が聴者よりも情報をより多く持っていることを明示してしまうと、「あなたはわかっていないと思うけれど、実は（マイナス評価）なのだ」という立場で述べることを明示することになり、尊大な感じを与えてしまう。

そして、(21)(22)(25) のように、《助言》《忠告》という話者が聴者よりもより多くの情報を持っていることが前提となる発話機能の文では、「だろう」を用いても不適切な文とはならない。つまり、「だろう」が「当該命題について、話者の方が聴者よりも情報をより多く持っていることを明示する」働きをしても、それが FTA にはならないということである。これら《助言》《忠告》といった発話機能の文では、「だろう」を用いた場合、その蓋然性判断を表示するという意味、不確かな情報を提示するという働きによって、FTA を緩和する配慮表現となると考えることができる。

更に、(26)(27) のように共感を示す文で使用できるのは、話者が聴者の喜びや苦しみなどを聴者以上に理解しているということを明示的に示すことにより、聴者の感覚や心的態度をよく理解しているということを強く示すことになるからであると説明することも可能である。

なお、本稿では「だろう」は談話上のマーカーとしては上記の機能を有するが、語彙的な意味はあくまで推量であり、命題が不確実であることを示す形式であると考える。《賞賛》の文で「だろう」が使用できないのは、その本質的な意味が推量であるからであり、それによって Leech (1983) が言う是認の原則、「他者への賞賛を最大限にせよ」に違反することになるからだと言うことができる。この、「蓋然性判断」と、「当該命題について、話者の方が聴者よりも情報をより多く持っていることを明示する」機能のどちらが前面に出てくるかによって「だろう」の談話上の意味も異なってくるということになると考えることが可能のように思う。

「だろう」についての考察の最後に、このような提案と先行研究との関係についても触れておきたい。

森山 (1992a) で述べられている「判断形成過程」というのは、話者が自分

に聴者より多くの情報があることを明示することによって、二次的に生じているものであると考えることはできないだろうか。森山は、「だろう」の本質は推量ではないとし、聴者に情報がある場合の「だろう」は「伺い型の確認」と「押しつけ型の確認」のいずれかになると述べているが、本稿のようなとらえ方をした方が、より柔軟に、広汎な言語現象の説明に対応できるように思われる。

　安達 (1997) が主張した、「独断的で一方的な主張というニュアンス」というものも、話者の方がより多くの情報を持っているということを明示することによって生じると説明することができそうである。

5.　その他の配慮表現としてのムード形式と発話機能

　本節では、「だろう」の機能を検討する際に観察した発話機能の文において、文末のムード形式にどのような使用制約が見られるかを概観したい。なお、取り上げる形式は、「辞書形」「かもしれません」「ようです」「と思う」とし、それらと対比する意味で「だろう（でしょう）」も対象に含める。例文中の*、?は非文法的ということではなく、丁寧さの面から見た不適切さを示すものとして用いている。

5.1　《賞賛》《非難》

　《賞賛》を行う場合は、Leech (1983) による是認の原則、(a) 他者への非難を最小限にせよ、(b) 他者への賞賛を最大限にせよ、に合致する必要がある。そのため、蓋然性判断のムード形式は配慮表現として使用できない。ただし、「と思う」は使用可能である。

　　(29)　（演奏後の演奏者に対して）
　　　　　今日の演奏、　　素晴らしかったです。
　　　　　　　　　　　??素晴らしかったかもしれません。
　　　　　　　　　　　??素晴らしかったでしょう。
　　　　　　　　　　　??素晴らしかったようです。
　　　　　　　　　　　素晴らしかったと思います。

　《非難》を表す文脈では《賞賛》とは対照的に、蓋然性判断のムード形式を

使用することで、是認の原則（a）に合致させることができ、配慮表現として機能する。「と思う」はFTAを緩和する配慮表現としては十分な機能を果たしていないように感じられるが、これは5.3で扱う「明確な誤りの指摘」の際も同様である。強いFTAを生じさせる文においては、「と思う」は使用し難い傾向があるようである。

(30)　今の意見には　??問題があります。
　　　　　　　　　　問題があるかもしれません。
　　　　　　　　　　問題があるでしょう。
　　　　　　　　　　問題があるようです。
　　　　　　　　　　?問題があると思います。

5.2 《助言》

(31)　もう少し体重を落としたほうがいい　?です。
　　　　　　　　　　　　　　　　　　　　かもしれません。
　　　　　　　　　　　　　　　　　　　　でしょう。
　　　　　　　　　　　　　　　　　　　　ようです。
　　　　　　　　　　　　　　　　　　　　と思います。

《助言》では多くのムード形式を配慮表現として使用できる。「でしょう」を用いる場合は、医師が患者に向かって助言するような場合が多いかと思うが、これは「だろう」が当該命題について、話者の方が聴者よりも情報をより多く持っていることを明示する談話上のマーカーとして機能することによると考えられる。話者の方が聴者よりも明らかに状況を適切に理解しているということを示す状況として、医師が患者の種々のデータを見て判断した結果を述べるというような場合が想定しやすいということである。

他のムード形式はこのような働きはないため発話が可能となる状況はより広汎となると思われる。これらは、相手に主張する内容に蓋然性を付加することで、FTAを緩和していると考えられる。

5.3　明確な誤りの指摘

発話機能ではないが、他の人がすぐに誤りであることに気がつく証拠が存

在する状況下で、明確な誤りを指摘する際に用いられる発話について少し触れておきたい。

以下は、ある研究会のプログラムの誤植を指摘しての発話である。実際の発話は「多いようです」であったが、これを他の蓋然性判断の形式で言い換えることは難しい。

  （32）　山下さんのテーマには「の」が一つ多い　?です。
                *かもしれません。
                *でしょう。
                ようです。
                ?と思います。

誤りであることが明らかである場合、「かもしれない」を用いることはできない。「だろう」は非難の場合と同様に、「あなたはわかっていないと思うけれど、実は間違っているのだ」という発話意図を示すことになってしまうため配慮表現としては機能しない。また、「〜と思います」はやや適切性に欠けるが、これは、「と思う」のFTA緩和機能がやや弱いため、誤りの指摘のような強いFTAを含む行為では十分な働きができないと考えることができそうである。そして、証拠性の判断を示す「ようです」を用いると、蓋然性判断の形を取りながら、誤りであることがすぐにわかるという事実と齟齬が生じないため、適切性の高い配慮表現として使用できるということになるのであろう。

5.4　発話機能と蓋然性判断のムード形式との共起制約

上記の観察をまとめると図1のようになる。

図1　発話機能とムード形式の共起

	《主張》独話	《主張》対話	《賞賛》	《非難》	《助言》	誤りの指摘
だろう	○	△	×	×	△(尊大)	×
と思う	○	○	○	○	○	?
かもしれない	○	○	×	○	○	×
のではないか	○	○	×	○	○	○
ようだ	○	○	×	○	○	○

　これらはあくまでも限られた例をもとに、試行的に行った共起制約の検討に過ぎず、更に詳細な検討が必要であることは言うまでもない。しかし、これらの限られた例からでも、蓋然性判断に関わるムード形式が配慮表現として使用可能であるかどうかは、文の持つ発話機能と大きく関係することが推察される。

　このような観点からのムード形式の考察・整理はこれまで十分に行われてきているとは言い難く、今後、日本語教育において考察を進めて行く必要の高い部分の1つであると考え、不十分な考察ながら、敢えて触れておくこととした。

6.　「と思う」の特殊性

　これまでの考察から、「と思う」が文末の配慮表現形式として、様々な発話機能の文に用いることが可能であり、非常に汎用性が高いことがわかった。その一方でFTAを緩和する働きは、「かもしれない」「みたいだ」などのムード形式よりは弱いようにも感じられる。以下では、このような「と思う」の性質について、簡単に触れておきたい。

6.1　「と思う」についての先行研究

　先行研究において「と思う」の機能の考察を行っているものとして森山(1992b)と小野(2001)がある。どちらも説得力のある論考であり本稿でもこれらの主張に従うこととするが、そこで述べられているのは以下のことである。

森山（1992b）では、「と思う」について以下のように述べている。
- 話し手の思考内容として物事を述べるのであり、話し手自身が本来わからないものとしてとらえているのではない
- 「不確実表示用法」は独断としての話し手なりの認識を示すことから派生的に生じる

小野（2001）の主張は以下である。
- 話し手にとって不確実という断定するに足りない知識状態を表明する機能がある
- 話し手がマイナス知識を示すことで、聞き手に積極的に同様の思考を求めたり、或いは聞き手に思考・判断を求めるという聞き手の持つ知識への働きかけが観察される

次節では、これらの「と思う」の性質と、配慮表現としての汎用性の高さ（発話機能との共起制約の生じ難さ）、配慮表現として FTA を緩和する働きの弱さの関係について考察する。

6.2 「と思う」の汎用性

「と思う」は、(30) のような《非難》の発話機能の文や (32) のような明確な誤りを指摘する場合に、FTA を緩和する働きがやや弱く感じられ、ポライトネスを十分に高めることができていないという意味でやや使用し難い他は、ほとんどどの文においても使用可能である。これは、「と思う」が、森山の主張するように「話者自身が本来わからないものとしてとらえているのではない」ということ、言い換えれば、蓋然性判断の形式とは本質的に異なるものであるという点によってある程度説明が可能である。

《賞賛》の発話機能を持つ文中で使用できるのは、「不確実」であるということを表示する機能が副次的なものであり、「話者の思考内容として物事を述べる」という機能を持ち、話者なりの認識を示す機能が本質であるため、話者自身の賞賛の対象者への賞賛は最大限のままとなるからであろう。

また、《非難》の発話機能を持つ文中で使用できるのは、話者の独断として述べていることを明示することによって、他の人々は非難しない可能性を含意するためと考えることも可能である。

また、小野の述べる「断定するに足りない知識状態を表明する」ことによって、事態を不確かであると述べるのではなく、話者の知識状態を表明するに止まること、つまり、話者自身が自ら述べる内容を不確かなもの、誤りの可能性のあるものとして述べているのではないということから、FTA を緩和する機能は、「かもしれない」「でしょう（だろう）」よりも弱くなっている可能性がある。そのため、《非難》の文や、明確な誤りを示すような FTA の強い文脈で使用した場合、適切性がやや低くなると考えることができる。

7. おわりに

　本稿では、これまでの文法研究では考察の対象として取り上げられることの少なかった、「だろう」をはじめとする文末のムード形式の配慮表現としての用例にも目を向けることにより、「だろう」の談話上の機能を「当該命題について、話者の方が聴者よりも情報をより多く持っていることを明示する談話上のマーカーとして機能する」ものと考えることが可能であり、このようなアプローチを行うことによってムード形式の意味や機能を明確化しうることを示した。また、蓋然性判断のムード形式が配慮表現としてどのような場合に使用可能であるかを、更に詳細に検討する必要があることを示すことができたと考える。

　不十分な考察など多々見られるが、それらは今後の課題としたい。

引用文献

安達太郎（1997）「「だろう」の伝達的な側面」『日本語教育』95: 85–96.
小野正樹（2001）「「ト思う」述語文のコミュニケーション機能について」『日本語教育』110: 22–31.
牧原功（1994）「間接的な質問文の意味と機能」『筑波応用言語研究』1: 73–86.
森山卓郎（1988）『日本語動詞述語文の研究』東京：明治書院.
森山卓郎（1992a）「日本語における推量をめぐって」『言語研究』101: 64–83.
森山卓郎（1992b）「文末思考動詞「思う」をめぐって」『日本語学』11 (9): 105–116.
山岡政紀（2008）『発話機能論』東京：くろしお出版.
山岡政紀・牧原功・小野正樹（2010）『コミュニケーションと配慮表現』東京：明治書院.

Brown, Penelope and Stephen C. Levinson (1987) *Politeness: Some universals in language usage*. Cambridge: Cambridge University Press.

Leech, Geoffrey N. (1983) *Principles of pragmatics*. London: Longman. (邦訳：池上嘉彦・河上誓作（訳）(1987)『語用論』東京：紀伊国屋書店.)

第6章

格助詞から接続詞への拡張について
―「が」「のが」「それが」―

天野みどり

1. はじめに

　本稿では、文と文を関係付ける接続詞、その中でも格助詞から拡張的に生じたと考えられるものを考察対象とする。格助詞から接続詞への歴史的変化過程は種々の格助詞についてすでに先行研究で論じられているが、本稿では接続詞とは断定しがたい[1]現代語の「それが」を考察することにより、格助詞「が」が接続詞的に変化する1つの道筋を論じてみたい。

　本稿が考察対象とする「それが」とは以下のようなものである。

（1）　10年ほど前までのドイツは恵まれた体格を生かした〝質実剛健〟のサッカーが特徴だった。**それが、**ここ数年は技術のある選手**が**増えた。今大会は徹底してパスをつなぐ攻撃サッカーを貫いた。
　　　　　　　　　　　　　　　　　　　　　　　　　　　　（「朝日①」）

（2）　「お民さんは、うちの旦那さまのお妾だ。おまえさんなどの知ったことじゃない」「いえ、**それが、**どうにも気にかかってならねえことがごぜえます。」　　　　　　　　　　　　　　　（「忍者」）

（1）は発話者（書き手を含む）が交替しない独話文脈に現れる「それが」、

---

[1] 本稿で考察するような「それが」は、国立国語研究所（1951）が「接続詞的用法」、浜田（1993）が「接続語」とする一方で、市川（1978）では「接続詞」としているなど、研究者により品詞的位置付けが異なる。

（2）は発話者が交替する対話文脈に現れる「それが」であるが、いずれも次のような接続詞的な特徴を持つように見える。
　　（3）「それが」の接続詞的な特徴
　　　　① 「それが」を主格として結び付く述語句が無い。
　　　　② 接続詞「しかし・だけど」などとほぼ同じような意味を表すように見える。
（3）の①は統語的、②は意味的な特徴と言える。（1）は統語的に後続の述語句「増えた」と結び付く主格として「選手が」という第2の主格が顕現しており、「それが」が主格である場合にその結び付き先となる述語句が無いように見える。（2）も「それが」の後続に第2の主格が顕現し「ごぜえます」と結び付き、「それが」の直接的な結び付き先が無い。また、両例の「それが」は意味的に接続詞「しかし・だけど」と言い換えても文意を大きく変えることにはならない。

本稿では、特に（3）①の特徴を持つもの、とりわけ「それが」の後続に第2の主格が顕現して述語句と結び付き、「それが」と結び付く述語句が無いように見えるものを主な考察対象とする。

本稿の目的は、こうした「それが」が果たす機能はどのようなものであり、その機能が指示詞「それ」＋主格助詞「が」という構成体とどのように関係するのかを明らかにすることである。格助詞から接続詞への変化を見渡すことは、要素から文のまとまりを考察する文法論と、複数の文から談話・文章全体のまとまりを考察する談話文法・文章論との間に橋を渡すことであり、1文か2文以上かという考察対象のサイズの観点で研究分野を分けることの難点を示すことでもある[2]。

2. 先行研究
2.1 主格助詞から接続助詞へ—石垣 (1955)
主格助詞「が」から接続助詞「が」への歴史的変化を論じた研究として石

---
[2] 砂川（2005）は文法と談話は相互に依存的な関係にあるとし、実際のコミュニケーションにおいて言語形式はどのような貢献をするかという観点から研究を進めることを提唱している。

垣（1955）がある。石垣（1955）は上代から中世までの文献調査を行い、上代には主格「が」は述語句を承けなかったが、中古期（平安初期 9C）に入り「思ふが悲しく侍るなり」（竹取）のような［述語句＋主格「が」］の形式が出現し、さらに平安中期・末期・院政期（12C 末まで）には接続助詞用法が発生したとする。この判断には、この時期に主節述語句の主格をマークするために第 2 の「が」が後続に顕現する形式［［〜述語句＋が］〜が述語句］が現れたことが考慮されている。さらにその従属節述語句と主節述語句の意味的主語として異なるものが現れてそれぞれの節の独立性が強くなり、鎌倉期の『愚管抄』（13C）に至って前件に対して後件が唐突である例、また、『古今著聞集』（13C）に至って前件と後件とが意味的に逆戻である例が現れ、「が」の接続助詞化がさらに進んだものと位置付けられている。

　ここで描かれた歴史的変化は、現代語の接続助詞「が」（さらには接続詞の「が・だが」）が、主格助詞「が」から拡張して生まれたことを示したものと言える。現代語の接続助詞「が」とは（4）、接続詞「が・だが」とは（5）が示すものである。

　　（4）　光子は老舗と言われる店の和菓子を買ったが、その菓子は箱の中で崩れていた。
　　（5）　光子は老舗と言われる店の和菓子を買った。が／だが、その菓子は箱の中で崩れていた。

　一方、前節で述べたように、現代語には（5）の接続詞「が・だが」とは別に接続詞的な「それが」がある。次節で述べるように、「それが」が接続詞と位置付けられがたいのは接続詞「が・だが」とは異なり独自の制約があるためである。だとすると、同じ主格助詞「が」から拡張して接続詞的になる過程ではあっても、「それが」には石垣（1955）の示したものとは異なる事情、異なる過程があることを述べる必要がある。

　本稿の見通しを先に述べると、接続詞的「それが」は、主格助詞「が」から拡張的に成立した接続助詞的「のが」と深く関わり、「の」節の内容を「それ」で指示し、従属節から独立して接続詞的用法を確立しつつあるものと考えられる。この仮説の妥当性を例に基づき以下で考察する。

2.2 接続詞的「それが」について—浜田 (1993) 庵 (1996・2007) レー (1988)

まず、先行研究で明らかにされた接続詞的「それが」の持つ特徴について見ておこう。浜田 (1993) は次のような例を挙げ、接続詞的「それが」は逆接的機能を持つように見えるが、他の逆接の接続詞とは異なる成立の必要条件や傾向性、意味的特徴を持つことを示している。

（6） 現在の製法は、石炭を熱処理したコークスと、鉄鉱石を焼き固めた焼結鉱を高炉に入れ、高熱で酸化鉄から酸素を取り出して還元する。製鉄所に、コークス工場と焼結工場はつきものだった。**それが**、溶融還元では、石炭と鉄鉱石を直接炉に入れる。これほど省エネルギー、コスト安、環境重視の製法はない。

(浜田 (1993)「AERA」)

（7） 佐藤　この間の旅行は気のあった人といっしょで愉しかったでしょう。
　　　田辺　**それが**ね、逆にカッとすることが多かったの。

(浜田 (1993)「おせいカモカの対談集」)

浜田 (1993) の指摘した接続詞的「それが」の諸特徴は以下のようなものである。それぞれの詳細は 3 節で検討する。

（8） 浜田 (1993) の指摘：接続詞的「それが」（[P それが Q] 形式）の諸特徴
　① P 部は、「それが」の発話者の既得情報でなければならない。
　② Q 部は、話者関与性の弱い述語をとる。
　③ 独話では継続的変化を描写する文脈に頻出する。
　④ 物語性を持つ。
　⑤ 他の逆接の接続詞にある、PQ を入れ替えても成り立つ「対称的な用法」が無い。
　⑥ 逆接的でない、「情報の追加」の用法がある。

浜田 (1993) はこれらの特徴をふまえ、接続詞的「それが」は逆接的機能を持つが、それは「直前の P 部の内容から予想される結果と Q 部に述べられている内容が異なっていることを、話し手の判断を交えず、物語を語るように、事柄の生起の順に提示することである」(p. 63) と述べている。こう

した先行研究により接続詞的「それが」の機能はかなり詳細にされたと言える[3]。しかし、そのような機能はどこから生じたのだろうか。(8)のような種々の特徴を「それが」が持つのはなぜなのだろうか。

　庵(1996・2007)は浜田(1993)の指摘する特徴をふまえ、接続詞的「それが」は「予測裏切り的関係」を表すとし、そのような意味を表すのは、「それ」に先行文脈からのテキスト内意味の付与があるためとしている。つまり、接続詞的意味の実現に指示詞が貢献していると指摘したのである。しかし、「テキスト内意味の付与」という概念は一般的すぎて、浜田(1993)の示した具体的で詳細な特徴がなぜ生じるかを説明するためには一層の分析が必要であろう。どのようなテキスト内意味が付与され、その特定の意味の付与が選択されるのはなぜだろうか。

　本稿では、接続詞的「それが」がこうした種々の具体的特徴を持つ理由を変化の観点から説明してみたい。すなわち、当該の「それが」は接続助詞的な「のが」の文から拡張して成立したものとし、この「それが」の持つ諸特徴は、接続助詞的な「のが」の文の持つ諸特徴を引き継いだものと考えてみたいのである。そして、その接続助詞的な「のが」の文は、接続助詞的でない、状態変化自動詞を述語とする「主格-述語」文の拡張であると考える。

　本稿が主張しようとする接続助詞的「のが」と接続詞的「それが」との関連性は、夙にレー(1988)で述べられている。レー(1988)は次の(9)の「(の)が」と(10)の「(それ)が」は同様に格関係の表示性が稀薄になっているとする。

　(9)　今までの気象学は『あらしの気象学』だったが、ほかに近年は『静穏の気象学』が必要になってきた、という話がある。今までは暴風雨を警戒していればよかった**のが**、近年、静穏な日にも災害がおこる。　　　　　　　　　　　(レー(1988)「朝日新聞」)

　(10)　季節病カレンダーの研究で知られる籾山政子さんによると、日本

---

[3]　浜田(1993)をふまえ、松浦(2007)は650例の大量用例調査を行い浜田(1993)の妥当性を検証しさらに詳細な記述を加えている。福田(2010)は「発話連鎖」という観点から「それが」を分析している。金(2002)は「それ」がどのような文脈を指示するかを調査・分類している。

の死亡率はかつて、伝染病患者や成人病を含め、全体として、夏と冬に高い山を描いていたそうだ。**それが**一九五〇年代から、夏山が消え、冬山だけが残った。典型的な冬期集中型に変わってきた。　　　　　　　　　　　　　（レー (1988)「朝日新聞」）

そして、次の (11) は格関係表示性がさらに稀薄になっているとする。

(11) 「ほう、美樹さんには、恋人がいたのか」「**それが**、ボーイ・フレンドもいないんです」　　　（レー (1988)「ちょっと殺人を」）

以上のような両者の関連性について本稿ではさらに踏み込み、多様な「のが」文のうちのある1つの構文タイプの特徴が、当該の「それが」文の持つ種々の特徴と合致しているということを明らかにし、当該の「それが」文はその構文の拡張として位置付けられることを示す。また、それにより、「それが」文の種々の特徴の淵源を明らかにする。

3. 接続助詞的な「のが」の文―天野 (2014)

接続詞的な「それが」の文を生み出したと考えられる接続助詞的な「のが」の文とは以下のようなものである。

(12) きょうはみなさん、遠いところを息子のためにおいでくださって、のあたりまでは、ごくふつうのあいさつだった**のが**、友人は急転回して、こんなことをいいはじめた。　　　　（「本に」）

(12) には以下のような接続助詞的な特徴がある。

(13) 「のが」の接続助詞的な特徴
　① 「のが」を主格として結び付く述語句が無い。
　② 接続助詞「のに・けれども」などとほぼ同じような意味を表すように見える。

(12) では①「のが」の後続に第2の主格「友人は (が)」が現れ述語句「いいはじめた」と結び付いており、「のが」と結び付く述語句が無いように見える。また、②この「のが」を「のに・けれども」などの接続助詞と言い換えてもさほど意味が変わらないように見える。①は「のが」が主格であることに抵触する外形上の逸脱特徴であり、②は外形には現れない意味的逸脱特

徴である。このような特徴からこうした「のが」は接続助詞的とされる[4]。
　天野（2014）は、(13)①の外形的特徴を持たないものも含めてレー（1988）が接続助詞的として挙げている「のが」文・全50例を調査し、それらが以下のような特徴を持つことを示した。

(14)　天野（2014）：接続助詞的「のが」の文の特徴
　　①　主節述語が「なる」などの状態変化自動詞（その名詞化述語を含む）であることが多い…76%
　　②　変化後の状態を表す句が共起することが多い…62%
　　③　「のが」節述語句に「～た・ていた」形や「～はずだ・つもりだ」形が多く、ある時に確定された様態や、確定された予定の様態が表されることが多い…98%
　　④　2時点の推移を表す時間的要素が共起したり、推移する条件や契機を表す要素が共起することが多い…98%

　例えば次の(15)は①状態変化動詞「悪化する」が用いられ、②変化後の状態（二九%、三一%、三四%と）が示され、③「のが」の前にはある時点で確定された事態を表す「～た」形が現れ、④2時点の推移を表す時間的要素（「昨年十月」「今年二月」「三月」「四月」）が共起している。

(15)　同社の内部資料によると、昨年十月は一日以上の延滞額が融資額全体の二二%だった**のが**、今年二月には二九%、三月には三一%、四月には三四%と急激に悪化している。
　　　　　　　　　　　　　　　　　　　　　　　（レー（1988）「朝日新聞」）

　天野（2014）はこれらの特徴から、接続助詞的な「のが」の文とされてきた文は、〈サマ主格変遷構文〉と呼ぶ構文に属するものであるとした。〈サマ主格変遷構文〉とは、〈あるモノ・ヒトの一様態・一状況Xが、異なる様態・状況Yに変化する〉ことを表す、以下のような状態変化自動詞述語文である。

(16)　昨日までの富士山頂の青さが一夜にして真っ白になった。
(17)　戦いの後の市中の混乱が、1年もすると嘘のように収まった。

　(16)は「なる」、(17)は「収まる」という状態変化自動詞を述語とする

---

[4] 黒田（1999）は接続助詞、レー（1988）は接続助詞的としている。

文である。(16) の「昨日までの富士山頂の青さ」や (17) の「戦いの後の市中の混乱」は、モノ・ヒトを表す名詞句ではなく、《青い状態》《混乱した状態》の意味、すなわちサマを表す名詞句である。状態変化自動詞を述語とする文の中には、こうしたサマ名詞句を主格とし、ある始発状態が異なる状態へと変遷することを表す場合があるのである。

　天野 (2014) は先に示した接続助詞的な「のが」の文が持つ特徴 (14) ①〜④は、それが〈サマ主格変遷構文〉に属することの反映であるとした。例えば先の (15) も、〈昨年十月は一日以上の延滞額が融資額全体の二二％だった〉という始発状態が、〈今年二月には二九％、三月には三一％、四月には三四％〉という状態に変化したことを表している。このようにいわゆる接続助詞的な「のが」の文は〈サマ主格変遷構文〉に属するとしたのである。

　そして、重要なことは、「のが」の外形上の逸脱特徴①を持つ文、すなわち、「のが」の後続に第2の主格が顕在していて「のが」と結び付く述語句が失われているように見える文も、この〈サマ主格変遷構文〉の意味に解釈されるということである。

(12)　きょうはみなさん、遠いところを息子のためにおいでくださって、のあたりまでは、ごくふつうのあいさつだったのが、友人は(が)急転回して、こんなことをいいはじめた。

(18)　ジェラード・マンレー・ホプキンズは十九世紀のイギリスの詩人だが、ながいあいだ、マイナーの宗教詩人としか考えられていなかったのが、近年、再評価の声が高い。　　　（「トリエステ」）

(12) は友人の挨拶がごくふつうの挨拶の状態から異なる挨拶の状態に変化したことを表していると捉えられるだろう。この場合、後続の「友人は(が)〜いいはじめた」全体が、言い始めた結果〈ふつうではない挨拶の状態になった〉という状態変化の意味に解釈されているのである。また、(18) の意味はホプキンズが〈マイナーの宗教詩人としか考えられていなかった状態〉から「再評価の声が高い」が示すような〈マイナーではないと考えられる状態〉に変化したことを表しているだろう。この場合も「(ホプキンズの) 再評価の声が高い」という第2の主格も含めた、状態変化自動詞ではない述語句全体を、推論によってそのような状態になったという状態変化の意味に創

造的に解釈していると考えられるのである。

　このような推論が可能なのは、(12) や (18) の波下線が示すようにこれらが〈サマ主格変遷構文〉の特徴(③「のが」の前が「〜た」形・④2 時点の推移を表す時間的要素の共起)を持つことも寄与しているだろう。こうしたコンテクスト情報が支えとなり、「のが」と結び付く顕在的な状態変化自動詞が無くても、当該の文は〈サマ主格変遷構文〉であると見なされ、「のが」節は「あいさつ」「ホプキンズ」のある時点での様態・状況を表すものとして、また文全体は異なる様態・状況に変化したことを表すものとして解釈されるものと考えられる。

　つまり、接続助詞的な「のが」の文は、状態変化自動詞であるものもそうでないものも状態変化自動詞を述語とする〈サマ主格変遷構文〉に属するものとして解釈されるということである。述語が状態変化自動詞でない場合には許容度が低くなることが天野 (2014) で示されているが[5]、それは〈サマ主格変遷構文〉からの逸脱を使用者が感知しているということに他ならない。

4. 接続詞的「それが」文の意味
4.1 独話文脈の接続詞的「それが」

　以上のように天野 (2014) は接続助詞的な「のが」の文は〈サマ主格変遷構文〉の特徴を持ち、この構文に属するものであると論じたのだが、本稿で問題にしている接続詞的「それが」の文もまた〈サマ主格変遷構文〉の意味を表していると分析できる。冒頭の (1) を見てみよう。

（1）　<u>10 年ほど前までのドイツは恵まれた体格を生かした〝質実剛健〟のサッカーが特徴だった。</u>**それが、ここ数年は技術のある選手が増えた。**今大会は徹底してパスをつなぐ攻撃サッカーを貫いた。

　(1) は接続助詞的な「のが」の文と同様に、波下線部のような〈サマ主格変遷構文〉の反映と見られる特徴 (14) ①〜④を持つ。「増えた」は①状態変化自動詞で②変化後の状態を表し、「10 年ほど前までの」「ここ数年は」は

---

[5] 東京の大学生 48 人に対する許容度調査 (2012 年) の結果、a 主節述語句が状態変化自動詞＞b 非状態変化自動詞 c ＞「のが」の他にガ格のある場合の順に許容度は低くなった。

④2時点間の推移を表す。前文P末「た」形は③確定された様態を表す。

　その意味は、ドイツに関し〈体格を重視する質実剛健のサッカーが特徴だった〉という状態が、〈技術も重視する〉状態に変化したと解釈するのが自然である。この場合「それが」の前文Pが始発状態を表し、後文Qがそれとは異なる状態への変化を表していると解釈できる。「それが」の後に第2の主格があるが、後文Q「技術のある選手が増えた」全体が〈技術も重視するようになった〉という状態変化の意味に解釈される。

　次も同じである。波下線部は〈サマ主格変遷構文〉の特徴である。

(19)　このように、その時々の政治・経済環境に規定されながらも、山村は多くの資材を生み出し続けてきた。それが、近代から現代への移り変わりの中で、山からの資材に代わるものが平地に登場するようになった。石油化学製品や化石燃料がそれである。
　　　　　　　　　　　　　　　　　　　　　　　　　　（「知られざる」）

(19)も〈山村が多くの資材を生み出し続けてきた〉状態が、〈平地が山村の資材に代わるものを生み出すようになった〉状態に変化したことを表していると解釈できる。

(20)　「泳ぎ方だけでいったら、ジェームズはもう、五十メートルぐらい楽に泳げていいはずだわ。それが泳げないのは、水への恐怖心が足をひっぱってるからなのよ」　　　　　　　　　（「CHERUB」）

(20)はジェームズに関し〈五十メートルぐらい楽に泳げていいはず〉という予測される確定状態が実際には〈泳げない〉状態に変更されることを示すものである。これは接続助詞的な「のが」の文の認識状態の変更を表す以下の例と類似している。

(21)　ほんの数カ所を換えるというはずなのが、会社中の机を動かすというような大ごとになってしまった。　　　　　　　　　　（「新橋」）

4.2　対話文脈の接続詞的「それが」

　以上は独話文脈の「それが」だが、対話文脈の場合はどうだろうか。対話文脈の場合にはP文とQ文で話者の交替が起こる。まず、P文が平叙文である場合を見てみよう。

（2）「お民さんは、うちの旦那さまのお妾だ。おまえさんなどの知ったことじゃない」「いえ、**それが**、どうにも気にかかってならねえことがごぜえます。」

（2）は〈お民さんを気にかけるか否か〉ということに関し〈お民さんのことは話者Bが気にかけることではない〉との認識が、実際にはそれとは異なる〈お民さんのことで話者Bに気にかかることがある〉という事態によって否定されることが表されている。こうした認識の否定は先行研究の「予想と異なる内容」「予測裏切り的関係」などの説明がよくあてはまる例である。この場合接続助詞的な「のが」の文の特徴（14）①〜④は見いだせないが、P文が始発状態、Q文がそれとは異なる内容を表す結果状態として捉えられ、認識の変更という点で接続助詞的な「のが」(21)や独話文脈の「それが」(20)とも共通していると言える。これも〈サマ主格変遷構文〉の〈変遷性〉の意味が拡張的に引き継がれているものと位置付けることが妥当だろう。

次の2例も上と同じように対話文脈でP文が平叙文である場合である。

（22）「お嬢さんは大企業に就職して幸せそう」「**それが**、そうでもないの。最近は自分が歯車の一部に過ぎないってこぼすようになったの」

（23）「美子はバッグをなくしてがっかりでしょうね」「**それが**、さっぱりしているの。新しいバッグをプレゼントしてもらえることになったからいいやって」

（22）のP文は〈お嬢さんは幸せそうだ〉という認識を表しQ文がそれを否定、（23）のP文は〈美子はがっかりしているだろう〉という認識を表しQ文が否定している。これらも意味的にPは始発段階、Qは結果段階を示し、確定された認識の変化を表す点で〈サマ主格変遷構文〉の〈変遷性〉の意味を拡張的に引き継いでいる。なお、（22）は〈よくない状態〉への変化というマイナス評価、（23）はプラス評価であり、予測と異なる状態に対する主観的な評価の意味がプラス・マイナスのどちらかに固定されているわけではない。この点も、接続助詞的な「のが」文がマイナス評価の逆接の意味合いに固定化されているわけではないことと共通している。

対話文脈の「それが」には、P文が平叙文ではない場合もある。（24）は

〈居留守を使う〉予定が実行できないことを表している。

(24)「手が放せないんだ。出かけてるとか何とか適当に言っといてくれ」「**それが**、どうしても江間さんを出してくれって。なんか切羽詰まってるみたいで」　　　　　　　　　　　　（「ゲスト」）

(24)のP文は命令文である。この場合、命令を下す話者Aには〈変遷〉の意味の始発段階を示しているという意図はもちろん無い。「それが」の発話によって初めて、相手が命令に従えば命令内容が実現されるはずだという想定のあることがP文から引き出され、〈話者Bが居留守を使う〉が始発段階として設定されるのである。そして、Q文から〈話者Bが居留守を使えない〉状態であることが推論により解釈される。こうして(24)も〈話者Bが居留守を使う〉という想定の始発状態が、実際には〈話者Bが居留守を使えない〉状態であることに変更されることを示していると解釈できる。次の例もP文が命令文であり、〈話者Bが給料を出す〉という想定が実際には〈話者Bが給料を落として出せない〉状態であることに変更されることを表す。

(25)「給料を出せ」と言うんやけど、恋人に渡したてなことは兄にはよう言わんから、「**それが**…落としました」　　　　（「二代目」）

こうしたP文が命令文である場合も特徴(14)①〜④は見いだせないが、〈サマ主格変遷構文〉の意味を拡張的に引き継いでいると言える。「それが」は〈そのような想定が〉の意味で命令文のP文が含意する想定を指示し、Q文で変更になったということを示しているのである。

これらは命令文に対し状況変化の説明をする「それが」文で応じていることになる。命令文に対して直接的に肯定（承諾）か否定（拒否）で答えずに、こうした「それが」を用いて応答する発話の意味とは、直接的対応を回避した間接的な否定（拒否）の表明と言えるだろう。

次に、同じ対話文脈だが、P文が疑問文の場合を見てみよう。

(26)「では、ぜひとも鶴尾さんの居場所を突きとめて、その論文をお渡しになるんですね？」「**それが**…困ったことになりました」広瀬は、話すべきかどうか、一瞬、ためらった様子で言葉を区切った。「は？」「昨夜、東西ホテルで、その論文を紛失してしまったのです」　　　　　　　　　　　　　　　　　　　　（「イエス」）

(26) の P 文は確認の疑問文であり〈論文を渡すはずだ〉という想定が推論される。Q 文はその想定が〈論文を紛失した〉ことにより実現できない事態に変化していることを示している。

 (27)「どうかね。左近次が主張している不在証明は立証されたかね？」
   「いえ。**それが**…、残念と言うか、予想通りと言うか…。いずれにしても、現時点では裏付けが取れておりません」（「囀われた」）

 (28)「どんな人物なのです？」「**それが**…ここだけの話ですが、私立の女子学園の中等部の教頭です」   （「永井」）

(27) も「それが」の先行の疑問文に〈不在証明が立証されたはずだ〉という想定が設定され、その想定が実現できていないということが後続で述べられる。(28) の「それが」も答えとして想定される常識の範囲の人物像とは異なることが Q 文で示されることを表す。

さらに次の (29) は疑問文 P の内容面での想定を否定するのではなく、内容が返答されるはずだという発話の意味に関する想定を否定することが示される。

 (29)「で、そのちさとって子はどこの学校に転校してきた子なの？」
   「**それが**…」ふぶきは、ちさとの学校も家の住所も電話番号も聞いていなかった。   （「アーケード」）

このように、P 文が疑問文である場合の「それが」文も、疑問文に含意される想定を始発状態としその想定が実現できない結果状態となることを表しており、〈サマ主格変遷構文〉の〈変遷性〉の意味との共通点を見いだすことができる。

また、命令文に「それが」で応じるのと同様、疑問文に「それが」で応じるのは直接的には応じがたい場面での間接的表現としての選択である。「話すべきかどうか、一瞬、ためらった様子で」「ここだけの話ですが」のような言いにくさを示す表現とともに用いられたり、「それが」の後に間があることが示されたりする例が多い。さらには「それが」で文を終止し、後続が聞き手の推察にゆだねられる (29) のようなものも見受けられる。こうした特徴は、対話文脈の「それが」が〈相手の想定とは異なることを述べる〉前触れ表現として慣習化しており、P 文が命令文・疑問文の場合には相手の期

待する想定に応じられないことを間接的に表明する手段として固定化していることを示していると考えられる。

対話文脈の接続詞的「それが」は後続の発話者が先行の発話者のP文から始発状態の意味を創りだすという点で、「のが」文はもとより、独話文脈における「それが」文よりも一層語用論的推論を要する拡張的なものと言える。さらに、命令文や疑問文のPに対して用いられる接続詞的「それが」は、相手の期待する想定に対する間接的否定を表明するものとして固定化が見られるという点でも、「のが」文や独話文脈の「それが」よりも拡張的と言える。

5. 接続詞的「それが」の諸特徴の再検討

接続詞的「それが」文が〈サマ主格変遷構文〉に属する接続助詞的な「のが」の文からの拡張であるとするなら、先行研究で挙げられたような接続詞的「それが」の諸特徴が出現する理由もうまく説明できるように思われる。もう一度浜田(1993)の「それが」の特徴(8)①〜⑤を見てみよう。

まず、浜田(1993)は[P それが Q]形式において、①P部は「それが」の発話者の既得情報でなければならないとした。

(30) A「明日はデパートが定休日でしょう?」B「{それが/だけど}明日からバーゲンだと広告に書いてあったんですよ」

(31) A「明日はデパートが定休日でしょう?」B「本当ですか?{*それが/だけど}、明日からバーゲンだと広告に書いてあったんですよ」

(30)は「それが」も「だけど」も同じように可能であるが、(31)のように「本当ですか?」が前置し、その直前の発話が既得情報ではないという文脈の場合には「それが」は使用できないとされる。これはなぜだろうか。[P それが Q]形式において、Pが始発時点での状態を表し、Qが異なる時点での異なる状態への変遷を表していると考えれば、その変遷の始発状態Pとは、変遷を叙述するQの発話者にとっては了解事項でなければならない。①の制約はこの反映と考えられる。

また、浜田(1993)は、②Q部は、話者関与性の弱い述語をとるとする。

「話者関与性」の強い述語は「表出のモダリティー、(推量の)ダロウ、マイ、狭義判断［カモシレナイ、ニチガイナイ、ハズダ］、話者の心理・感情、判断・態度」の述語とされており、接続詞的な「それが」文のQ部はそうではない述語がくるという指摘である。これも、〈サマ主格変遷構文〉の特徴を引き継ぐと考えれば理解できる。すなわち、Q部は始発状態とは異なる状態の出現・出来を描写・叙述する必要があり、そのために事実を客観的に伝達するような形式の述語が多くなると考えられるのである。

　③の、独話では継続的変化を描写する文脈に頻出するという指摘は、まさに〈サマ主格変遷構文〉の構文的意味と合致する指摘である。同様に、④の物語性、すなわち、「話し手が自分の知っていることがらを物語を聞かせるように順序よく提示しているという意味特性」(p. 62)を持つという指摘も、〈サマ主格変遷構文〉が始発状態から結果状態へという順序のある描写であることと合致する。さらに、⑤他の逆接の接続詞にある、PQを入れ替えても成り立つ「対称的な用法」が無いという指摘も、同様に〈サマ主格変遷構文〉が始発状態から結果状態へという言及の順序が重要であることと合致する[6]。

　このように、浜田(1993)の指摘する接続詞的「それが」文の持つ諸特徴は、〈サマ主格変遷構文〉に由来すると考えられる。

　庵(1996・2007)は接続詞的「それが」の「それ」には先行文脈からのテキスト内意味の付与があるとするのであった。本稿の立場でさらに言えば、付与されるテキスト内意味は始発状態を表す意味に限定されている。この限定は、接続詞的「それが」文が〈サマ主格変遷構文〉からの拡張として仮説的に解釈されるためである。テキスト内意味が付与されるから予測裏切り的な意味になるのではなく、〈サマ主格変遷構文〉からの拡張として関連付けられるから、予測裏切り的な意味(本稿の用語で言えば変遷の意味)に解釈されるのである。「それが」の「が」には、〈サマ主格変遷構文〉の主格表示機能が残存しており、それゆえに、浜田(1993)の挙げるような諸特徴が出

---

[6] 浜田(1993)は⑥非逆接的な「情報の追加」の用法があるという指摘もしている。変遷の意味は逆接とは異なるので変遷の意味から拡張して情報の追加となるとも説明できるが、この「それが」については〈サマ主格変遷構文〉とは異なる構文をベースとして成り立つものである可能性も考えられる。今後追求していきたい。

現するのであり、また、それゆえに、Q部の解釈として、P部と異なる状態の出来が表されていると解釈されるのである。

6. 接続詞的「それが」文と接続助詞的「のが」文の違い

本稿では接続詞的「それが」文は接続助詞的「のが」文の拡張として成立したとし、同じ特徴を引き継いでいることを述べてきた。最後に、接続詞的「それが」文と接続助詞的「のが」文の違いを見ておく。

まず、接続詞は複数の文を意味的に結合するものだが、接続助詞は2つの節を結合して1文にするものである。まして本稿では接続助詞的「のが」の文とは〈サマ主格変遷構文〉に属するものであり、「のが」は接続助詞的とは言え、その「が」は主格助詞に属するものと考えている。接続助詞的な「のが」の前節はサマ主格を構成する名詞節として、後節はサマ主格を受ける述語節として、意味的にも統語的にも制約を受けているのである。その制約に逸脱した特徴を持つために「接続助詞的」とされるわけだが、その逸脱が大きければ当該の「のが」文の許容度は低くなることが観察される。次の(32)は「のが」の後に第2の「が」が出現する例であり、許容度は低い。

(32) ?ホプキンズは十九世紀のイギリスの詩人。ながいあいだマイナーな宗教詩人としか考えられていなかった**のが**、再評価の声**が**高い。(0.78[7])

これは「のが」を主格とする解釈が第2の「が」で阻害されるためであろう。他方、接続詞的「それが」の場合には同様に第2の「が」が出現しても許容度はそれほど低くならない。

（１） 10年ほど前までのドイツは恵まれた体格を生かした〝質実剛健〟のサッカーが特徴だった。**それが**、ここ数年は技術のある選手**が**増えた。今大会は徹底してパスをつなぐ攻撃サッカーを貫いた。
(1.59)

(19) このように、その時々の政治・経済環境に規定されながらも、山

---

[7] （ ）内の数字は東京の大学生108人に対する「接続助詞的な「のが」節の許容度調査」(2014年9月15日)の結果を、自然＝2点／少し不自然＝1点／全く不自然＝0点にした場合の平均点。小数点第三位以下四捨五入。

村は多くの資材を生み出し続けてきた。**それが**、近代から現代への移り変わりの中で、山からの資材に代わるもの**が**平地に登場するようになった。　　　　　　　　　　　　　　　　　　(1.65)

(33) 韓国は死者400人超を出した百貨店の建物崩壊や、橋の崩落など、1990年代に多くの大惨事を経験した。朝鮮戦争後の廃墟から復興し、豊かさを求めて経済成長を優先してきたひずみの表れだった。**それが**今、韓国**は**経済大国になり、サムスンのスマホやテレビ、現代の自動車**が**世界を席巻する。自信をつけた国民の多くは、かつての惨事は「もう過去のこと」と信じてきた。(1.65)

第2の主格が出現しない「それが」文(34)と比べても許容度の差は無い。

(34) エマソンはもともとはモーターのメーカーでした。**それが**、現在は63ほどの事業の集中体になっています。　　　　(「成熟」)(1.62)

上記の許容度調査の結果から、「それが」を主格として後続述語句と結合する制約が「のが」に比べて稀薄となっていることがわかる。

対話文脈の「それが」はさらに許容度が高く、主格から接続詞への機能変化が一層進んでいることを示している。

(2) 「お民さんは、うちの旦那さまのお妾だ。おまえさんなどの知ったことじゃない」「いえ、**それが**、どうにも気にかかってならねえこと**が**ごぜえます。」　　　　　　　　　　　　　　(1.78)

(24) 「手が放せないんだ。出かけてるとか何とか適当に言っといてくれ」「**それが**、どうしても江間さんを出してくれって。なんか切羽詰まってるみたいで」　　　　　　　　　　　　　　　(1.88)

また、「それが」は独立する2文を接続するのであり、「それが」の前文をそのままの形で「のが」の前節に入れて1文化することは(24′)が示すように当然不可能である。

(24′) *出かけてるとか何とか適当に言っといてくれ**のが**、どうしても江間さんを出してくれって。

独話文脈の「それが」の例は以下の(1′)(20′)が示すように前文末を連体形に変えることにより意味はほぼ変えずに「のが」文に言い換えることが可能な場合もある。この場合の「それが」は1文を構成する「のが」からの

拡張であることがよくわかるものである。しかし、対話文脈の「それが」は「それが」の前後で話者交替があり、P文末を「の」に接続する連体形に変えたとしても次の（2′）が示すように1文に言い換えることは到底できない。

（1′）　10年ほど前までのドイツは恵まれた体格を生かした〝質実剛健〟のサッカーが特徴だった**のが**、ここ数年は技術のある選手が増えた。

（20′）　泳ぎ方だけでいったら、ジェームズはもう、五十メートルぐらい楽に泳げていいはずな**のが**、泳げないのは、水への恐怖心が足をひっぱってるからなのよ。

（2′）　*おまえさんなどの知ったことじゃない**のが**、どうにも気にかかってならねえこと**が**ごぜえます。

　許容度の点でも1文化可能性の点でも、接続助詞的な「のが」は、逸脱特徴を持つとは言え、主格として述語句と統語関係を結び1文を構成するだけの制約がかかっているのに対し、接続詞的「それが」はP文・Q文の独立度が高く、特に対話文脈の「それが」においては、主格として後接の述語句と関係する機能がより稀薄なものに拡張していると言える。

7.　おわりに

　本稿では接続詞的「それが」文の実例を観察し、前文で表される状態から「それが」の後文で表される異なる状態に変化する意味を表すことを見た。この意味は〈サマ主格変遷構文〉に属する接続助詞的「のが」文と共通するものであり、接続詞的「それが」は接続詞「が・だが」の成立とは別に接続助詞的な「のが」からさらに拡張したものと位置付けることができるとした。接続詞的「それが」の意味は主格「が」の意味を淵源としつつも主格よりも広範な述語句との統合を可能にし、特に対話文脈においては、相手の発話から推論により想定を設定する点、またその想定と異なる事態を述べることの前触れ表現として慣習化し後続を顕現させない点など、一層拡張的であることが認められた。

　本稿では実例の考察により文法論の分野で考察される主格助詞の現象と談話文法・文章論の分野で考察される接続詞の現象とが切り離せないことを示

した。両分野の研究成果を統合し実際のコミュニケーションにおける言語形式の貢献を明らかにする試みは、今後も追求していかなければならない。

調査資料

朝日①＝『朝日新聞』2014年7月14日夕刊／*忍者＝山田風太郎『忍者月影抄』2005／本に＝須賀敦子『本に読まれて』中央公論社1998／トリエステ＝須賀敦子『トリエステの坂道』みすず書房1995／*知られざる＝白水智『知られざる日本 山村の語る歴史世界』日本放送出版協会2005／CHERUB＝ロバート・マカモア著・大澤晶訳『英国情報局秘密組織CHERUB（チェラブ）Mission 1　スカウト』ほるぷ出版2008／*ゲスト＝保科昌彦『ゲスト』角川書店2005／*二代目＝河本壽栄著・小佐田定雄編『二代目さん 二代目桂春團治の芸と人』青蛙房2002／*イエス＝斎藤栄『イエス・キリストの謎』光文社1995／*罅われた＝遊馬捷『罅われた湖 雨宮史朗最後の敗北』文芸社2004／*永井＝草川隆『永井荷風・秘本の殺人 長編本格推理』祥伝社1997／*アーケード＝斎藤ゆうすけ『アーケードゲーマーふぶき 恋愛stage』エンターブレイン2002／朝日②＝『朝日新聞』2014年4月23日日刊／*成熟＝山中信義『成熟した製造業だから大きな利益が上がる』日本能率協会マネジメントセンター2004／*松岡＝松岡修造『松岡修造のカッコいい大人になるための7つの約束』学習研究社2005）／新橋＝椎名誠『新橋烏森口青春編』新潮文庫1991（*は国立国語研究所書き言葉均衡コーパスを利用させていただいた。）

引用文献

天野みどり（2014）「接続助詞的な「のが」の節の文」益岡隆志・大島資生・橋本修・堀江薫・前田直子・丸山岳彦（編）『日本語複文構文の研究』25–54. 東京：ひつじ書房.

庵功雄（1996）「「それが」とテキストの構造──接続詞と指示詞の関係に関する一考察──」『阪大日本語研究』8: 29–44.

庵功雄（2007）『日本語におけるテキストの結束性の研究』東京：くろしお出版.

石垣謙二（1955）『助詞の歴史的研究』東京：岩波書店.

市川孝（1978）『国語教育のための文章論概説』東京：教育出版.

金原鎰（2002）「指示語「コレ・ソレ・アレ」──その指示文脈を中心にして──」『文学研究論集』12: 1–17.

黒田成幸（1999）「主部内在関係節」(改訂版)黒田成幸・中村捷（編）『ことばの核と周縁 日本語と英語の間』27–103. 東京：くろしお出版.

国立国語研究所（1951）『国立国語研究所報告3　現代語の助詞・助動詞──用法と実例──』東京：秀英出版.

砂川有里子（2005）『文法と談話の接点──日本語の談話における主題展開機能の研究──』

東京：くろしお出版.

浜田麻里 (1993)「ソレガについて」『日本語国際センター紀要』3: 57–69.

福田明子 (2010)「発話連鎖から見た「それが」の特徴」『上越教育大学国語研究』24: 14–28.

松浦恵美子 (2007)「接続詞「それが」の意味用法について」『マテシス・ウニウェルサリス』8 (2): 165–184. 獨協大学外国語学部言語文化学科.

レー・バン・クー (1988)『「の」による文埋め込みの構造と表現の機能』東京：くろしお出版.

付記

本研究は JSPS 科研費 10201899 の助成を受けたものです。

第7章

非文末「ですね」
——使用実態・機能・効果——

冨樫純一

1. はじめに

「ですね」という形式は、以下に示すように文末述語だけではなく、文中の要素にも付加される場合がある。

（1） 今日はですね、前回の復習をしたいと思います。
（2） しかしですね、そこまで面倒なことはしたくないわけでして。
（3） ちょっと休憩してですね、それから再開しましょう。

これらは、（4）のような文末の述語に付く「ですね」とは明らかに用法が異なっている。

（4） とても面白い発表ですね。

冨樫（2000）および冨樫（2004）（以下、前稿と記す）では、（1）～（3）のような「ですね」の使用を「非文末「ですね」」と呼び、コーパスによる調査と作例による内省判断を合わせて考察を行った[1]。主に以下の三点に関して議論を展開させている。

（5）a　非文末「ですね」の傾向および性質の分析

---

[1] 非文末「ですね」を中心的に扱っているのは丸山（2002）および丸山（2007）のみである。これらでは、話し言葉コーパスを資料として定量的に分析し、その特徴を検討している。また、非文末に現れる終助詞「ね」に言及しているものとして、山森（1997）や伊豆原（1992, 1993）等が挙げられる。

b　非文末「ですね」が持つ心内の情報処理的な側面の記述
　　　c　会話における非文末「ですね」の語用論的な効果の記述
　本稿では、前稿において十分に示すことのできなかった、コーパス調査の結果を（新たに行った対話コーパスおよび小説コーパスの調査も含めて）提示することを主な目的とする。さらに、前稿で記述した非文末「ですね」の働きおよび効果の側面と、コーパス調査の結果が矛盾をきたさないものであることも指摘する。

2.　議論の前提

　前稿では非文末「ですね」の機能的な側面を次のように記述した。
　（6）　情報処理的側面：検索処理中であることを標示する
　非文末「ですね」の特徴として、検索がまだ完了していない段階で、ひとまず出力された要素に「ですね」を付加している点が挙げられる。終助詞「ね」の本質的な意味「計算中の標示」（金水・田窪（1998））を合わせて考えると、上記の記述に至る。
　もちろん、非文末「ですね」そのものを、心内の情報処理を示す表現形式と同等に扱う点に関しては疑問が残る（「ですね」そのものがそのような意味を担っているのではないため）。しかし、実例および作例を見る限りにおいて、終助詞本来の意味と同等の側面を認めてもよいといえるだろう。
　また、非文末「ですね」が実際に用いられた場合に、聞き手に与える効果については次のように記述した。
　（7）　非文末「ですね」の効果：自分の turn が非円滑に展開していることを示し、相手に配慮する
　非文末「ですね」は、「検索中なので、あまり発話が円滑には進行しません」といった意思表示の一つの形といえる。非文末「ですね」は心的な処理操作の形式として働くだけではなく、相手への働きかけも併せ持っている。これは「です」の持つ意味が大きく関わっているといえる。
　非文末「ですね」は、これら二つの側面を併せ持った表現形式と位置付けることができる。単に検索中を示すのであれば「ええと」といった発話やポーズを置くだけでもいいのである。にもかかわらず、非文末「ですね」と

いう形式が現れるのは、「相手に対する配慮」という語用論的な効果を発現させるためのストラテジーが関わるものであるといえる。

3. 対話コーパス調査概要
3.1 調査資料および前提
　まず、調査資料の説明を行う。本稿で使用したコーパスは、
　　（8）「日本語会話データベースと談話分析プロジェクト」のコーパス
　　　　（http://www.env.kitakyu-u.ac.jp/corpus/）
　　（9）1999年度筑波大学文芸・言語研究科の日本語教育特殊講義（2）
　　　　（砂川有里子先生）の授業で利用したコーパス
この二つである。
　（8）はインタビュー形式のコーパスで、途中にロールプレイによる会話が挿入されている。その中の日本人同士の会話50本を利用している。1本当たりの会話時間はおよそ10～20分である。インタビューという性質上、一対一の対話であり、対話者同士は初対面である。
　（9）は、もともとは筑波大学日本語日本文化学類と筑波大学地域研究科の学生によるレポート課題で、各自自然会話を録音し、書き起こしたものである。その中で、利用および公開が許諾されたコーパス、計41会話分を利用している。1会話当たり、およそ5～10分程度の長さとなっている。友人同士、家族同士の会話が主であり、会話参加者が三人以上のものもある。
　本稿で引用するコーパスの末尾には、（8）ならば"談話分析"、（9）ならば"砂川"と記すことにする。この記述がないものは全て作例である。
　調査については、両資料とも意味的な切れ目に「、」「。」を付してある書き起こし形式であるため、基本的には"ですね，"でgrep検索を行い、非文末に位置する「ですね」を抽出した[2]。

3.2 調査結果1―非文末「ですね」の全体的傾向―
　非文末「ですね」の全体的な結果を以下に示す。なお、全用例については

---
[2] 長音化の"ですねー，"も含む。

本稿末の資料に挙げてある。

表1　全「ですね」の用例数（対話コーパスデータ）

	用例数	割合
文末「ですね」	1,423	51%
「そうですね」系[3]	1,197	43%
非文末「ですね」	154	6%
計	2,774	100%

表2　非文末「ですね」の内訳（対話コーパスデータ）

	用例数	割合[4]
検索標識[5] +「ですね」	18	12%
接続詞+「ですね」	4	3%
「〜は」+「ですね」	22	14%
例示[6] +「ですね」	16	10%
「〜て」+「ですね」	13	8%
従属節+「ですね」	7	5%
その他（名詞句・副詞句等）	74	48%
計	154	100%

　非文末「ですね」の全「ですね」に対する割合は約6%である。非文末「ですね」全154例に関する結果である表2からは、比較的発話頭に現れやすい、提題「は」の要素に「ですね」が付加される割合が高いといった点が伺える。

（10）　文楽はですねー、非常に日本のあのー伝統的な芸能の一つで。あのー大きなほとんど人間の大きさに近い人形を三人の人が操っ

---

[3]　「そうですね」は、「そう+ですね」と捉えるよりも、一つのまとまった応答形式・あいづち形式としたほうがよいと考える。本稿では「そうですね」を非文末「ですね」には含めず、考察の対象から外す。

[4]　表2以降での割合は非文末「ですね」154例に対するものである。

[5]　検索標識は、「ええと」や「あの」、「あれ」等である。

[6]　例示は、「例えば」「つまり」「いわゆる」、または接尾辞「とか」等である。

て、えー行う物語なんですけれども、　　　　　　　　　　（談話分析）
(11) 2：あのーゴミの出しかたなんですけれども（1：はい）こちらではどのようになってますでしょうか？
1：あっ、こちらではですね、あの月、水、金と3日間、あのもや、あの燃やせるゴミ、生ゴミなんかを出します。で、ばす、出す場所はあの、あのそこに小学校がー見えますでしょう（2：はい）、あそこの小学校の角に、あの、置くことになってます。
　　　　　　　　　　　　　　　　　　　　　　　　　　（談話分析）

つまり、文・発話を構成する最初の要素（文節）に「ですね」が現れやすいということである。これは次の例からも確認できる。
(12) a1　ええとですね、ええと、今後について提案なんですが…。
　　 a2?? ええと、ええとですね、今後について提案なんですが…。
(13) a1　ええとですね、最近、雨の日が多くて嫌ですね。
　　 a2　ええと、最近ですね、雨の日が多くて嫌ですね。
　　 a3(?) ええと、最近、雨の日が多くてですね、嫌ですね。

このように、発話頭から離れれば離れるほど、非文末「ですね」の自然さが下がっていくため、発話頭に現れやすいという傾向は認めてよいだろう。

3.3　調査結果2―検索標識との関連性―

検索標識との関連についてはかなり興味深い結果が得られた。表2でも全体の約12%と、検索標識＋「ですね」が高い割合を示しているが、さらに詳しく見ると、非文末「ですね」に隣接する位置に検索標識が現れているものが確認できる。

(14) えーとですね、正直言って、まだどういう形っていうものが見えていないんですけれども（1：うん、うん）、少なくともあと数年は日本語を教えるっていう、いう方向で考えています（1：うん）。　　　　　　　　　　　　　　　　　　　　　　　　　（談話分析）
(15) あのですねあのー、個人的にはですね（1：はい）、あの、日曜日なんですけれども（1：はい）、あのー、学校の用事がありまして、　　　　　　　　　　　　　　　　　　　　　　　　　　（談話分析）

(16) あ、あのーすいませんあのー（1：はい）、先週隣に越してきた、須山というものなんですが、あのー、ちょっとー、こちらの事情分からなくてー（1：はい）、あのちょっとお聞きしたいことがあるんですけれど（1：はいそうですか）、あのー、えっとゴミ、とかですね（1：はい）、あのー、そういったことなんですがあのー、ゴミはですねえ、あのー、いつ、どこにー、出したらーよろしいかちょっとー、教えていただけませんでしょうか。

(談話分析)

「えーとですね」「あのですね」のように検索標識そのものに「ですね」が付加されている例（(14)(15)）もあるが、(15)(16)では非文末「ですね」の前後に検索標識が発話されている。このようなものも加えて、出現数をカウントしたのが表3である。

表3 「あの」「ええと」と非文末「ですね」

	用例数	割合
「あの」に後接・「あの」が隣接	57	37%
「ええと」に後接・「ええと」が隣接	20	13%
計	77	50%

　非文末「ですね」の直前直後に検索標識がかなり高い割合で出現していることが分かる。特に「あの(ー)」の出現比率が高い。「あの(ー)」が非文末「ですね」近辺に多く見られる点に関しては、非文末「ですね」の効果の側面との関係で説明することができる。

　相手への配慮とは、会話の展開（何を話して何を話さないか、相手の話をどう聞くか等）そのものだけではなく、発話内容の表現形式の選択（どのように話すか）にも関わってくる。定延・田窪（1995）では、「あの(ー)」の意味を「言語編集という心的操作の標示」としている。つまり、「あの(ー)」の発話時には相手に伝達する情報を"どのように"表現するかを検索しているといえるのである。これは相手への配慮に他ならない。「あの(ー)」の出現数が多いのは、非文末「ですね」が配慮という効果を持っていることの一つの証左となる。

感動詞・応答詞の類では、(17)に見るように検索標識にのみ「ですね」が付加される。このことからも検索処理との強い関わりを指摘できる。

(17) a ＊はいですね、おっしゃるとおりですね。
　　　b ＊いいえですね、違いますね。
　　　c ??まあですね、いろいろありましてですね。
　　　d ＊ふーんですね、そうなんですか。

非文末「ですね」が検索中という働きを有している点は、検索あるいは心的操作の途中という本質的意味を持たない感動詞・応答詞に「ですね」が付加できないことから裏付けられる。

「はい」も「いいえ」も「まあ」も「ふーん」も、何らかの形での情報の獲得（位置付け）、つまり処理の終了を示す[7]。処理の終了と「ですね」が相容れないことから、検索中という側面が支持される[8]。

3.4　調査結果3—言い淀みとの関連—

さらに、検索処理との関連について見ていく。前節で見たように、非文末「ですね」の発話には、検索標識との親和性が認められる。

ここでは、検索処理との関係が深いと考えられる、言い淀み、言い換えの表現、および曖昧性を示す「とか」等の表現に非文末「ですね」が現れている場合を確認する。

表4　言い淀み・言い換え・「とか」などと非文末「ですね」

	用例数	割合
言い淀み	9	6%
言い換え	14	9%
「とか」など	9	6%
計	32	21%

---

[7] 冨樫（2001, 2002a, 2002b, 2002c, 2004, 2006）を参照。

[8] 「いいえね」「まあね」等が可能であるので、「ですね」と「ね」が異なる働きを持つ表現であることが伺える。

まず、言い淀みについては、言い淀みが発生する直前、および直後の要素に「ですね」が現れる。次の(18)〜(20)の波線部である。

(18) U：それだったらもっとこの<u>ですね</u>、<u>工事用、工事用</u>のあれおもいきっ、ほんとに綱引きするんだったらほんとの綱引き用のロープ使わないと手が痛いと思うよ。　　　　　　　　　　　（砂川）

(19) そうですねー、えー、やはりーメルティングポットいわくー（1：あー）人種ーが<u>ですね</u>、<u>様々な、世界かく、様々な</u>（1：うーん）<u>人種</u>が、ほんとに小さいところにこう密集してるってゆう（1：はい）ところが、まず違いとして（1：うーん）、頭に、それがすぐに浮かびますけれども。　　　　　　　　　　（談話分析）

(20) それで、えー、とロンドンではい、<u>まる4、4年、4年ちょっとー、ですね</u>（1：うーん）、あのー、ええ、やはり同じようにあのー、ロンドン大学の方で、　　　　　　　　（談話分析）

言い換えの場合には、直前の要素ではなく、言い換える要素そのものに「ですね」が付加される[9]。表2で「その他」に分類されているものの中には、言い換えの例が多く見られる。名詞句による言い換えが多い。

(21) レベルは（1：うん）まあ、難しすぎず（1：うん）簡単すぎず（1：うん）位のレベルだと（1：うん）思うんですけど（1：うん）。そうですね、それプラス、まあ、<u>一般教養っていうか教職教養、で</u>すね、あのー教育心理学とか（1：うん）、うん、そういう、そういうとか。　　　　　　　　　　　　　　　　　　　（談話分析）

(22) 1：えっと何を専攻してらっしゃいますか。
2：はい、今の専攻は、あのー、<u>言語学てか、語、語学</u>ですね、英語を専攻しようと思ってますけど。　　　　　　（談話分析）

(23) この前、2時からの時に（1：うん）、あの、なにを、間違ってしまったのか2時40分に<u>来ちゃ、行っちゃって</u>ですね（1：うん）、あの、非常に怒られたんですけど。　　　　　　　（談話分析）

---

[9] このような言い換え部分に「ですね」が現れやすいことは、丸山（2002, 2007）でも「ですね」の挿入用法として指摘されている。

(24) あのー、最近あっ、おとといぐらいでしたか、あのウィンブルドンで男子の、あのーテニスプレーヤーが初めて (2：ええ) 初めてじゃないですね、アッシュ以来初めて、あの、決勝まで進んだっていうことで、黒人社会からもすごく強いバックアップを受けてっていうのが彼のスピーチの中にもありましたけれども、

(談話分析)

(25) 思ったのが、あの、中学や高校で、文法とか、この、あのー、漢字とか、あのー、そういう、読み書きの部分ですね、そういう部分に重点を置いてるところあるので (1：うん)、もっと話、話し方とか (1：うん)、うん、あのー、対する教育を (1：うん) してもいいんじゃないかなっと (1：うん) 思います (1：うん)。

(談話分析)

さらに、接尾辞「とか」に「ですね」が後接する例も比較的多く見られる。

(26) ええとねー、映画にしましょう (2：はい)。映画ということで、で、そのタイトルとかですね (2：はい)、映画の題名とか時間とかそれはもう全部お任せいたします。ちょっと考えて下さって結構です。

(談話分析)

(27) やはり、あのーやっぱり身体的にも、あのー非常に負担のかかることだと思いますから (1：うんうんうん) そういうことでもしー事故がおきたりとかですね、した場合はやはり。　(談話分析)

(28) その今の日本の政治とかっていうよりは (1：うん)、あの、人と人との、関係 (1：うんうん) みたいのを、あのー、そのー、研究できたらなと思って (1：うん) その、割と、世界的な (1：うん) 視点ーに興味があるんです。あの、国際機構とか、国際法とかですね、はい。

(談話分析)

(29) あのちょっとお聞きしたいことがあるんですけれど、あのー、えっとゴミ、とかですね (1：はい)、あのー、そういったことなんですがあのー、ゴミはですねえ、あのー、いつ、どこにー、出したらーよろしいかちょっとー、教えていただけませんでしょう

　　　　　か。　　　　　　　　　　　　　　　　　　（談話分析）

　言い淀み、言い換えおよび接尾辞「とか」は、心内での情報の不確実性に起因している表現であるといえる。不確実であるということは、その背後に検索処理が存在していると考えることができる。言い淀み、言い換え、「とか」の前後に検索標識が現れやすい点も踏まえると、非文末「ですね」が検索中という処理と対応していると捉えることができるだろう。

　また、言い淀みと「ですね」は出現位置に制約がないが、言い換えに関しては言い換えた後の要素にのみ「ですね」が付加される。これは言い換えのプロセスが訂正される要素の発話後に開始するためである。当然、検索中を示す形式は検索開始以前の要素に付加されようがない。結果として、検索後に現れた要素に「ですね」を付けるしかないのである。

3.5　話者別の使用傾向について

　非文末「ですね」には話者による使用の偏りがあると考えられる。この点は丸山（2002）も指摘している。

　　(30)　「話しことばに現れる「ですね」という表現は、少数の話者によって多用されるという運用上の特性を持つ要素であり、その出現数の分布は話者個人の話し方の「癖」あるいは「発話スタイル」に強く依存していると言うことができる」（丸山 2002: 42））

　文末「ですね」を多用する話者もいれば、全く使用しない話者も存在するのである。これについて、（8）のコーパス50本における使用状況を確認してみる。会話別に非文末「ですね」の出現数を示したのが表5である。

　同一のインタビュアーが発話しているコーパスもあるので、厳密に話者別の使用状況とはなっていないが、それでも、出現数が0のものから二桁のものまでかなりの偏りが見受けられる。

　丸山（2002）では話者が偏る理由を「癖」「発話スタイル」と述べるだけにとどまっているが、語用論的効果である「相手への配慮」を発現させるストラテジーとして効果的に利用する人としない人との差が現れていると捉えられるのではないだろうか。

表5　会話別非文末「ですね」出現数

corpus01	5	corpus18	2	corpus35	2
corpus02	2	corpus19	4	corpus36	2
corpus03	0	corpus20	0	corpus37	2
corpus04	1	corpus21	3	corpus38	2
corpus05	0	corpus22	0	corpus39	0
corpus06	1	corpus23	0	corpus40	0
corpus07	2	corpus24	3	corpus41	2
corpus08	4	corpus25	1	corpus42	0
corpus09	0	corpus26	0	corpus43	2
corpus10	1	corpus27	0	corpus44	1
corpus11	2	corpus28	3	corpus45	26
corpus12	3	corpus29	2	corpus46	3
corpus13	6	corpus30	2	corpus47	1
corpus14	0	corpus31	0	corpus48	0
corpus15	0	corpus32	2	corpus49	6
corpus16	3	corpus33	2	corpus50	16
corpus17	17	corpus34	3		

3.6　傾向のまとめと非文末「ですね」の機能

　非文末「ですね」のコーパス調査に基づく使用傾向と機能との関係をまとめてみる。

　　(31) a　検索標識が「ですね」に付加されやすい、「ですね」近辺に出現しやすい

　　　　b　曖昧・不確定な情報の近辺に「ですね」が出現しやすい

　これらの傾向が非文末「ですね」が持つ検索中という機能的側面の反映であるといえるのである。また、提題の「は」に付加しやすい、比較的発話頭に現れやすい、という2つの点から、文・発話構築に関わる検索処理、いわば「言葉選び」との関係性を持っていることがうかがい知れる。

　ただし、話者の偏り等を見ると、検索中という機能的な側面のみが反映されているとは断言できず、語用論的な効果である「相手への配慮」が強く現れている（配慮が主たる使用動機となっている）と考えることもできるだろう。

4. 小説コーパス調査概要

　小説コーパスにおいては、非文末「ですね」の出現率は低いのではないかと予測できる。何故なら、メディアの特質上、感動詞の類と同様に、心的操作を示すものを読者という第三者に明示する必要性が低いからである。こういった、言語運用とはまた別の基準によって、いわゆるフィラーは小説コーパスには現れにくいということができる。

　それでもなおかつ現れる場合は、機能的あるいは語用論的な側面を強調して表出させていると考えられる。となると、非文末「ですね」の分布が対話コーパス以上の偏りを見せるという予測は想像に難くない。

4.1　調査資料および前提

　明治から現代（1980年代）までの小説作品645本を調査した。詳細は以下の通りである。

(32)　新潮文庫の100冊、明治の文豪、大正の文豪、絶版100冊（以上、新潮社）から日本人作家による作品（詩集を除く）610本。本の冊数ではなく、作品数である。

(33)　青空文庫（http://www.aozora.gr.jp/）から35本。作者の偏りをなるべく薄めるために、(32)で作品数の少ない作家のものを優先的に選択（太宰治など）。

　対話コーパスでの調査と同様の方法（"です[ねネ]、"でgrep検索）で行った。

4.2　調査結果

　対話コーパスと同様に、非文末「ですね」の割合、およびパターン別の出現分布を表6と表7に挙げる。

表6　全「ですね」の用例数（小説コーパスデータ）

	用例数	割合
文末「ですね」	3,146	95%
「そうですね」系	90	3%
非文末「ですね」	74	2%
計	3,310	100%

表7　非文末「ですね」の内訳（小説コーパスデータ）

	用例数	割合
検索標識+「ですね」	0	0%
接続詞+「ですね」	12	16%
「〜は」+「ですね」	13	18%
例示+「ですね」	8	11%
「〜て」+「ですね」	5	7%
接続助詞・従属節+「ですね」	10	14%
その他（名詞句・副詞句等）	26	35%
計	74	100%

　非文末「ですね」自体の出現率は約2%とかなり低いことが分かる。もっとも、発話状況が対話コーパスほど限定されていない（丁寧体と普通体が混在している）ため、確実な指摘とすることはできない。結果から明らかなのは、予想どおり、検索標識の類がほとんど出現しない点である。やはり小説というスタイルの影響が大きいのだろう。

　調査結果の中で特徴的なのは、例示・言い換えといった発話において非文末「ですね」が多く見られる点である。言い換えの箇所に「つまり」が現れる例が多数を占めている。

(34)　つまりですね、マイホーム主義に毒されるなとか、体制に埋没してしまってはいけないとか――

（五木寛之「風に吹かれて」(1967)[10]）

(35)　まあ、お話して見れば、例えば公儀の御茶壺だとか、日光例幣使

---

[10] カギカッコ内は作品タイトル、丸カッコ内は作品の初出年である。

だとかですね、御朱印附の証書を渡されている特別な御通行に限って、宿の伝馬役が無給でそれを継立てるような制度は改めたい。　　　　　　　　　　　　　　（島崎藤村「夜明け前」(1929)）

(36) 要するにですね、私の小説、いや歴史、つまり記述としての歴史はですね、実はそんなことじゃないのです。みんな頼ってはいけないのです。　　　　　　　　　　　（島尾敏雄「兆」(1952)）

(37) うちの事務所の二階の酒場、つまりクラブですね、そこで会ったことが有るはずだ、どういう話をしたのかと問われたんですが、僕は何も会ったことはないですよ。
　　　　　　　　　　　（石川達三「七人の敵が居た」(1979)）

　明示的に「つまり」という言い換えを示す形式を使用することにどのような効果があるのか。小説という、推敲を重ねた結果の文章においても、非文末「ですね」の出現に偏りが見られるという点は、言い換えの背後にある検索という処理を示す機能や相手への配慮の効果が非文末「ですね」に存在していることの一つの根拠といえるのではないだろうか。また、言い換え・例示を除けば、小説コーパスにおける非文末「ですね」はほぼ文頭（会話文の冒頭）での出現に限られていたことも記しておく。調査結果のような偏りは見出せたが、小説というスタイルの特質も絡めた上で考えていかなければならないため、詳細な分析に関しては今後の課題としたい。

5. おわりに

　非文末「ですね」の実態を見ることで、その使用の偏り、効果の側面の特徴が浮かび上がってきたといえる。課題は山積しているが、重要と思われるものを以下に挙げる。

(38) 何故、話者によって使用頻度が異なっているのか
(39) 非文末「ですね」と非文末「ね」との関係性
(40) 非文末という位置において発話することの目的

　コーパスに関してもさまざまな性質のものを調査する必要があろう。例えば丸山（2007）では講演という独話スタイルのものが対象であった。本稿では対話スタイルのコーパスを中心としたが、今後、より多種の資料を調査し

検討を重ねていく必要があるだろう。

引用文献

伊豆原英子 (1992)「「ね」のコミュニケーション機能」カッケンブッシュ寛子・尾崎明人・鹿島央・藤原雅憲・籾山洋介 (編)『日本語研究と日本語教育』159–172. 名古屋：名古屋大学出版会.

伊豆原英子 (1993)「「ね」と「よ」再考――「ね」と「よ」のコミュニケーション機能の考察から――」『日本語教育』80: 103–114.

金水敏・田窪行則 (1998)「談話管理理論に基づく「よ」「ね」「よね」の研究」堂下修司・白井克彦・溝口理一郎・新美康永・田中穂積 (編)『音声による人間と機械の対話』257–271. 東京：オーム社.

定延利之・田窪行則 (1995)「談話における心的操作モニター機構――心的操作標識「ええと」「あのー」――」『言語研究』108: 74–93.

冨樫純一 (2000)「非文末「ですね」の談話語用論的機能――心内の情報処理の観点から――」『筑波日本語研究』5: 70–91.

冨樫純一 (2001)「情報の獲得を示す談話標識について」『筑波日本語研究』6: 19–41.

冨樫純一 (2002a)「談話標識「まあ」について」『筑波日本語研究』7: 15–31.

冨樫純一 (2002b)「談話標識「ふーん」の機能」『日本語文法』2 (2): 95–111.

冨樫純一 (2002c)「「はい」と「うん」の関係をめぐって」定延利之 (編)『「うん」と「そう」の言語学』127–157. 東京：ひつじ書房.

冨樫純一 (2004)『日本語談話標識の機能』(未公刊博士論文).

冨樫純一 (2006)「否定応答表現「いえ」「いいえ」「いや」」矢澤真人・橋本修 (編)『現代日本語文法　現象と理論のインタラクション』23–46. 東京：ひつじ書房.

丸山岳彦 (2002)「話しことばコーパスに現れる「ですね」の分析」『さわらび』11: 39–48. 神戸市外国語大学.

丸山岳彦 (2007)「デスネ考」串田秀也・定延利之・伝康晴 (編)『時間の中の文と発話』35–65. 東京：ひつじ書房.

山森良枝 (1997)「終助詞の局所的情報処理機能」谷泰 (編)『コミュニケーションの自然誌』130–172. 東京：新曜社.

資料 ―対話コーパス調査結果　全用例―（丸括弧内は延べ語数）

検索標識＋「ですね」	接続詞＋「ですね」
ええとですね (8)	ところでですね
あのですね (5)	でもですね
あれですね (4)	そしてですねー
あのーですね (2)	それではですね
このですね	

「～は」＋「ですね」	
その時はですね	ゴミはですね
こちらではですね	うちの条件としましてはですねー
最近はですね (2)	場所はですね
うちーとしましてはですね	アルバイトはですね
そういう時はですね	いらっしゃるところはですね
というのはですね (2)	彼女はですね
個人的にはですね	そこまではですね
下の子はですね	感心したのはですね
文楽はですねー	ふたごはですね
じつはですねー	最初はですね

例示＋「ですね」	
例えばですね (3)	そのタイトルとかですね
もっとも効率がよいのか、とかですね	いわゆる謡ですね
利益を得るというかですねー	ゴミ、とかですね
もしー事故がおきたりとかですね	いわゆるビジネスマターですね
工夫とかですね	いわゆる特攻ですね
1時間待たなかったりしなきゃいけないとかですね	士気というかですね
国際法とかですね	暗記ー重視とかですねー

「～て」＋「ですね」	
日常になってですね	殺されてですね

来ちゃ、行っちゃってですね	現象を見てですね
サッカーについてですね	多くてですねー
思いましてですね	島根にいってですね
ものすごい感じましてですね	思ってですね
意識が強くてですね	見ていてですね
接してですね	

接続助詞・従属節＋「ですね」
学生の経験によるとですね
見ていってもですね
言いながらですね
見ている時にですね
話が出たんでですね
生きているとですね
覚悟があればですね

その他（名詞・名詞句・副詞句）	
初めて、初めてじゃないですね	コンサルタントをですね
言語学てか、語、語学ですね	日本人がですね
一般教養っていうか、教職教養ですね	各国に応じたですね
図書館のですね	ノンバーバルにですね
家のほうからですね	データとしてですね
10時までですね	バーバルにもですね
ここのところですね	先生が仰ったようにですね
学生、ですね	メディアですね
ごみー、をですね	ロマンスですね
アルバイト、をですね	黒人の方もですね
兼業主婦ですね	毎日のようにですね
親戚関係ですね	大都市のですね
税金ーをですね	地方のですね
財政学というですねー	ロールプレイですね
その前にですねー	日本人としてですね
ロールプレイの設定で、ですねー	授けられた生をですね

ちょっとですねー (2)	感情レベルの話でですねー
10時にですね	表れ方には関係なくですねー
配置がですねー	どういうかたちでですね
第二次大戦のですね	魂の世界でですね
人種ーがですね	見送ったんじゃなしにですね
4年ちょっとー、ですね	主婦がですね
自分ていうのは、その一般の人達ですね	つまずきがですね
一般のバスですね	日本製とですね
月水、えー、月水じゃないですね	たぶんですねー
生ゴミですね	特にですねー
上乗せですね	幼稚園ぐらいですねー
お仕事というか、がらみですね	エヴァンゲリオンのですね
授業時間ですね	チャートのですね
カミーユ・クローデルの本当の写真ですね	CDがですね
今日ですね	ディレクターさんがですね
4週間ですね	新着じゃない、新調ですね
最後にですね	生命をですね
そういう、場面ですね	一番下のところですね
そのあとー、ですね	段階ですね
読み書きの部分ですね	ある将校がですね
簡単にですね	

第8章

学生−教員間会話における話題提供者の「ね」の使用
——ポライトネスと「ね」の意味に注目して——

生天目知美

1. はじめに

　日本語の会話において「ね」は最も頻繁に使用される助詞であり（メイナード 1993）、使用が必須になることもある重要な形式である。文末だけではなく単独や文中で様々な機能を帯びて用いられ、使い方や使う場面によっては親しみや丁寧さだけでなく失礼な印象を与えることもある（宇佐美 1997、小池 2000）。日本語教育においても、文法・機能的側面だけでなく、場面に合わせた適切な使用ができるよう丁寧さを含めた語用論的側面の指導が求められる。

　従来の研究では、「ね」が丁寧さについて2つの異なる効果を持つことが指摘されている（佐々木 1992、宇佐美 1997）。佐々木（1992）では「ね」が同一集団標識としての機能を持ち、「ね」が付かない文と比較して「丁寧」と評価されることから、「親しみをこめた丁寧さの働きかけをしている」（佐々木 1992: 10）とした。また、宇佐美（1997）はカジュアルな雑談場面とフォーマルな会議場面では用いられる「ね」のコミュニケーション機能が異なっていることを指摘した。このように、相手に失礼にならないようにするための「丁寧さ」と、相手との親密な関係構築に関与する「親しさ」という、異なる効果が「ね」にあるとされているのである。

待遇的に複雑な効果を持つ「ね」について、日本語教育の現場で指導するにはまだ明らかにすべき課題が残されていると考えられる。その1つは母語話者による様々な場面の使い分けに関する知見を蓄積することである。従来の研究においては、同等の話者間による初対面会話や雑談、OPIなどを対象とした「ね」の分析が主流であり（柴原2002、張2005、楊2008など）、場面の改まり度や丁寧さに着目した研究は少ない。宇佐美（1997）は会議と雑談という場面の改まり度によって「ね」の使い分けがあることを指摘したが、この結果が上下関係や親疎関係にも敷衍できるか検討する必要がある。また、「ね」と丁寧さの関係を如何に説明するかも検討する必要がある。

　そこで本論文では上下関係のある場面に注目し、日本語母語話者による「ね」の使用について、どのように相手に合わせて「ね」を使い分けているのかを明らかにし、その知見を日本語教育の現場に生かすことを目的とする。上下関係には年齢の上下関係、所属コミュニティにおける先輩－後輩関係、上司－部下関係など様々あるが、本論文では大学生生活において不可避な上下関係として、学生－教員間の会話を取り上げる。

2.　「ね」を捉える2つの視点とポライトネス
2.1　「ね」の基本的な意味に対する2つの立場

　終助詞の「ね」の基本的な意味については数多くの研究がある。本節では従来の研究を概観し、「ね」の基本的意味について「当該の発話が聞き手と共有している（と想定される）情報内容であることを示す」と考える立場と、聞き手の知識を含めて記述するのではなく、「話し手の心内における当該の発話内容の認識状態を表示する」と考える立場の2つから捉えられてきたことを確認する。

　まず「ね」を話し手・聞き手の情報の共有という視点から捉える代表的な研究として大曽（1986）、神尾（1990）、益岡（1991）などが挙げられる。大曽（1986）は、下記の（1）のような典型的な「ね」について「原則として話し手と聞き手の情報、判断の一致を前提としている」とした。さらに（2）ではブラウスを着ているのはBであるため、Aがブラウスについて言及する時には、「ね」を付けて「あなたも知っているでしょうが」というこ

とを示す必要があり、また、ブラウスの持ち主であるBはより多くの情報を持っていることから、「ね」を付けて「そうですね」と同意することができない、と述べている。

（1） A：今日は金曜日ですね。
　　　 B：そうですね。
（2） A：素敵なブラウスです{ね／*φ}。
　　　 B：そうです{か／*ね}。バーゲンで見つけたんですよ。

（大曽 1986）

さらに神尾（1990）は「情報のなわ張り理論」の中で「ね」を情報のなわ張りを示す形式として位置づけ、（1A, B）のように話し手と聞き手が持っている情報が同一か、（2A）のように聞き手の方が情報を持っている場合「ね」を取り去ると不適切になる必須の「ね」であるとした。また、下の（3B）のように話し手のみが情報を持っている場合の「ね」の使用は任意であり、話し手と聞き手があたかも同一の情報を持っているかのように想定して、仲間意識や連帯感を表現するものだとしている。

（3） A：これ、おいくらですか？
　　　 B：えーと、600円です{ね／φ}。

しかし、こうした共有説の立場では説明できない「ね」があることが指摘された。以下の（4）（5）では（3）と同様に話し手Bの方が情報を持っているが、「ね」の使用が不適切になる。しかし、「ね」を話し手・聞き手の情報の共有という視点から捉える立場では（3）と（4）（5）の境界がどこにあり、それがなぜなのかが説得的に説明ができない。

（4） A：昨日はどこへいらっしゃいましたか。
　　　 B：動物園へ行きました{φ／#ね}。
（5） A：お住まいはどちらですか？
　　　 B：神戸です{φ／#ね}。

一方の「ね」を当該発話に対する話し手の認識状態の表示と捉える立場は、（3）と（4）（5）の境界が説明可能である。この立場には、談話管理理論の立場から命題の妥当性の計算中とする田窪・金水（1996）、断定に至っていない状態であることを示すとする井上（1999）、認識の現場性という

「な」との類似性に注目した宮崎（2002）など様々あるが、いずれも概ね「ね」が話し手が発話時に発話内容を断定に導く、或いは認識を成立させようとしていることを表すと考えた。この立場では（3）と（4）（5）における「ね」の使用・不使用の違いは、話し手による心内の逡巡が想定されるか否かによって説明される。つまり、（3）では値段を確かめつつ発話している様子に心内の逡巡が想定されうるのに対し、（4）（5）の発話内容は昨日行った主要な出来事、住所といった、話し手にとって特に考える必要もない自明な情報である。同じ話し手のみが知っている情報内容であっても、心内の逡巡が想定される（3）は「ね」使用が適切であり、逡巡が想定されにくい（4）（5）は「ね」使用が不適切になるのである。

　以上のように「ね」は、聞き手と情報や判断を共有していることを表すあるいは想定するとする立場、話し手が認識を現在成立させようとしていることを表すという立場の2つがあることを確認した。現在では後者の立場が「ね」の基本的意味として認められることが多いが、「ね」の語用論的な効果を考える上では、これら両方とも欠かせない視点であると考える。

2.2　「ね」とポライトネス

　従来の研究では「ね」と丁寧さとの関係について、Brown and Levinson（1987）のポライトネス理論に基づく分析が行われている（佐々木1992、宇佐美1997）。Brown and Levinson（1987）が提唱するポライトネス理論は、人間関係や場面に合わせた言語コミュニケーションの仕組みについての最も包括的な研究の一つである。Brown and Levinson（1987）では適切な言語使用を人が他者との関係において持つ欲求に応じた言語使用と考え、基本的な欲求を「他者に認められたい」という欲求（ポジティブ・フェイス）と「他者に干渉されたくない」という欲求（ネガティブ・フェイス）の2つに区別した。人間はそれぞれの人間関係や当該の言語行為が相手に与える負担度に合わせて、相手の2つの欲求を満たす2種の言語行動（ポジティブ・ポライトネスとネガティブ・ポライトネス）を行い、待遇的に円滑なコミュニケーションを行っていると考えるのである。

　それでは「ね」はポライトネスとどのように関わると考えられてきたのだ

ろうか。佐々木 (1992) によれば、「ね」は話し手から聞き手への親和・共存的働きかけの表現であり、共有知識のマークの機能を持ち、ポジティブポライトネスストラテジーのうちの1つである「共通基盤を主張せよ」に対応する。一方で大学生へのアンケート調査から、丁寧体・普通体ともに「ね」が付加した方が付加しない場合より丁寧度が高いと評価されたことを報告している。佐々木 (1992) は「聞き手に対し親しみをこめた丁寧さの働きかけをしている」と結論したが、「ね」が丁寧度が高いと評価された根拠については考察を行っていない。

　宇佐美 (1997) は「ね」がコミュニケーション機能によってポジティブポライトネスとネガティブポライトネスの両方になりうるとし、改まり度の異なる会議場面と雑談場面で、「ね」がそれぞれのポライトネスに応じて使い分けられていることを示した。宇佐美 (1997) が「ね」をポジティブポライトネスになりうるとしているのは佐々木 (1992) と同様に「ね」によって聞き手と一体感や連帯感、肯定的態度を示せるという理由からである。一方ネガティブポライトネスについては、「聞き手が知らないであろうと判断する情報を提供するときにも用いられ、あえて「ね」を用いて聞き手との情報の共有性を示唆することによって、発話を緩和する機能を果たしている」(宇佐美 1997: 251) とし、「ね」が持つ共有性がポジティブポライトネスにもネガティブポライトネスにも働くと捉えていることが分かる。

　以上のように、「ね」がポジティブポライトネスとネガティブポライトネスの両方に関わっていることが指摘されていること、ポジティブポライトネスにせよネガティブポライトネスにせよ、「ね」の認識的側面ではなく「聞き手との共有」との関連で説明されてきたことが分かる。確かに「ね」の「共有性」はポライトネスと深く関与しているものと思われるが、前節で示したように特に話し手自身の情報を発話する時の「ね」の適切性は「共有性」では十分に説明できない。「ね」とポライトネスの関わりを「共有性」のみで十分に説明ができるのか、詳しく検討する必要がある。

　また、宇佐美 (1997) は場面の改まり度の違いが「ね」のポライトネスの使い分けに関与していることを示したが、この結果が上下関係などポライトネスに関わる他の要素の違いにも敷衍できるのかも検討が必要である。

3. 本研究の目的

本研究は、上下関係のある会話で使用される「ね」の使い分けを明らかにするため、同一話者に同等の立場の聞き手と目上の聞き手とそれぞれ会話を行ってもらい、「ね」の現れ方を比較する。上下関係は学生－教員の関係とする。具体的な目的は以下の3点である。

① 相手が同等と教員の場合とで、「ね」の使用にどのような相違点があるのかを明らかにする。
② 同等と教員に対する「ね」の使い分けが、「ね」が持つ共有化の側面のみで説明ができるのかを検討する。
③ 本研究で明らかになった「ね」の使い分けについて、日本語教育の現場にどのように還元できるかを検討する。

なお、上記2点目の問題を明らかにするため、次節で詳述するように、本研究では話し手と聞き手の役割が比較的明確なインタビューに近い性質を持つ会話を分析資料とした。その会話の中で話し手の役割をする話者に着目し、話題提供者が聞き手の知らない内容を話す際の「ね」の使用実態を分析することにする。

4. 分析資料と分析の枠組み

4.1 分析資料

分析資料は同一の大学生による同学年の学生同士の会話（以下「対同等場面」）と教員（筆者）との会話（以下「対教員場面」）の2者間会話で、「この大学に入ったきっかけ」というテーマで会話・録音された。

調査協力者には事前に調査概略を口頭で説明し、書面にて会話資料録音の許可を得た。会話収集後、生育歴や方言使用、聞き手との関係性、会話の印象などについて簡単な口頭インタビューと書面によるアンケートを行った。

会話に際しては、話題を提供する順番を各自で決定し、聞いている人は普段と同じように自然に聞き、質問をしたりコメントをしたりするのは自由であることを説明した。「話者Aのきっかけ→話者Bのきっかけ」という話題の区切りが存在し、話題提供者と聞き手の役割が明確な会話と言える。

調査協力者の大学生は東京都内における同大学同学年に所属している6

名で、いずれも年齢は 20 代前半である。性別や出身、関係性等の会話参加者の属性は統制していない。男性 4 名（M1 〜 4）、女性 2 名（F1, 2）で、男女ペア 2 組、男性同士のペア 1 組の 3 組の会話を収集した。調査協力者の属性と対同等場面におけるペアの関係性、録音時間は表 1 の通りである。表中の録音時間は当該話者が話題提供者となっている時間を示している。関係性は調査協力者自身の申告によるものであり、いずれの会話も基調のスピーチレベルは普通体であった。また、調査協力者の出身は関東や関西、東北が含まれているが、F2 を除く 5 名は標準語を使用していた。F2 は対教員場面では標準語であったが、対同等場面では会話を通して関西弁を使用していた。本研究は標準語における「ね」を分析対象としているため、F2 が話題提供者となる会話は分析対象外とした。

対教員場面における調査協力者は 6 名のうち F2 を除いた 5 名であり、全員が同じ教員と会話を行った。教員は調査協力者が受講した授業の担当教員（筆者）である。調査協力者の 5 名はいずれも授業以外に担当教員との接点がなかった。

表 1　調査協力者の属性と聞き手との組み合わせ・会話時間

調査協力者	出身	対同等場面			対教員場面
		聞き手	会話番号・時間	関係性	会話番号・時間
M1	関東	F1	会話①（3:21）	親しい友人	会話⑥（3:21）
F1	関東	M1	会話②（4:10）	親しい友人	会話⑦（6:41）
M2	四国	M3	会話③（2:40）	知人[1]	会話⑧（4:46）
M3	東北	M2	会話④（5:31）	知人	会話⑨（7:28）
M4	中部	F2	会話⑤（2:25）	顔見知り	会話⑩（4:42）

以上の手続きにより収集された対同等場面 5 会話、対教員場面 5 会話、合計 10 会話を分析対象とし、話題提供者が聞き手が知らない話し手自身に関する内容を語る際の、聞き手との関係性による「ね」の使い分けを明らかにする。

---

[1] 顔と名前が分かり、少し話したことがある程度。

4.2 分析対象の「ね」

「ね」は、文における生起位置や環境によって終助詞・間投助詞・感動詞に区別されることがあるが、宇佐美（1997）によれば終助詞だけではなく間投助詞、感動詞相当の「ね」もポライトネスに関与しているとされている。本稿ではそれらを全て分析対象に含めることにする。また、「よね」「かね」など他の終助詞との複合形式については分析対象外とした。

4.3 文字化の方法

音声資料の文字化は基本的に宇佐美（2007）の「改訂版：基本的な文字化の原則（Basic Transcription System for Japanese：BTSJ）」に従う。BTSJでは文末のスピーチレベルなどの「文」単位でコーディングする必要があることから、発話文を「実際の会話の中で発話された文」と定義している。また、あいづちは前後に間がある場合には1発話文と見なされる。

本研究では「ね」の分析を十分に行うため、あいづちとフィラーの扱いについて変更を行った。宇佐美（2007）では「前後に間がある場合」に1発話としているが、あいづちは常にその前後に間があるわけではなく、前の発話者と一部重なって発話される場合もある。その際は大塚（2005）を参考に、適切なタイミング（堀口 1997）[2]で打たれたあいづちは1発話として文字化を行った。また、構造的には「文」となっていても、何かを思い出そうとするときの「そうですねえ」のようなフィラーは、先行部・後続部をまとめて1発話文とされるが、本研究ではフィラーの「ね」も分析対象とするため、構造的に文の形である場合には1発話文として認めることにした。

本研究で用いた主な文字化記号は以下の通りである。

（6）　本研究で用いた文字化記号
　　　。：1発話文が終了したことを示す。
　　　／沈黙 秒数／：1秒以上の間は、沈黙として秒数を示す。
　　　＜＞：発話の重複があった時、重なった部分の双方を＜＞でくく

---

[2] 音声的な弱まり、下降イントネーション、尻上がりイントネーション、上昇イントネーション、ポーズなどが前の話し手の発話にあった時とされる。

り、重ねられた方は＜＞の後に{<}を、重ねた方の発話には＜＞の後に{>}を付ける。

＜笑い＞：笑いや笑いながら発話した場合は＜＞の中に、＜笑い＞＜笑いながら＞のように説明を記す。

「　」：プライバシー保護のために固有名詞など明記できない単語を表す。

5. 対同等場面と対教員場面における「ね」の使い分け
5.1 「ね」の用法分類

本研究では「ね」の用法を、情報内容の共有度および発話の働きによって以下の7つに分類した。

①同意要求・②同意表示

話し手と聞き手が同じ判断、評価を共有しうると想定される内容を「ね」によって聞き手に持ち出し、下記の（7）1Tのように同意を促したり（①同意要求）、2M3のように同意を示したりする（②同意表示）。

（7）　1T　：インターンシップが重なっちゃうのはちょっと辛い<u>ねー</u>。
　　　　2M3：そうです<u>ね</u>。　　　　　　　　　　　　　　　（会話⑨）

③自己確認

話し手自身の領域に属する事実や思考、判断などの発話について、話し手がその場で考えたり認識したことを聞き手を意識しながら提示する。

（8）　1M4：まあ、でも、成長できたかと言われたら、
　　　　2T　：うん
　　　　3M4：うーーんって感じです<u>ね</u>。　　　　　　　　　（会話⑩）

④反応確認

話し手自身の領域に属する内容の「のだ」文に「ね」が付加され、多くは上昇イントネーションをとる。典型的には複数の文を続けて発話する際、重要な内容の前提になる文で用いられ、聞き手の注意を引く間投助詞と近い性質を持ち（日本語記述文法研究会（編）2003）、聞き手の反応を確認しながら会話を続行する機能で使用される（森山 2001）。

（9）　T　：で1年間お世話して、大学に慣れるようにする、っていう

やつなのね。だから高校のクラスみたいな、それよりもも
しかしたら規模が小さいぐらいな。　　　　　　（会話⑥）

⑤注意喚起

話し手自身の領域に属する事柄について発話を続ける際に、一方的に話すのではなく、聞き手の注意を引く用法。発話文の途中に生起する間投助詞はこの用法に含める。丁寧体「です」が付く「～ですね」もここに含める。

　　（10）　F1　：もうセンターでね、A判定のとこだよ。　　　（会話②）

⑥埋め合せ

話し手が、発話中に言いよどんだり、次の表現を計画していることを表す。

　　（11）　1T　：そのなかで「学科名」にしたのはなんで？。
　　　　　2M4：まあとりあえず「専門職名」になる気はなかったのと
　　　　　3T　：＜笑い＞
　→　　　4M4：まあそうですね。
　　　　　5M4：「学科名」とか、まあなんか結構調べてみたら　　（会話⑩）

⑦確認要求

話し手がある程度真であるとの見込みをもっている情報について聞き手に持ちかけ、聞き手にとっても見込みが正しいと認識できるかどうかを問う。

　　（12）　A：明日の会議は9時からですね。
　　　　　B：はい、そうです。　　　　　　　　　　　　　　　（作例）

5.2　対同等場面と対教員場面における「ね」の出現頻度

　対同等場面と対教員場面において出現した「ね」について各用法に分類した結果を、以下の表2と表3に示す。まず「ね」の使用は全体的に対同等場面よりも対教員場面の方が多く使用され、F1を除く4名が対教員の方が総発話数に占める「ね」の使用割合が多かった。

　用法別に見ると、表2の対同等場面において最も多かったのは⑤注意喚起（63.6%）、次いで①同意要求（22.7%）であった。一方、表3の対教員場面を見ると、対同等場面とは異なり、②同意表示が最も多く63.9%を占め、次いで③自己確認が24.6%であった。④反応確認と⑦確認要求は対同等場

面・対教員場面とも 1 例も使用されなかった。

このように対同等場面と対教員場面では、対教員の方が「ね」の使用頻度が高くなる傾向があり、使用される用法に違いが見られた。

表2 対同等場面における「ね」の用法別頻度

話者	総発話数	①同意要求	②同意表示	③自己確認	④反応確認	⑤注意喚起	⑥埋め合せ	⑦確認要求	合計
M1	41	1	0	1	0	6	0	0	8
M2	27	0	0	0	0	1	0	0	1
M3	37	4	0	0	0	1	0	0	5
M4	15	0	0	0	0	0	0	0	0
F1	47	0	1	0	0	6	1	0	8
計	167	5	1	1	0	14	1	0	22
用例数に占める割合（%）		22.7	4.5	4.5	-	63.6	4.5	-	100

*小数点2位以下四捨五入

表3 対教員場面における「ね」の用法別頻度

話者	総発話数	①同意要求	②同意表示	③自己確認	④反応確認	⑤注意喚起	⑥埋め合せ	⑦確認要求	合計
M1	64	0	13	2	0	0	0	0	15
M2	28	0	7	0	0	0	2	0	9
M3	59	0	10	10	0	0	1	0	21
M4	27	0	9	2	0	0	1	0	12
F1	64	1	0	1	0	2	0	0	4
計	242	1	39	15	0	2	4	0	61
用例数に占める割合（%）		1.6	63.9	24.6	-	3.3	6.6	-	100

*小数点2位以下四捨五入

以降では対教員場面で使用された同意表示と自己確認の「ね」を取り上げて、その特徴を詳述し、対同等場面との違いを明らかにしていく。

6. 対教員場面の特徴―同意表示の「そうですね」―

　同意表示の「ね」は対教員場面で最も多く見られ、用例全体の63.9%を占めた[3]。同意表示は、典型的には何らかの評価や判断を表す先行発話に対して、同じ判断、評価を共有しうることを示したものである。以下の (13) では、教員Tは学生M2が所属する学科の専門[4]についてコメントをしている。4Tの「(学科での専門が) 面白そうだよね」という評価を含んだ同意要求の発話に対して、5M2「そうですね」と同意を示した。また6Tでは続けて「面白そうだ」という評価の理由を述べているが、その発話に対しても同調が7M2で示されている。教員Tと学生M2は学科の専門についてある程度知識を共有していることをお互いに知っているため、ここでの「ね」は必須である。

(13)　1T　：全然知らないんだけど、(注：卒論を) 読ませてもらったりしたからー。
　　　2M2：へー
　　　3T　：こんなことやってんだなーと思って。
　　　4T　：面白そうだよね、すごくね。　　　　　　【同意要求】
→　5M2：そうですね。　　　　　　　　　　　　　【同意表示】
　　　6T　：うーん、経営のやり方を分析してー　　　【評価の理由】
→　7M2：そうですね。　　　　　　　　　　　　　【同意表示】
　　　8T　：あの、弱みと強みと今後どうするか、みたいなことをやってね。
　　　　　　　　　　　　　　　　　　　　　　　　　　　(会話⑧)

　また、先行発話が同じ判断、評価が共有できないような内容である場合にも、「そうですね」の使用が観察された。以下の (14) は、M1が受講している授業についてのTの質問に対し、(15) では、学科の専門に関するM4の興味の有無を問うTの質問に対して、それぞれ学生は「そうですね」を使用している。

(14)　1M1：個別に教えてくれたりして。

---

[3] F1には同意表示の「ね」がなかったが、同意表示の「よね」は使用していた。

[4] 教員TはM2が所属する学科の専門とは異なる分野を専門としている。

```
           2T ：授業中に？。
           3M1：はい。
           4T ：授業中にそういう時間があるの？。      【情報要求】
         →5M1：そうですね。            （会話⑥）【同意表示】
   (15)   1M4：なので、「学科の専門」とか、まあ調べたら、
           2T ：うんうん
           3M4：まあいいかなーと思ってなんか、はい。
           4T ：興味も持てた？。             【情報要求】
         →5M4：そうですねー。              【同意表示】
           6T ：へー                 （会話⑩）
```

　（14）と（15）で学生が「そうですね」によって同意している情報は、むしろ学生側に属する情報であり、教員Ｔの情報要求に対する応答として「はい」などが使用可能である。会話資料にはこうした学生側に属する情報について「はい」「そうです」で答えている例もあるが、使用が義務ではない「そうですね」が少なからず観察されたのが対教員会話における「ね」使用の特徴である。こうした任意の「そうですね」が、対教員場面における同意表示の「ね」の多さにつながっていると考えられる。

　一方、対同等場面においても、入試や大学についてなど、話し手・聞き手の共有情報に関する評価や関連情報をコメントする場面が観察された。しかし、共有情報であっても聞き手の評価やコメントへの同意は (16) の「うん」、(17) の「そう」といった簡潔な応答表現によって表されており、「ね」による同意表示は聞き手の意見に対する同意の１例のみだった (18)。

```
   (16)   1M3：けど、もう国立志望だったから、完全に。
           2M2：あー、高いもんね、学費が。
           3M3：ん？
           4M2：学費高いもんね。             【コメント】
         →5M3：うん。                   【応答】
           6M2：自分も、その、学費高いし、浪人したし、  （会話④）
   (17)   1M2：第一希望は、「大学名」の「学部名」だったんですけど
           2M3：え？文系だったん？
```

　　　　→3M2：そ、文系だった。　　　　　　　　　　【情報提供】
　　　　　4M3：あ、けどここは後期が英語だけだからさ。　【コメント】
　　　　→5M2：そ、後期は英語だけだから、あ、行けるんじゃねと思っ
　　　　　　　た。　　　　　　　　　　　　　　　（会話③）【応答】
　（18）　1M1：どんなにあれでも短大くらいは行っとけみたいなのはある
　　　　　　　と思う＜んだよ＞{＜} 女の子でも　　　　　　【意見】
　　　　→2F1：＜ねー＞{＞}。　　　　　　（会話②）【同意表示】

　以上のように、対同等場面においては先行発話に対して応答「うん」「そう」で応じる傾向があるのに対し、対教員場面では同意「そうですね」が選択されていること、また対教員場面では先行発話が同意要求だけではなく、意見・コメント、確認要求、情報要求など多様であり、学生側に属する情報に対しても「そうですね」が用いられていることが観察された。

　前者の同意表示の「ね」の多用については、教員の先行発話を支持し共感的な雰囲気を醸成することになるため、ポジティブポライトネスの効果が認められる。また、後者の自分の領域の情報に対して同意を選択することは待遇的配慮であり、学生が教員に対する知識状態の優位性を低く表現しようとするネガティブポライトネスと考えられる。こうした「そうですね」の使用は、銅直（2001）や小出（2011）でも指摘されているが、このような「ね」の働きは「聞き手との共有」ではなく、認識的側面によって説明が可能である。小出（2011）は「そうですね」について、以下の（19）に示すように、自分の名前や自分の住所など、その人の個人的領域への質問に対する応答では不自然に感じる一方、調理法を聞かれた（20B）は「そうです」で答えてもよいが、対人的な配慮によって領域性が薄められれば「そうですね」も可能としている。

　（19）　A：　あなたは田中さんですか。
　　　　　B：＊そうですね。／そうです。
　（20）　A：　ナスは切るんですね。
　　　　　B：　そうですね。／そうです。

　小出（2011）は以上のような考察から、「そうですね」は「先行発話に対して、話者の解釈あるいは回答のための一定の心的負担を含む応答に用いら

れる」(小出 2011: 92) としている。このような「そうですね」の振る舞いは、2節で述べた（3）（4）（5）における「ね」と平行的であり、「一定の心的負担」という箇所はまさに「ね」によって表現されるものであると考えられる。以上のことから、通常「そうです」で応答可能なところを待遇的配慮によって「ね」が使用されるとしても、使用できる範囲には限界があり、その範囲の限界は「ね」の認識の形成という意味から生じると考えられる。「ね」の対人的配慮とその使用範囲を十分に説明するには、認識的側面を理解する必要があることが分かる。

7. 対教員場面における「ね」の特徴―自己確認―

　自己確認の「ね」は聞き手が知らない話し手側の情報を発話する際に用いられる用法である。対教員場面で使用された「ね」の中では同意表示に次いで多く観察され、5名中4名が使用し、「ね」総数の24.6%を占めた。発話の内容は話し手の評価、判断、思考、感情、感覚など、話し手の内面に関わるものがほとんどであった。(21) のような「という感じですね」が15例中3例と目立った。

(21)　（大学に入って何もできていない、という M4 に対して）
　　　1T　：まだ、もうちょっと時間あるよ。＜笑い＞
　　　2M4：そうですね。
　　　3M4：入ってよかったとは思いますけど、
　　　4T　：うん
　　　5M4：まあ、でも、成長できたかと言われたら、
　　　6T　：うん
　→7M4：うーーんって感じですね。　　　　　【情報提供】
　　　8T　：んーー　　　　　　　　　　　　　　（会話⑩）
(22)　1T　：なんで楽しそうに見えるんですか。　【情報要求】
　　　2M3：いや、なんか休みの期間が、まあ別に1ヶ月とかではいいんですけど
　　　3T　：うん。
　　　4M3：こう3年になってくると、なんかインターンシップとか

　　　　　　　あるじゃないですか。
　　　　5T　：あーそうだよね。
　　　　6M3　：そこでなんか、普通の企業だと9月とかにも募集してる
　　　　　　　んですけど
　　　　7T　：あーそうだね。
　　　　8M3　：9月のテストとかぶってたり
　　　　9T　：はいはい。
　　→10M3　：夏休み明けにテストあったりするのが、やっぱりなん
　　　　　　　か、違いますね。　　　　　　　　　　【情報提供】
　　　　11T　：そうだねー。　　　　　　　　　　　　（会話⑨）
　（23）　1T　：んーでまあ、そういう気持ちで入ったとしたら、入って
　　　　　　　からつらくなかった？。　　　　　　　【情報要求】
　　→2M1　：/沈黙2秒/いや別にそうでもなかったですね。
　　　　　　　　　　　　　　　　　　　　　　　　　【情報提供】
　　　　3T　：そうでもなかった。　　　　　　　　（会話⑥）

一方で、(24)のように過去に起きた出来事を述べる際に「ね」が使用されることも2例見られた。

　（24）　1T　：浪人中は塾行ってた？。　　　　　　　【情報要求】
　　→2M1　：はい、予備校行ってましたね。　（会話⑥）【情報提供】

また、これらの自己確認は例(21)(22)のようにターンが長いタイプと、(23)(24)のように短いタイプがあるが、いずれにしても教員Tの先行発話に対応する最初の発話文で生起していたことが注目される。

宇佐美(1997)は自己確認の「ね」を言い切った印象を和らげるため、ネガティブポライトネスになるとしているが、本研究においても同様にネガティブポライトネスであると考える。しかし、ネガティブポライトネスとなる根拠を「あえて聞き手との情報の共有性を示唆する」と考えると、説明しにくい現象がある。その1つに言い切りの発話の多さがある。例えば自己確認の「ね」使用が最も多かったM3は言い切りの発話が全体の発話量の

45%[5]を占めており、その割合は5名中2番目に多いことから、言い切りの発話を避けて「ね」を発話しているとは考えにくい。言い切りの発話には談話における役割もあることが指摘されており（上原・福島2004）、言い切りの発話を常に避けているというよりは、ある発話環境で自己確認の「ね」が出現すると捉えた方が自然ではないだろうか。今回のデータからは、教員Tからの先行発話に対応するターンで出現する傾向が見られ、話し手が自ら発話を継続し、ターンを展開するような環境ではなかった。柴原（2002）は学習者による違和感を覚える「発話緩和」（宇佐美1997）（本研究における自己発話と理解確認）の例として、以下を挙げている。

(25) 日本語と○○語はよくにています。尊敬語とか○○語にありますね。例えば自分が行くとき…　　　　　　　　　　（柴原2002: 25）

柴原（2002）は違和感の理由として形態の問題を指摘し、「ますね」ではなく「んですね」を使用すれば「のだ」の持つ事情説明の効果で違和感がなくなるとしている。確かにいくつかの発話文が連続して1つのターンを形成する場合は、「んですね」によって違和感がなくなるが、「のだ」文でない「ますね」であっても情報要求への応答発話であれば違和感がない。

(26) A：○○語には敬語ってあるんですか？
　　　B：ええ。尊敬語とか○○語にもありますね。

以上述べてきたことを考慮すれば、話し手領域の情報であるにも関わらず「ね」を使用することによってあたかも共有しているように表しているというより、「ね」の認識的側面が現れやすい環境で自己確認の「ね」が生起しているとした方が、十分な説明が可能であるように思われる。

8. 場面による「ね」の使用・不使用

本節では、宇佐美（1997）で報告された雑談・会議という場面の改まり度による「ね」の使い分けとの比較を通して、対同等と対教員に対する「ね」の使い分けについて、特徴をまとめる。本研究と宇佐美（1997）は「ね」の

---

[5] 総発話数からあいづち的発話を省いた実質的な発話40のうち、18発話が言い切りの発話であった。

用法分類が異なっているため、両者の関係性とそれぞれの用法・機能が各場面でどう使い分けされているかを、下の表4にまとめた。表中の○は「ね」が使用された用法・機能を示している。

まず、より待遇度の低い、「対同等場面」と「雑談場面」を比較すると、宇佐美（1997）では同意要求と同意表示を1つの会話促進機能としてまとめているため、単純な比較はできないが、少なくとも同意要求と注意喚起については「ね」を使用するということで共通している。

一方、より待遇度の高い「対教員場面」と「会議場面」を比較すると、自己確認の「ね」は両場面で使用されるものの、対教員場面では会議場面で使用された発話途中に現れる「ですね」の「注意喚起」と「反応確認」が使用されなかった。これらの機能は話し手が自らの話を展開する際に聞き手を自分の話に巻き込む機能を持っている。つまり、会議場面では自己確認の他に話し手が積極的に聞き手に働きかける「ね」を使用しているのに対し、対教員場面では相手の発話への同意表示、自分の発話の確認といった対他的な働きかけが相対的に弱い「ね」を主に使用する傾向があったことが分かる。

表4 本研究と宇佐美（1997）の結果比較

	（用法）	①同意要求	②同意表示	③自己確認	④反応確認	⑤注意喚起	⑥埋め合せ
本研究	対同等	○	-			○	-
	対教員	-	○	○	-	-	△
宇佐美（1997）	雑談	○		-		ね	-
	会議	-		○		ですね	-
	（機能）	会話促進		発話緩和		注意喚起	埋め合わせ

以上から、「対同等場面」「雑談場面」という待遇度の低い場面では「ね」の使用が比較的似た傾向が見られる一方、待遇度が高い「対教員場面」「会議場面」では場面によって使用される「ね」に違いがあることが分かった。対教員場面と会議場面における「ね」使用の差は、上下関係と場面の改まり度という差によるものだけではなく、学生－教員の関係と、会議における編

集長－会議メンバーという会話場面における話者の役割が影響しているのではないかと考える。同じ「丁寧さ」が求められる場合でも、場面を構成する要因の違いによって「ね」使用が異なることが示唆された。

9. 日本語教育への示唆

　本研究での「ね」の使い分けの議論は限られたデータを分析したものであるが、今回の分析結果から、日本語教育の現場には2つの点を示唆することができる。1つは教員に対して学生たちが使用を避けた丁寧体の「注意喚起」は、学習項目として慎重に扱うべきだということである。日本語母語話者は日常生活でこれらの「ね」を頻繁に用いており、「～面白くて、～」より「～面白くてですね、～」の方が柔らかく、丁寧に聞こえるかもしれない。しかし本研究の結果からは対教員場面では使用されなかった。このことから丁寧さが求められるために使用されるものではなく、聞き手との関係や、雑談や会議などの会話場面と深く結びついている可能性が示唆された。そのことを考慮せずむやみに使った場合、相手に失礼な印象を与える可能性がある。学習者はこの語用論的知識を知っておく必要があると考える。また「～んですね。」の「反応確認」は今回調査協力者による使用例がなかったが、「注意喚起」と同様に、聞き手との関係や会話場面によっては使用されにくい可能性がある。不使用の理由、使用される場面については引き続き研究していく必要がある。

　2点目は「ね」に聞き手との知識・判断の共有化の意味だけではなく、話し手の発話に対する認識形成を表示する意味があることを、学習者に明示的に教えることである。下記に示すとおり代表的な初級日本語の教科書においては、これまで「ね」の共有化の側面のみが強調されてきた。

　　（27）　みんなの日本語：It shows the speaker's sympathy or the speaker's expectation that the listener will agree. In the latter usage, it is often used to confirm something.（話し手の共感や聞き手が同意することへの期待を表す）

(28) SFJ[6]：*ne* for soliciting the listener's agreement or confirmation.（聞き手の同意や確認を促す）

(29) げんき：If the speaker is seeking the listener's confirmation or agreement to what has been said, the *ne* ("right?") could be added.（聞き手の確認や同意を求める）

また、日本語教師のための主な文法解説書を見ると、庵ほか（2000）では相手の知らない情報内容に使用される「ね」について、「話し手が記憶をたどったり考えたりした結果を述べる場合にのみ使えます。」と認識的側面にも触れていたが、その他では記述が見られなかった。初級学習者が初めて「ね」を学習する際に、共有化の側面を強調するのは有効であろう。しかし初級文法の学習を終え、日本語母語話者が使用する自然な日本語に十分意識が向けられるようになる中級以降では、「ね」に認識的側面があることも理解可能ではないだろうか。認識形成の側面への理解によって、日本語学習者による「ね」の適切な使用やポライトネスとの関係への理解につなげていくことが期待できる。

10. まとめと今後の課題

本研究は学生−教員間会話を取り上げ、話題提供者が聞き手の知らない情報を語っていく時に相手によってどのように「ね」が使い分けられているかを分析した。その結果、対同等場面では「同意要求」「注意喚起」、対教員場面では「同意表示」「自己確認」の使用が多く、聞き手への働きかけの度合いによる使い分けがされていることが分かった。このような「ね」の振る舞いは「ね」の認識的側面によって十分説明することができる。日本語教育においては相手による「ね」の使い分けに関する知識だけではなく、「ね」の認識的側面の教育も取り入れる必要性が示唆された。

本研究は限られたデータによるものであったが、上下関係のある場面と改まり度の異なる場面では、「ね」の使い分けに違いがあることが示された。どのような場面でどのような使用が待遇的に適切・不適切になるのか、知見

---

6 『Situational Functional Japanese』の略。

を今後も積み上げ、談話研究の成果を日本語教育の現場に有効に還元する方法を模索していきたい。

引用文献

庵功雄・高梨信乃・中西久実子・山田敏弘 (2000)『初級を教える人のための日本語文法ハンドブック』東京：スリーエーネットワーク.

井上優 (1999)「状況認知と終助詞――「ね」の機能――」『日本語学』18 (9): 79–86.

上原聡・福島悦子 (2004)「自然談話における「裸の文末形式」の機能と用法」『世界の日本語教育　日本語教育論集』14: 109–123.

宇佐美まゆみ (1997)「「ね」のコミュニケーション機能とディスコース・ポライトネス」現代日本語研究会（編）『女性のことば・職場編』241–268. 東京：ひつじ書房.

宇佐美まゆみ (2007)『改訂版：基本的な文字化の原則 (Basic Transcription System for Japanese: BTSJ) 2007 年 3 月 31 日改訂版』http://www.tufs.ac.jp/ts/personal/usamiken/btsj070331.pdf

大曽美恵子 (1986)「誤用分析 1『今日はいい天気ですね。』『はい、そうです。』」『日本語学』5 (9): 91–94.

大塚容子 (2005)「テレビインタビュー番組におけるあいづち的表現――ポライトネスの観点から――」『岐阜聖徳学園大学紀要　外国語学部編』44: 55–69.

神尾昭雄 (1990)『情報のなわ張り理論――言語の機能的分析――』東京：大修館書店.

小池真理 (2000)「日本語母語話者が失礼と感じるのは学習者のどんな発話か――「依頼」の場面における母語話者の発話と比較して――」『北海道大学留学生センター紀要』4: 58–80.

小出慶一 (2011)「応答詞「そうですね」の機能について」『埼玉大学紀要（教養学部）』47 (1): 85–97.

佐々木泰子 (1992)「終助詞「ね」と丁寧さとのかかわり」『言語文化と日本語教育』4: 1–10. お茶の水女子大学日本言語文化学研究会.

柴原智代 (2002)「「ね」の習得――2000/2001 長期研修 OPI データの分析――」『日本語国際センター紀要』12: 19–34.

スリーエーネットワーク（編）(1998)『みんなの日本語　初級 I 翻訳・文法解説　英語版』東京：スリーエーネットワーク.

田窪行則・金水敏 (1996)「複数の心的領域による談話管理」『認知科学』3 (3): 59–74.

張鈞竹 (2005)「台湾人日本語学習者の終助詞「ね」の使用――コミュニケーション機能を中心に――」『言語情報学研究報告』6: 281–299.

筑波ランゲージグループ (1991)『Situational Functional Japanese Vol.1 NOTES』東京：凡人社.

銅直直子（2001）「日本語におけるポライトネスの現れ──談話参加者の情報量を中心に──」『敬愛大学国際研究』8: 53–79.
日本語記述文法研究会（編）（2003）『現代日本語文法4　第8部・モダリティ』東京：くろしお出版.
坂野永理・大野裕・坂根庸子・品川恭子（1999）『初級日本語　げんきⅠ』東京：ジャパンタイムズ.
堀口純子（1997）『日本語教育と会話分析』東京：くろしお出版.
益岡隆志（1991）『モダリティの文法』東京：くろしお出版.
宮崎和人（2002）「終助辞「ネ」と「ナ」」『阪大日本語研究』14: 1–19.
メイナード・K・泉子（1993）『会話分析』東京：くろしお出版.
森山卓郎（2001）「終助詞「ね」のイントネーション──修正イントネーション制約の試み──」音声文法研究会（編）『文法と音声Ⅱ』31–54. 東京：くろしお出版.
楊虹（2008）「中日接触場面の初対面会話における「ね」の分析──共感構築の観点から──」『東京成徳大学人文学部研究紀要』15: 125–136.
Brown, Penelope and Stephen C. Levinson (1987) *Politeness: Some universals in language usage.* Cambridge: Cambridge University Press.

第9章

日本語の試食会におけるモダリティとエビデンシャリティの用い方
――日本語母語話者と非母語話者のアメリカ人との違い――

ポリー・ザトラウスキー

1. はじめに

　本稿は日本語による試食会の談話においてどのようにモダリティとエビデンシャリティ（ME）の表現が用いられるかを考察する[1]。資料は日本語の母語話者3人による試食会（JPN）とアメリカ人一人と日本人二人による試食会（NNJ）である[2]。

　アメリカ人から見ると、日本人のME表現の用い方が不思議に思われることがある。たとえば(1)の407mの「たぶん」のような場合である。(1)の前にmとNがすでに「油揚げ」という言葉を用いて油揚げについて話しているが、アメリカ人の非母語話者L（日本語歴3年、留学3ヶ月）はその食品名が実際に食べている油揚げだとは理解していない[3]。そこでLは390Lでうどんの中の油揚げが何であるかを尋ねている。

---

[1] 本稿では「モダリティ」は非事実性を表す表現、「エビデンシャリティ」は述べている事柄（知識）に対する態度を表す表現とする。

[2] NNJ は nonnative Japanese の略である。

[3] 文字化資料の表記方法に関しては稿末参照。非母語話者の男性Lの発話をゴシック体の太字で、例中のME表現には下線を引き、発話の右側に2節で説明するME表現の番号を示している。

（1） NNJ3（L,m,N=MFM<30）油揚げ1（同定）（10:03–10:50）[4]

388L　(5.0) あのっ。
389N　　　　　　ん？
390L　うどんの中に、えと、パンみたいな食べ物は、なに？　　　　④
391N　パン？
392L　うーん。
392N　今ある？
393N　どれ？
394L　えとー、あー、白い↑、白いな色（は）。　＃白いな色＝白い色
395L　えと。
396N　どれ？
397m　あっ、油揚げ？
398L　油揚げ。
399m　　　　　//うん。//
400N　　　　　//これ？//
401L　そう、そうそうそう。
402N　あー、これのことか。
403L　あーそう。
404L　えと、それは、んーな、なんですか？
405L　ちょっとー、甘い。
406m　　　　　　　うーん。
407m　(1.5) たぶん、あれ、油揚げって、　　　　　　　　　　　Ⓐ
408m　豆腐と同じ感じですよね。　　　　　　　　　　　　　③Ⓒ
409N　　　　　　　　　　//そうそうそう。//
410L　　　　　　　　　　//おーー、そう。//

---

[4] それぞれの例の初めにNNJ3のような資料名（NNJのコーパスの中の3番目の談話）、参加者のアルファベット（L,m,Nの大文字は男性、小文字は女性）、性と年齢（MFM<30は30歳未満の男性（M）二人と女性（F）一人）、内容（「油揚げ1（同定）」）、ビデオの時間（10:03–10:50）を示す。

411m　　　　　　　　　　　　　　うーん。
412L　　　　　　　　　　　　　　うーーーん↑。
413m　大豆？
414m　だい//ず。‖
415L　　　　//°だ‖いず。°
416m　豆？
417m　んー→、(2.0) 豆腐と同じものからできてる。
418L　　　　　　　　　　　　　　ふーん。

mは、非母語話者Lの質問（404L–405L）に対して407m–408mで「たぶん」を用いて油揚げが豆腐からできていると答えているが、アメリカ人から見ると普段食べているものなのになぜその材料が断定できないのか不思議に思えるのである。また、「よね。」を用いてもう一人の日本人Nに同意を求めている。mは油揚げが何でできているのかあまり知らず、その自信のなさを「たぶん」で表しているとも考えられるが、（1）ではおそらく日本人なら常識として知っていることを非母語話者Lが知らないのは当然ではあるが、非難していると受け取られないように「たぶん」を用いているのだろうと考えられる。また、m独自の意見としてではなく、Nも輪の中に入れようとしているために「よね」を用いていると考えられる。非母語話者は「たぶん」と「よね。」のようなME表現の文レベルの意味、機能のほかに相互作用の中でどのように用いられるかを習得する必要がある。

本稿は（1）のような資料を分析し、1）日本語によるJPNとNNJの試食会ではME表現の数と種類がどのように異なるのか、2）食べている物を同定[5]（identify）したり、評価したりする相互作用においてME表現の用い方がどのように異なるかの2つの観点から考察する。

2. 先行研究

ME表現は益岡（1991, 2007）、益岡・田窪（1992）、Chafe（1986）、神尾

---

[5] 本稿でいう「同定」とは食べ物・飲み物についてそれがなにかをはっきりさせる行為である。

(1990)を発展させ、①概言／信頼性[6]（Ⓐ（断定）保留、Ⓑ可能性、Ⓒ（直感的）確信、Ⓓ様態）、②信じていることや意見、③感覚的・知覚的証拠、④類似性（カテゴリー・予想）、⑤演繹法、⑥体験の有無（Ⓐ保留、Ⓒ確信）、⑦知識の有無（Ⓐ保留、Ⓒ確信）、⑧終助詞等[7]（Ⓐ保留、Ⓑ可能性、Ⓒ確信）の8種類に分類した[8]。Szatrowski (2014a) とザトラウスキー (2014b) では日本人3人の日本語による試食会（JPN）（総数は13）とアメリカ人3人の米語による試食会（ENG）（総数は12）を比較・対照し、ME表現の数と種類や談話の流れの中での用いられ方が異なっていたと指摘している。未知のジュース（バフィラ）を試飲している30歳以上の男女グループのME表現の割合は、日本人は③感覚的・知覚的証拠 (30%)、⑧終助詞 (28%)、①概言 (24%) が多かったのに対して、アメリカ人は②信じていることや意見 (42%) が最も多く、④類似性 (18%)、③感覚的・知覚的証拠 (15%) が次に多く用いられていた。①概言に関しては、日本人はⒶ断定保留とⒸ直感的確信が多く、Ⓑ可能性が少なかったのに対して、アメリカ人はⒷ可能性とⒸ直感的確信を少し用いたが、Ⓐ断定保留はほとんどなかった。また、②信じていることや意見を表す米語の"I think"と日本語の「と思う」の形を相互作用の中で考察したところ、日米での用いられ方が異なっていた。ENGではアメリカ人が連続して独自に意見を述べるために"I think"を用いていたのに対し、JPNでは食い違った意見が出た後で一人の話者が「と思う」を用いることで自分の意見を強調したり、和らげたりしながら、話をまとめることが観察された。

非母語話者のME表現についての先行研究としてはCook (2006, 2012)、Kizu, Pizziconi, and Iwasaki (2013) その他が挙げられる。本稿は、会話分析

---

[6] 「概言／信頼性」を以下「概言」と略す。

[7] 「終助詞等」を以下「終助詞」と略す。

[8] ①「概言」は益岡・田窪 (1992: 127–131) を参照したが、さらに益岡・田窪 (1992) を展開させ、⑥体験の有無、⑦知識の有無をⒶ保留とⒸ確信、⑧終助詞等もⒶ保留、Ⓑ可能性、Ⓒ確信に分けた。①「信頼性」と②〜⑤はChafe (1986: 271) の、知識に対する態度を表す広義のエビデンシャリティ (evidentiality) を参照し、⑧終助詞は神尾 (1990) の縄張り理論で、情報が話し手の縄張りに属しているか聞き手の縄張りに属しているか等によって「ね」「よ」の用い方が異なることと関連している。詳しくはSzatrowski (2014a) 参照。

を重視する日本語教育の視点（ザトラウスキー 1986a, 1986b, 1987）を取り入れるほか、ザトラウスキー（1993）、Watanabe（2004）その他と同様、日本語母語話者の日本語と米語母語話者の米語それぞれによる談話の分析結果を考慮する[9]。その上にさらに日本語の母語話者と非母語話者のアメリカ人との接触場面での日本語による談話も分析することが特徴である。

　ME 表現は試食会の同定と評価の発話連鎖で多く見られるが、C. Goodwin and M. Goodwin（1987: 32）と M. Goodwin and C. Goodwin（2000）によると、評価は個人の中のみに存在するのではなく、参加者が互いの言語・非言語行動から次にどのような評価が出るのかを予測し、時間とともに展開する一連の複雑な行為であり（"intricate, temporally unfolding sequence of embodied action"）、会話の相互作用の中で動的に作り上げられていく。Du Bois（2007）と Pizziconi（2009）もそれぞれ評価とモダリティは、一人の話者の心理状態だけではなく、相互作用の中でほかの参加者との関係、連携等を作り上げるものであると述べている。

　従来の ME 表現に関する文法研究では、文レベルの話者中心の主観性、数量的な特徴に焦点が置かれてきたが、本稿はこれらの研究を踏まえながらさらに実際の談話の相互作用も観察する。つまり、ME 表現の意味付けは相互作用の中で作り上げられるという立場から考察する[10]。

3. 分析

　本稿では、従来の研究を踏まえ、まず、試食会で用いられた ME 表現を【表1】と【表2】に示すように 8 種類に分類した。次に、似た食べ物を食べている JPN2 と NNJ3 の話段を認定し、それぞれの ME 表現を数え、全体的な異同を確認した[11]。さらに、相互作用の中でその表現はどのように用いられているかを考察した。

---

[9] 日本語教育に日本語の母語話者（target-native）の観点と、日本語ができる学習者と同じ母語の話者（base-native）の観点を両方取り入れる必要性については Jorden（1987）参照。

[10] Szatrowski（1994, 2014a）を参照。

[11] 「話段」に関してはザトラウスキー（1993）と佐久間（2003）参照。

【表1】 JPN2のパフラを同定・評価している話段でのME表現（30歳未満の男女グループ）

(D, f の発話をそれぞれ太字、斜体、普通体で示している ①断定 ⑧可能性 ⑥確信 ⑥様態 保留 ⑥確信 ⑥様態（直感的）確信、⑥様態。ME表現以外の表現がある場合ME表現を下線で示す。
* 小数未満は四捨五入 A＝形容詞：N＝名詞、A＝形容詞、( ) ＝連体修飾の中、{ } ＝仮定的な話／過去の経験

	①概言／信頼性：Ⓐ（断定）保留 Ⓑ可能性 Ⓒ確信 Ⓓ様態	②信じていることや意見	③感覚的・知覚的証拠	④類似性（カテゴリー・予想）	⑤演繹法	⑥体験の有無（Ⓐ保留、Ⓒ確信）	⑦知識の有無（Ⓐ保留、Ⓒ確信）	⑧終助詞等（Ⓐ保留、Ⓒ確信）	合計
JPN2 MFM<30 パフラ 7箇所、合計3分51秒	Ⓐ（な）だろう 1、（なん）だろー 1、（なにN なん）だろ 1、うか 1、ないか 1、ないかな 1、ぶん 1 Ⓑかも 1 Ⓒ Nじゃない 2、Nじゃないか、A くない 1、A くない（っつって）1、Nじゃなくない 1、（入って）ないい 1、確か に 3、（するん）じゃな い、作ってなかった？1、じゃん 1、じゃ ない？1、じゃん 1、きっ と 1、や 1、やん 1、きっ と 1 Ⓓ出てきそう 1	と思って 1	気になるんだ 1、気がーしなくも ない 1、感じた 1、不思議な味 1、こんな味 1、梅 味 1、小豆味 1、味がする 1、吸み...し やすい、味したんだ 1	Nっぽい 4、N系 1、そう いう [1]、こ んな N [1]、N みたいの [1]、N 的な [1]、N ら しき物 [1]、[ ] みたい、Nみ たいな [1]、たいな [1]、ような [1]	0	Ⓒ飲んだこ とある。[1]	Ⓐわかん ない 2 Ⓒわかっー 1	Ⓐか 2、か 1、かなー 1、かなー 1、か な 1、なー、け ど 1、けど 2、けど— 1、けど 1 Ⓒね 5、ね 1、ね 1、ね 1、ねー 1、ねー 1、な 1、な 4、よ 1、よ 2、よ 4、よ 2、ナーみ たいな 1、よね 2、よね 1、さ、さ 1、さ 1、さ— 1、さ 1、さ— 1	Ⓐ 6,4,6=16 Ⓒ 6,17,14=37 12 (60%), 21 (53%), 20 (43%)
参加者別の合計	Ⓐ 0,2,4=6; Ⓑ 1,0,0=1; Ⓒ 2,8,9=19; Ⓓ 1,0,0=1 4 (20%), 10 (25%), 13 (28%)	0,0,1	4 (20%), 5 (13%), 5 (11%)	0 [1], 2 [2], 5 [3]	0	Ⓒ 0,1,0	Ⓐ 0,0,2 Ⓒ 0,1,0		20 (19%), 40 (38%), 46 (43%)
合計	27=25%	1=1%	14=13%	7=7%; [6]	0	1=1%	3=3%	53=50%	106 [6]

第9章 日本語の試食会におけるモダリティとエビデンシャリティの用い方 | 165

【表2】NNJ3 のバフィラを同定・評価している話段での ME 表現（30 歳未満の男女グループ）

(L,m,N の発話をそれぞれ太字、斜体、普通体で示している；N=名詞、A=形容詞：[ ] =連体修飾の中、{ } =仮定／一般的な話／過去の経験
* 小数未満は四捨五入 ME 表現以外の表現がある場合 ME 表現を下線で示す。

	①概言／信頼性：Ⓐ（断定）保留, Ⓑ可能性, Ⓒ（直感的）確信, Ⓓ様態	②信じていることや意見	③感覚的・知覚的証拠	④類似性（カテゴリー・予想）	⑤演繹法	⑥体験の有無 Ⓐ保留 Ⓒ確信	⑦知識の有無 Ⓐ保留, Ⓒ確信	⑧終助詞等 Ⓐ保留, Ⓑ可能性, Ⓒ確信	合計
NNJ3 MFM<30 バフィラ 5箇所、合計3分38秒	Ⓐたぶん2、たぶん1、でしょう1、なんだろう。1、だろう1、思わない1 Ⓑかもしれない。1、のかもしれない。1、もしかしたら1 Ⓒ確かに2、確かに。1、確かに、1、Nぼくない1、思わない1、じゃないか1、じゃない1、きっと1、絶対に1 ⓄN(ぼそう1、おいしそう。1	と思う1、と思う。1、と思った。{1}、そう思わない1、そう思わない。1、思わないか。1	そういう感じの、N [1]、N (ぼそう1	N (ぼそう1、N (ぼくない1、そういう感じの、N [1]、こういう N [1]		Ⓐ飲んだことない1	Ⓐわかんない。1、わからない1、わかり(ません)、1、わかん ない。1	Ⓐ1,3,16=20、か。1、か。2、かっ。1、か3、かな1、かなあ？な。1、かなあ？ Ⓑ0,0,1 Ⓒ6,3,11=20 ね。2、ね。2、ね、1、ねよね。2、ね、1、ね—。1、ねー。1、そうね。1、そうねー。2、さ、1、さー2	15 (19%), 8 (10%), 56 (71%)
参加者別の合計	Ⓐ1,1,6=8; Ⓑ0,0,4=4; Ⓒ1,1,8=10; Ⓓ0,0,2=2	1 (7%), 0,3 (5%) {1}	0,0,1 [1]	0,0,2 [2]	0	Ⓐ0,0,1	Ⓐ5 (33%), 0,1 (2%)	7 (47%), 6 (75%), 28 (50%)	79 [3] {1}
合計	2 (13%), 2 (25%), 20 (36%)	4=5%; {1}	1=1%; [1]	2=4%; [2]	0	1=1%	6=8%	41=52%	

3.1　談話資料

資料は参加者が3人ずつのグループで3種類の料理（日本、セネガル、アメリカ）を食べながらその料理について話す試食会を録画、録音したものである。そのビデオは、日本語母語話者の日本語による試食会（JPN）（総数は13）、米語母語話者の米語による試食会（ENG）（総数は12）、アメリカ人一人と日本人二人の日本語による試食会（NNJ）（総数は4）である[12]。以下それぞれ JPN、ENG、NNJ と呼ぶことにする。Szatrowski（2014a）とザトラウスキー（2014b）で JPN と ENG の試食会を中心に見たため、本稿では JPN と NNJ に焦点を置く。特にそれぞれのコーパスの中の JPN2 と NNJ3 の30歳未満の男女グループを中心に考察する。試食会は未知と既知の食べ物を、味、匂い、舌触り、見た目等の感覚で当て、評価するため、モダリティとエビデンシャリティの分析に適していると思われる。

3.2　JPN と NNJ の試食会で用いられる ME 表現の数と種類

未知のジュース（バフィラ[13]）を試飲している30歳未満の男女グループ JPN2 と NNJ3 の結果をそれぞれ【表1】と【表2】にまとめた。JPN2 は ME 表現の合計が NNJ の約1.3倍多く、⑧終助詞（50%）、①概言（25%）、③感覚的・知覚的証拠（13%）が多かったのに対して[14]、NNJ3 は⑧終助詞（52%）、①概言（30%）が多かった。NNJ3 の試食会を参加者別で見たところ[15]、日本

---

[12]　JPN の試食会は日本で、ENG と NNJ の試食会はアメリカで録画した。

[13]　バフィラはセネガルの飲み物であるが、乾燥させたハイビスカスの花を水で戻した真っ赤な色の酸味のあるジュースである。

[14]　JPN2 の結果は Szatrowski（2014a）とザトラウスキー（2014b）の JPN1 の30歳以上の男女グループの③感覚的・知覚的証拠（30%）、⑧終助詞（28%）、①概言（24%）が多かったことが類似するが、JPN2 の方は⑧終助詞が多く、③感覚的・知覚的証拠が少し少ない。③感覚的・知覚的証拠が少ないのは非母語話者の理解が中心になり、色々な感覚から話す時間がなかったからだろう。

[15]　【表1】と【表2】に参加者の合計のほか、参加者別の分析のために JPN2 の参加者 D,*E*,f の発話と数字をそれぞれゴシック体の太字、斜体、普通体（0,2,4）で、NNJ3 の L,*m*,N の発話と数字も同様それぞれゴシック体の太字、斜体、普通体で示している。また、多い数字にハイライトを付けている。

語母語話者は⑧終助詞（m=75%, N=50%）と①概言（m=25%, N=36%）が多かったが、非母語話者のアメリカ人は⑧終助詞（47%）が最も多く、⑦知識の有無（33%）（「わかんない」「わからない」）が次に多かった。一方、①概言（13%）は「たぶん」、「絶対に」の2つのみであった。また、⑧終助詞は、「か」が1つであり、「ね（ー）」が6つでその半分は「そうね。」という相づち的な発話に含まれていた。NNJ3の特徴は、女性mより男性LとNの発話数が多かったが、非母語話者LはNより実質的な発話にME表現を用いることが少なかったということである。Szatrowski（2014a）とザトラウスキー（2014b）のENG11の分析結果では②信じていることや意見（42%）を表す"I think"等が圧倒的に多かったが、本稿のJPN2とNNJ3では、それぞれ1%と5%で少なかった。

3.3　JPNとNNJの試食会の相互作用におけるME表現の用い方

（2）はNNJ3の非母語話者の男性L、日本人女性m、日本人男性Nのバフィラ4の話段である。1291Nと1299Lではそれぞれ「と思う」が用いられている。非母語話者LのME表現は1278L（「わか（りません）」）と1299L（「と思う」）のみで、Nの14のME表現と比べると、非常に少ないことがわかる。

　（2）　　NNJ3 (L,m,N=MFM<30) バフィラ4（評価）(30:30–31:07)

1274m　　（2.0）好き？

1275L　**（1.5）好きーかどうか？**

1276m　　　　　　　　//うん。//

1277N　　　　　　　　//でも、//

1278L　**//@ ん、でもちょっとわか（りません）。@//**　　　　　　⑦A

1279N ～ // 健康食品、健康食品 // ぽくないなんか。　　　　　　④⑥

1280L　　　　　　　　　　　　　　　　　　うーん。

1281N　　なんて言うんだろ。　　　　　　　　　　　　　　　　　①A

1282N　　健康食品っていうかー。

1283N　　（1.0）なんか、そういうやつな-なんて言うんだろ。　　①A

1284N　　健康食品っていうかな、なんか。　　　　　　　　　　　⑧A

1285m　　（1.0）// あ。//

1286N	//ビ‖タミンC、Aとかさ、 #C、A=シー、アー		⑧C
1287N	そういう 感じの、		④③
1288L	ん。		
1289N	飲み物っぽ そう。		④⑪
1290L	うーん。		
1291N	だからそんなに甘くないんだと思う けど。		②⑧A
1292L	そうそ。		
1293N	˚うん。˚		
1294L	(3.0) 酸っぱいだから、		
1295L	えと、飲みにくい。=		
1296N	=確かに、		⑪C
1297m	うん。		
1298N	これ日本では飲んだことない(かも)。		⑧B
1299L	(1.0)˚でも、˚(1.0)少し、おいしい、と思う。		②
1300m	うーん。		

相互作用の中の「と思う」の用い方はNとLとで異なっている。NはバフィラをビタミンC、Aが入っている健康食品のような飲み物であることを述べてから、それを理由にして1291N「だからそんなに甘くないんだと思うけど。」で「と思う」を用いて意見をまとめている。一方、Lは1299Lの「でも」の後でいきなりなぜバフィラが酸っぱくて甘くないのかから自分の評価へ話題を変えてNと反対の意見を「と思う」で述べている。1299Lは1274mに対する答えだろうが、Nの発話が間に入っているため、唐突な印象を与える。また、Nは1291Nで「けど」を用いて意見を和らげているが、1299Lは「と思う。」で終わっている。Lの「と思う」はSzatrowski (2014a) とザトラウスキー (2014b) のENGで観察した"I think"と同様、独自に意見を述べるために用いられている。

林 (2010: 44–45) は「句末連辞」について次のように述べている。

　　左側の表現ストリング(中略)が、右側の表現ストリング(「。」「だろう」「でしょう」など)のようなものを持って、その"陳述"に統括されると、現実の「文」になります。この、右側のものを、私は「句末連辞」と名

付けます。その形は限りなくあります。
NNJ3の非母語話者の「句末連辞」は「。」「と思う」であり、用いているものが非常に限られている。相手の日本人が用いている、ME表現が複数つながっている「大根っぽい 味がする んじゃない かなー。④③⑩⑧A」のような発話も用いず、これで日本語の「文」の統括を習得しているとは言い難い。
（3）でLは960m「酸っぱい？」と963m「甘くないね↑。」に対してそれぞれ「酸っぱいねー。」と「そうね。」で「ね」を用いて同意している。

（3）　NNJ3（L,m,N=MFM<30）バフィラ2a（味の同定）（22:18–22:34）
流れ　m: 酸っぱい（L○）→ m: 甘くない（L○）
957m　°私も飲も。°
958L　（4.0）@°ちょっと、わかんない。°@ {ンフ}　　　　　　　　⑦A
959m　これは一体なんだろう。　#これ＝バフィラ　　　　　　　　①A
960m　（2.0）酸っぱい？
961L　{ンフ}@酸っぱいねー。@　　　　　　　　　　　　　　　　⑧C
962m　　　　　　　　{ンフフ}
963m　甘くないね↑。　　　　　　　　　　　　　　　　　　　　　⑧C
964L　　　{ンフ}@そうね。@　　　　　　　　　　　　　　　　　⑧C

（4）は（3）の続きで、NとLがバフィラを同定しようとしている。

（4）　NNJ3（L, m, N=MFM<30）バフィラ2b（同定）（22:35-22:54）
流れ　N: ブルーベリージュース（L×）→ N: ラズベリー（L○）
965N　（1.0）ブルーベリージュースかと思った。　　　　　　　　⑧A②
966L　　　　　　　　　　　　　　　（1.0）うん。
967m　　　　　　　　　　　　　　　　　　　んーーー。
968N　ラズベリーとかかなー。＝　　　　　　　　　　　　　　　⑧A
969L　＝・絶対に・、ブルーベリージュース、じゃない。　　　　⑩C
970N　ラズベリー？
971L　は-。// なにベリー？ //
972N　　　// ラズベリー。// ラズベリー↑。
973L　ラズベリー、あーーー。
974L　（1.0）そう // ねー。//　　　　　　　　　　　　　　　　⑧C

975N　　　　　// 英語 ‖ でもラズベリー、
976N ～ 日本語でもラズベリーだよね？これ。　　　　　　　⑧C
977m　ラズベリー。
978N　言うよね。　　　　　　　　　　　　　　　　　　　⑧C
979L　　　　うん。

　965N で N が「ブルーベリージュース」という同定を「か」（終助詞、保留）と「と思った」（過去の意見）という ME 表現を用いて述べた後、L はすぐに大きな声で「・絶対に・」という直感的確信を表す ME 表現でそれを否定している。その後 N がラズベリーという同定を L が 974L で「そうねー。」で同意してから英語と日本語のラズベリーの発音に話が移る。

　（4）の後、セネガル料理のデザート（ラッハ）へ話が移る。次に（5）の 1001m でまた同定の話段が始まるが、候補が出ずに終わってしまう。

　　（5）　NNJ3（L,m,N=MFM<30）バフィラ 3（23:24–24:35）
1001m　（1.0）これがー // 番不思議。‖
1002N ～　　　　　　　// なんだろうこれ。‖　　　　　　①A
1003m　　　　　　　　　　　　// ｛ウフフフフ｝‖
1004L　　　　　　　　　　　　// ｛ンフ｝@ そうそうそう。@ ‖
1005L　（1.0）ジュース、かなあ？　　　　　　　　　　　　⑧A
1006L ～ @ ちょっとわかんない。@ でも。　　　　　　　　⑦A
1007m　　　　　　　　　　　　うーん。
1008L　（0.5）酸っぱい、酸っぱい。
1009m　　　　　　　　　　　　うん。
1010N ～（6.0）やっぱ留学してやっぱりいいのは、
1011N　いろんな国の食べ物を食べれることーかな。

　一方、日本人 3 人による JPN2 の談話はどうだろうか。JPN2 の同定の話段では、NNJ3 より候補が多く、複数の話段に渡って出され、3 人で ME 表現を用いながら話し合うことが観察される。（6）では E の花びらの同定が 835D「うん、違うよ。｛アハハ｝」で、D のアセロラの同定が 841f「アセロラはもっと酸っぱくなーい。」で否定されるが、D の「よ」の確信を表す終助詞が笑いによって和らげられたり、f の「くなーい。」の直観的確信で相

手に働きかけている。(4)の非母語話者の969L「・絶対に・、ブルーベリージュース、じゃない。」のような独自に表される主張とは異なっている。

　　(6)　JPN2 (D,E,f=MMF<30) バフィラ3 (同定) (23:54–24:26)

流れ　E: 花→ E: 花びら (D×) → D: アセロラ (f×)

824D　{オフッ}@ なんだこれ。@　※バフィラを飲む
825f　　　　　　　　　　　@ え、なに。@
826f　みんな大丈夫だと思ってそっちに。　　　　　　　　　　②
827D　ん、なに、なにジュースなんだこれ。
828E　// あー俺わかっ-||　　　　　　　　　　　　　　　　　⑦Ⓒ
829f　// なんだろー。||　　　　　　　　　　　　　　　　　①Ⓐ
830E　これね、　　　　　　　　　　　　　　　　　　　　　⑧Ⓒ
831E　たぶんね、　　　　　　　　　　　　　　　　　　①Ⓐ⑧Ⓒ
832E　花だね、花。　　　　　　　　　　　　　　　　　　　⑧Ⓒ
833f　花。
834E　花びら。
835D　うん、違うよ。// {アハハ} ||　　　　　　　　　　　　⑧Ⓒ
836f　　　　　　　// {アハハ} ||
837f　よくわかんない、　　　　　　　　　　　　　　　　　⑦Ⓐ
838f　なにジュースなんだろ、　　　　　　　　　　　　　　①Ⓐ
839f　なんかー。
840D　アセロラ？
841f　アセロラはもっと酸っぱくなーい。　　　　　　　　　⑩Ⓒ
842D　　　　　　　　　　　　うーん。
843D　なんだこれ。

　次に、NNJ3の(4)と同様(6)の後ラッハへ話が移るが、その後(7)の883Dでまた同定の話段が始まる。しかし、NNJ3の(5)と異なり、さらに色々な候補が出され、3人で同定しようとしている。

　　(7)　JPN2 (D,E,f=MMF<30) バフィラ3 (同定) (25:39–26:17)

流れ　E: シソ (f,D△) → E: 酢→ (f: シソ○) → E: 葉っぱ系→ f: 赤い葉っぱ
　　　　→ D,E: かぶジュース (f×) → f: 大根 (D○) → E: シソ

883D　これがまじで気になるんだけど。　※バフィラを手に取る　　　　③⑧Ⓐ
884E　これなに、シソ入ってんのシソ。
885f　シソ、シソジュース。
886D　　　　　　　　　　　うーん。
887D　シソジュースか。
888E　あとね、　　　　　　　　　　　　　　　　　　　　　　　　⑧Ⓒ
889E　酢、酢が入ってない。　　　　　　　　　　　　　　　　　　ⒸⒸ
890f　酢。
891f　なんかね、　　　　　　　　　　　　　　　　　　　　　　　ⒸⒸ
892f　こっちのあとに食べ、飲んだら＝　※人差し指でマフェを3回指す
893f　あんまり味しなかったん∥だけどー。∥　　　　　　　　　　③⑧Ⓐ
　　　※人差し指でバフィラを指す
894E　　　　　　　　　∥ふんふん。∥
895f　こっちのあとに飲んだらー。　※人差し指でラッハを指す
896E　　　　　　　　　あー。
897f　結構酸っぱいねー。　　　　　　　　　　　　　　　　　　　⑧Ⓐ
898E　　　　　　　うーん。
899f　　　　　　　うん。
900D　ね、結構酸っぱいよね。
901f　　　　　　　うん。
902f　なんか、シソ、確かにシソっぽいなにかを感じた。{アハハ}　Ⓒ④③
903E　なんか葉っぱ系なのかなー。　　　　　　　　　　　　　　　④⑧Ⓐ
904f　葉っぱ、赤い葉っぱ？
905E　　　　　　　うん。
906D　@かぶ↑。@
907E　かぶジュース。
908f　かぶはちょっと、
909f　大根っぽい 味がする んじゃない かなー。　　　　　　　　④③Ⓒ⑧Ⓐ
910D　　　　　　　　　　　　　　　@確かに。@　　　　　　　　Ⓒ

（7）では、（6）で花びらという同定を出したEはその延長線でシソと同定

し、Dとfはそれを繰り返して受け入れる。次にEが酢が入っていると述べてからfがバフィラの前に何を食べたかによってその味が異なり、甘いラッハの後バフィラが酸っぱくなることからEが出したシソの同定に同意する。その時の902f「なんか、シソ、確かにシソっぽいなにかを感じた。{アハハ}」の発話に「確かに」という⑩直感的確信、「っぽい」という④類似性、「感じた。」という③感覚的・知覚的証拠を表す3つのME表現が用いられている。その後Eが「葉っぱ系」、fが「赤い葉っぱ」、Dが「かぶ」、Eが「かぶジュース」という同定を出す。fが908f「かぶはちょっと、」でDとEのかぶという同定を否定し、その代わりに909fで「大根っぽい　味がする　んじゃない　かなー。」で「っぽい」という④類似性、「味がする」という③感覚的・知覚的証拠、「んじゃない」という⑩直感的確信、「かなー。」(⑧A終助詞、保留)というME表現が4つ連なってバフィラを大根と同定している[16]。その後シソの同定との関係でおばあさんのシソジュースの味に話が展開する。約9分後にまた同定の話段が始まり、梅ジュース、梅シソ、梅酒、シソジュースという同定も出される。このようにJPN2では同定は複数の候補とそれに対する同意と否定がME表現を用いて出される。ME表現を用いることでほかの同定が出しやすくなる。一方、（4）のNNJ3のように同定が強く否定されると同定の話段が展開されなくなると考えられる。

　NNJ3とJPN2の談話の流れを比較・対照したところ、評価や同定の発話連鎖におけるME表現の用い方が著しく異なっていた。日本語母語話者はME表現を用いて相手の同意を求めながら意見を述べ、相手の意見に対して同意するが、これに対して、非母語話者は相手の意見に対して同意するが、自分の意見を述べる時に相手にあまり働きかけないということが見られた。

4.　おわりに

　食べ物は人間に不可欠で、食事をしている場面は、非母語話者を社会化させるのに適している（Kulick and Schieffelin 2004, Cook 2006, 2012, Noda 2014）。

---

[16]　ME表現の数と種類を比べるために「んじゃない」と「かなー」を分けて分析しているが、実際に「んじゃないかなー」は文法化され、1つの形式になっている。字数制限のため本稿ではME表現の文法化を取り上げていない。

食べ物に関する談話は、食べ物の同定、範疇化、評価（ザトラウスキー 2011, 2013, Koike 2014 その他）、客観的表現と主観的表現（ザトラウスキー 2013）、ストーリーテリング（Karatsu 2010, 2012, Szatrowski (ed.) 2010, ザトラウスキー 2014a）を含め、言語・非言語行動が大変豊かである。そこで用いられる ME 表現は日本語の発話の構造や参加者の関わり合いを支える重要な役割を果たしている。学習者の母語で日本語と類似した ME 表現がない、または類似した ME 表現があっても相互作用の中での用いられ方が異なることがあるため学習者に ME 表現の用い方を意識させないと気づかないままになってしまう恐れがある。

　食べ物は話しやすい話題であるため、日本語教育の初級段階から食べ物についての評価と同定と共に ME 表現を教えることを勧めたい。その際 ME 表現の意味付けは文レベルの話し手の主観的判断だけではなく、他の参加者の反応に応じる相互作用の中で作り上げられる練習が必要である。南（1974, 1993）は日本語の文の構造を述部的な成分以外の要素と述部的な成分に分けている。本稿で取り上げた非母語話者の ME 表現は、前者の「たぶん」と「絶対に」、後者の「と思う」と終助詞（「ね」、「か」）のみであった。「たぶん」「絶対に」「と思う」は母語の英語からの転移だと考えられる。また、述部的な成分で用いられる ME 表現は習得しにくいようである。一方、日本人の母語話者は述部的な成分の①概言（「だろう」、相手の同意を求める「N じゃない」、「N じゃなくない」、「A くない」、「A くなくない」、「じゃん」等）、③感覚的・知覚的証拠（「気／味／匂い／味がする」、「感じる」等）、⑧終助詞という ME 表現を多く用いている。このような ME 表現を初級段階から相互作用を重視して教えれば、その後様々なジャンルの談話を例にし、難しい話題に関する意見を述べることができるための基盤となる。

謝辞

　お茶の水女子大学の高崎みどり教授、古瀬奈津子教授、香西みどり教授、十文字学園女子大学の星野裕子講師にお世話になり、感謝申し上げます。資料収集、資料作成等にご協力いただいた山田さおり氏、原田彩氏、小島美咲氏、池野月子氏に感謝いたします。試食会の参加者にもお礼申し上げます。本研究は 2009 〜 2011 年度のミネソタ大学の科学研究

費補助金と 2012 〜 2013 年の博報財団第 7 回「日本語海外研究者招聘事業」による招聘研究の成果の一部である。

文字化資料の表記方法 (ザトラウスキー 1993, 2011, 2013, 2014a; Szatrowski (ed.) 2004, 2010, 2014b, Szatrowski 2014a)

。	下降のイントネーションで文が終了することを示す。
?	疑問符ではなく、上昇のイントネーションを示す。
↑	少しだけ上昇するイントネーションで発話が終わることを示す。
、	文が続く可能性がある場合のごく短い沈黙を示す。
ー	長音記号の前の音節が長く延ばされており、ーの数が多いほど、長く発せられたことを示す。
// ‖	// と ‖ はそれぞれ同時に発話された発話の重なった部分の始まりと終わりを示す。同時に発話された発話両方に示す。
(0.5)	( ) の中の数字は 10 分の 1 秒単位で表示される沈黙の長さを示す。
( )	( ) の中の発話が記録上不明瞭な発話を示す。
@ @	@ と @ の間の発話が笑いながら発話されることを示す。
ﾟ ﾟ	ﾟ ﾟ の間の発話が小さな声で発話されることを示す。
{カタカナ}	{ } 内のカタカナによって笑い、咳ばらい等の音を示す。
=	ポーズがなくても字数のため改行しないといけないことを示す。前方の発話の終わりに示す。
= =	2 つの発話間に時間的空白がないことを示す。= を前の発話の終わりと次の発話の始めに付ける。
-	途切れた音を示す。(食べ-食べ物)
～	倒置
※	発話と同時に行われる非言語行動の説明。
(( ))	発話間に行われる食事行動等に関する説明。
#	発話の意味に関する説明。

相づち的な発話は前の発話の終わりで始めるように右へずらしてある。

引用文献

神尾昭雄 (1990)『情報のなわ張り理論』東京：大修館書店.
佐久間まゆみ (2003)「文章・談話における『段』の統括機能」佐久間まゆみ (編)『朝倉日本語講座 7　文章・談話』91–119. 東京：朝倉書店.
ザトラウスキー、ポリー (1986a, 1986b, 1987)「談話の分析と教授法 (I, II, III)――勧誘表

現を中心に──」『日本語学』5（11）: 27–41, 5（12）: 99–108, 6（1）: 78–87.

ザトラウスキー、ポリー（1993）『日本語の談話の構造分析──勧誘のストラテジーの考察──』東京：くろしお出版.

ザトラウスキー、ポリー（2011）「試食会の言語・非言語行動について──三十歳未満の女性グループを中心に──」『比較日本語学教育研究センター研究年報』7: 25–36.

ザトラウスキー、ポリー（2013）「食べ物を評価する際に用いられる『客観的語句』と『主観的語句』について」『国立国語研究所論集』5: 95–120.

ザトラウスキー、ポリー（2014a）「試食会における食べ物と家族との関係」『比較日本語学教育研究センター研究年報』7: 25–36.

ザトラウスキー、ポリー（2014b）「相互作用に見られる言語と文化の接点──ストラテジー、談話の構成単位、モダリティとエビデンシャリティについて──」『日本言語文化研究会論集』10: 1–17.

林四郎（2010）『パラダイム論で見る句末辞文法論への道』川崎：みやび出版.

益岡隆志（1991）『モダリティの文法』東京：くろしお出版.

益岡隆志（2007）『日本語モダリティ探究』東京：くろしお出版.

益岡隆志・田窪行則（1992）『基礎日本語文法──改訂版──』東京：くろしお出版.

南不二男（1974）『現代日本語の構造』東京：大修館書店.

南不二男（1993）『現代日本語文法の輪郭』東京：大修館書店.

Chafe, Wallace（1986）Evidentiality in English conversation and academic writing. In Wallace Chafe and Johanna Nichols（eds.）*Evidentiality*, 261–272. Norwood: Ablex.

Cook, Haruko Minegishi（2006）Joint construction of folk beliefs by JFL learners and Japanese host families. In Margaret A. DuFon and Eton Churchill（eds.）*Language learners in study abroad contexts*, 120–150. Clevedon: Multilingual Matters Ltd.

Cook, Haruko Minegishi（2012）Language socialization and stance-taking practices. In Alessandro Duranti, Elinor Ochs, and Bambi B. Schieffelin（eds.）*The handbook of language socialization*, 296–321. Malden, MA: Blackwell.

Du Bois, John W.（2007）The stance triangle. In Robert Englebretson（ed.）*Stancetaking in discourse*, 1–25. Amsterdam: John Benjamins.

Goodwin, Charles and Marjorie Harness Goodwin（1987）Concurrent operations on talk: Notes on the interactive organization of assessments. *IPRA Papers in Pragmatics* 1（1）: 1–54.

Goodwin, Marjorie Harness and Charles Goodwin（2000）Emotion within situated activity. In Nancy Budwig, Ina Č. Uzgris, and James Wertsch（eds.）*Communication: An arena of development*, 33–54. Stamford, CT: Ablex Publishing Corporation.

Jorden, Eleanor Harz（1987）The target-native and the base-native making the team. *Journal of the Association of Teachers of Japanese* 21（1）: 7–14.

Karatsu, Mariko (2010) Sharing a personal discovery of a taste: Using distal demonstratives in a storytelling about *kakuni* 'stewed pork belly'. In Polly Szatrowski (ed.) *Storytelling across Japanese conversational genre*, 113–146. Amsterdam: John Benjamins.

Karatsu, Mariko (2012) *Conversational storytelling among Japanese women: Conversational circumstances, social circumstances and tellability of stories*. Amsterdam: John Benjamins.

Kizu, Mika, Barbara Pizziconi, and Noriko Iwasaki (2013) Modal markers in Japanese: A study of learners' use before and after study abroad. *Japanese Language and Literature* 47 (1): 93–133.

Koike, Chisato (2014) Food experiences and categorization in Japanese talk-in-interaction. In Polly Szatrowski (ed.) *Language and food: Verbal and nonverbal experiences*, 159–183. Amsterdam: John Benjamins.

Kulick, Don and Bambi B. Schieffelin (2004) Language socialization. In Alessandro Duranti (ed.) *A companion to linguistic anthropology*, 349–368. Oxford: Blackwell.

Noda, Mari (2014) It's delicious!: How Japanese speakers describe food at a social event. In Polly Szatrowski (ed.) *Language and food: Verbal and nonverbal experiences*, 79–102. Amsterdam: John Benjamins.

Pizziconi, Barbara (2009) The interactive consequences of epistemic indexicality- Some thoughts on the epistemic marker *-kamosirenai*. In Barbara Pizziconi and Mika Kizu (eds.) *Japanese modality*, 259–286. New York: Palgrave Macmillan.

Szatrowski, Polly (1994) Discourse functions of the Japanese epistemic modal *desyoo*. *Berkeley Linguistics Society* 20: 532–546.

Szatrowski, Polly (ed.) (2004) *Hidden and open conflict in Japanese conversational interaction*. Tokyo: Kurosio Publishers.

Szatrowski, Polly (ed.) (2010) *Storytelling across Japanese conversational genre*. Amsterdam: John Benjamins.

Szatrowski, Polly (2014a) Modality and evidentiality in Japanese and American English taster lunches: Identifying and assessing an unfamiliar drink. In Polly Szatrowski (ed.) *Language and food: Verbal and nonverbal experiences*, 131–156. Amsterdam: John Benjamins.

Szatrowski, Polly (ed.) (2014b) *Language and food: Verbal and nonverbal experiences*. Amsterdam: John Benjamins.

Watanabe, Suwako (2004) Chapter 3: Group management strategies in Japanese group discussions. In Polly Szatrowski (ed.) *Hidden and open conflict in Japanese conversational interaction*, 65–93. Tokyo: Kurosio Publishers.

第10章

論説的な文章・談話における文末表現の使われ方について
――ラジオ講座のテキストと講義の対照――

渡辺文生

1. はじめに

　本研究の目的は、ラジオ講座のテキストの文章と放送された講義の談話をデータに用い、論説的な文章と談話[1]における文末表現の使われ方について考察することである。同一人物が同じ内容を書いたときと話したときとで、表現にどのような違いが現れるかという課題について、「のだ」「わけだ」「ことだ」「だろう」「と思う」などの文末表現を取り上げて分析していく。

2. 文末表現と論説的な文章・談話

　本研究が対象とする論説的な文章・談話とは、事実をもとに論証しながら筆者または話者の見解や意見を述べる文章・談話ととらえる。見解や意見を述べることがコミュニケーションの中心的な目的であるという点で、過去の経験を時間的・空間的連続体としてその流れに沿って再現する「語り(narrative)」の文章・談話と対立するものである（渡辺 2010）。
　多くのアカデミック・リテラシー関連の教科書では、論説的な文章におい

---

[1] 佐久間ほか（編）(1997: 15–16) の定義に従い、文字によることばのコミュニケーションのまとまりを「文章」、音声によることばのコミュニケーションのまとまりを「談話」とする。

て事実と意見を書き分けることの重要性が指摘されている。そして、事実を述べる文とは、引用の場合を除いて、文末の述語がモダリティ形式などを伴わない単純な形式の文であるのに対し、意見を述べる文は、「だろう」など概言のモダリティ形式[2]や「と思う」「と考える」など思考動詞を含んだ文末表現を伴うとして、それらの区別を説明している（浜田ほか 1997 など）。

　論説的な談話についても、意見を述べる文と文末表現との関連について同様の指摘がある。河内・佐久間（2010）は、大学の講義の談話を分析し、話段[3]で取り上げた話題に対する見解や要望などを述べる結論文タイプの文は「Ｎは／が〜と思います」の文型が多いと述べている。また、石黒ほか（2013）は、講義の談話における話段の終了文には「と思う」「ようだ」など講義者の判断を婉曲的に表す文型がよく用いられると指摘している。

　論証をもとに意見を引き出すという点では、「のだ」や「わけだ」などの説明のモダリティ形式も、論説的な文章にとっては重要なものである。これらは、文章が伝える内容の理由や背景や意義などを相手に説明しようとするものとして特徴づけられ、論理的な文章展開に関わるさまざまな談話機能を果たしている。今村（1996）は、論説的な文章において「のだ」はよく使われ、しかも重要な機能を果たしているとの認識のもとに「のだ」文の分析を行い、その第一の特徴としてひとまとまりの内容をまとめる機能を指摘した。そして、社会科学系文献における「のだ」の使われ方を調査した結果、啓蒙的色彩のある文献では半数程度、学術論文では平均 7 割の「のだ」が段落末に現れたと報告している。

　論説的な談話では、説明のモダリティ形式が多用されるという指摘もなされている。遠藤（1988）は、講演の談話とその文字化をもとに編集された書籍の文章を対照し、「わけです」の多用を講演の談話の特徴の一つとしてあ

---

[2]　「概言」および「説明」のモダリティ（ムード）のとらえ方については、寺村（1984）に従う。

[3]　「話段」とは、談話の構成要素で、文章の「文段」に相当する言語単位である（佐久間 1987）。改行 1 字下げによる「段落」に対し、文段は改行の有無にかかわらず、相対的な内容上のまとまりとして成立する（市川 1978）。文段と話段は、文章・談話と文・発話の中間的単位であるが、総称して「段」と呼ばれる（佐久間 2003）。

げている。文字化された講演の談話を書籍化する際に、表現がどのように手直しされているかを分析した結果、形式名詞「わけ」を伴う語句が多く書き改められていたとのことである。また、十島 (1995) は、構造工学分野の講義の談話を分析し、各 75 分の 6 つの講義において「のだ」が 314 例、「わけだ」が 240 例使われていたと報告している。この 2 つの表現の総用言数に対する使用比率は 8.5% であり、ほかのモダリティ形式と比べて非常に高い使用頻度であったとのことである。また、河内・佐久間 (2010) は、講義の談話において談話全体あるいは話段で述べる内容全体の要約などを行う概要文タイプの文は「N は〜 (という) ことです」の文型が多いと指摘している。

　これらの先行研究の指摘をもとにして、本研究では論説的文章と談話をデータとして、説明のモダリティ形式の「のだ」「わけだ」「ことだ」、「だろう」などの概言のモダリティ形式、および思考動詞を含む表現から「と思う」を取り上げて、これらの文末表現の使われ方について分析することにする。これらの表現は、筆者または話者の見解や意見を述べたり、文章や談話が伝える内容をまとめて大切な情報を伝える文で用いられるものという点で、重要な表現ととらえられる。

　分析の際には、段落や話段など文章・談話の中間的単位における出現位置を中心に調べていくことにする。分析対象の文末表現が持つ機能的特徴から、段落や話段の終了部で用いられる傾向が報告されているが、本研究のデータの分析をとおして、同様の傾向が見られるのか、文末表現の種類によって違いがあるか、文章と談話の違いによって頻度や出現位置に違いが見られるのか、などの観点で分析していくことにする。

3. データ

　本研究のデータとして用いるのは、NHK ラジオ第 2 放送の NHK カルチャーラジオのテキストと放送された講義である。NHK カルチャーラジオという放送プログラムは、1 回 30 分のラジオ講義で、1 シリーズ 13 回の講義から構成されている。テキストは、1 シリーズ 13 回分を 1 冊にまとめたもので、160 〜 170 ページ程度の A5 版の冊子である。1 回の講義のテキストは 11 ページ前後である。講義の談話は、聴衆が誰もいないスタジオで収

録されているのではなく、東京青山のNHK文化センターで聴衆を前にして、テキストを使いながら行われたものである。

　　データa『文学の名表現を味わう』　講師：中村明
　　　　2012年7月5日放送　第1回「書き出しの型と技術」
　　データb『グリム童話の深層をよむ』　講師：高橋義人
　　　　2012年11月29日放送　第9回「シンデレラ（2）」
　　データc『"謎の文明"マヤの実像にせまる』　講師：青山和夫
　　　　2012年9月11日放送　第11回「後古典期マヤ文明とスペイン人の侵略」
　　データd『新大陸の植物が世界を変えた』　講師：酒井伸雄
　　　　2012年10月9日放送　第2回「ジャガイモ①」

上記の4人の講師によるそれぞれ1回分の放送のテキストとラジオ講義を、本研究のデータとして用いることにする。データaとデータbは文学に関する講義で、データcとデータdは歴史に関する講義である。それぞれの概要は以下の通りである。

　　データa
　　　　「ことば」が「読者」に働きかける局面に焦点を当てて、表現の方法と効果との関係について探っていくという、シリーズ全体の目的を述べた後に、さまざまな近代小説の書き出しの型について、典型的なものから、唐突なもの、読者を驚かすような効果を持ったもの、雄大なスケールを感じさせるものなどを、芥川龍之介、夏目漱石、川端康成、などの小説の冒頭部を引用しながら解説している。
　　データb
　　　　シンデレラ物語の類話のうち「嫌な結婚型」と呼ばれるタイプの物語を取り上げ、「千枚皮」という物語を中心に、いくつかの類話のあらすじを紹介しながら、自然の豊かな力や美しさを賛美するという深いテーマが「嫌な結婚型」のシンデレラ物語に込められていることを解説している。
　　データc
　　　　後古典期と言われる11〜17世紀のマヤ文明は、「退廃期」と見

なされることがあるが、その政治経済組織は発展し続け、マヤ高地がさまざまな都市によって群雄割拠されていたこと、そして、16世紀に始まるスペイン人による侵略は、困難を極め、結局スペイン人の支配が及ばない地域が多く残されていたという「未完の征服」に過ぎなかったということを解説している。

データ d
　　ジャガイモの原産地であるアンデス高地を基盤とするインカ文明の都市で、ジャガイモはどのような重要性を持っていてどのように加工されていたかということ、そして、ヨーロッパに伝わってからどのように受容されていったのか、ドイツとフランスの場合を中心に、ジャガイモという植物がヨーロッパの文化や歴史に与えた影響について解説している。

　これらのデータは、同一の送り手による、ほぼ同一内容の文章と談話と見ることができる。もちろん、講師がテキストに書かれていない内容について補足的に説明することもあるし、時間的な問題で、テキストに書かれている内容の説明がラジオ講義では省かれるということもある。しかし、30分のラジオ講義はおおむねテキストの内容および展開に沿って行われている。

　また、このデータの利点としては、テキストの文章が見出しや改行1字下げの段落によって分割されているので、それをもとにラジオ講義の話段をとらえることが可能であるという点である。講義の話段を厳密に認定するには、中心文の統括機能によって分析する作業が必要になるが（石黒ほか 2013）、ラジオ講義の談話をテキストの文章における形式的な切れ目と対照させることによって、談話の内容の切れ目を認定することができる[4]。

　表1は、各データの大きさをまとめたものである。データaは、シリーズの第1回目の講義であり、講義の談話の冒頭においてテキスト冊子の「はじめに」の内容が話されているため、それに相当するページ数2ページ分が加わっていること、文学作品からの引用が多く、ほかのシリーズのテキス

---

[4] テキストの文章に対して文段を認定しようとするためには、やはり中心文の統括機能をもとにした分析が必要であるが、本研究においては、形式的手がかりによって文章の中間的単位を認定し、談話においてそれに対応する内容的まとまりを話段と呼ぶことにする。

トに比べてページ数が多いことから、テキストの文章の文字数が多くなっている。しかし、講義の談話はすべて約28分[5]なので、書き起こした講義の談話における文字数の違いは、ほぼ話し方の速さによるものである。

表1　各データの大きさ[6]

	テキストの文章					講義の談話	
	ページ数	セクション数	段落数	文数	文字数	文数	文字数
データa	18	8	41	153	10,795	103	8,644
データb	9	6	26	133	5,554	211	8,158
データc	11	6	28	142	6,963	162	11,174
データd	11	6	28	94	6,623	173	10,077

セクションとは、見出しが表す話題によって複数の段落がまとめられたものとし、セクション数とは、見出しによって分けられている部分の数を表す。データaの「はじめに」の部分は一つのセクションとして数えた。データbのテキストには見出しがないが、読者への質問が前後に空白行を伴って問1から問5まであり、それらの問によって生じる切れ目をセクションの切れ目と見なした。

4. データ別に見た文末表現の使われ方

ここでは、各データにおける文末表現の使用状況を見ていくことにする。以下、文末表現を〈のだ〉〈わけだ〉〈ことだ〉〈だろう〉〈と思う〉に分類して分析していく。これらは、説明のモダリティ形式である〈のだ〉〈わけだ〉〈ことだ〉と、書き手・話し手の知識状態に対する主観的判断を表すモダリティ形式の〈だろう〉〈と思う〉の2つに大きく分けることができる。

説明のモダリティ形式のうち、〈のだ〉とは、「のだ」「のである」「のです」「んです」などの形式的バリエーションを総称したものを指す。〈わけだ〉も同様に、「わけだ」「わけである」「わけです」などを指すものとする。〈こと

---

[5]　30分のラジオ番組のオープニングとエンディングを除いた講義そのものの所要時間。

[6]　談話の「文字数」は、書き起こしたデータから句読点・記号等を除いた数を表す。

だ〉は、「(という) ことだ」「(という) ことです」のほかにも「(という) ことになる」や「(という) ことがある」など、形式名詞「こと」を含んだ文末表現を総称している。

〈だろう〉は、「だろう」「でしょう」などのほかに、「かもしれない」「ようだ」「違いない」などの概言のモダリティ形式も含む。これらの形式のうち、「だろう」およびその変化形が最も頻度が高かったため (31 例中の 18 例、58%)〈だろう〉と総称することにする。〈と思う〉は「と思う」「ように思う」「と思います」などを指すものとする。〈だろう〉も〈と思う〉も、書き手・話し手の知識状態に対する主観的判断を表すモダリティ形式であるという点では同じであるため、「かもしれない」などを〈だろう〉と一緒に扱うのであれば、〈と思う〉も一緒にしてしまってもよいように思える。しかし、〈と思う〉は、論説的な談話での使用頻度が高く (石黒ほか 2013)、発話機能における多機能性を持つ (山岡 2011) という点から、〈だろう〉と区別してその使われ方を分析することにする。

次節以降の表 2 ～表 5 におけるカッコ内の数字は、冒頭文の数字の場合、左側の数字のうち段落や話段の冒頭文であるだけでなくセクションの冒頭文でもある場合の件数を表している。同様に、末尾文の数字の場合は、左側の数字のうち段落や話段の末尾文であるだけでなくセクションの末尾文でもある場合の件数を表す。たとえば、表 2 において話段の末尾文には 3 件の〈のだ〉の用例があったが、そのうちの 1 件はセクションの末尾文でもあったということを示す。また、たとえば談話で「と思うんです」という文末があったとすると、その場合〈のだ〉および〈と思う〉の両方において 1 件として集計している。

4.1 データ a における文末表現の使われ方

データ a における文末表現の使用状況をまとめると、表 2 になる。〈のだ〉に関しては、文章よりも談話の方が用例数が少ない。文章においては段落の末尾文に多い傾向があるが、談話ではそうではない。〈わけだ〉と〈ことだ〉に関しては、〈のだ〉と対照的に談話の方が用例数が多い。文章では、段落の末尾文での用例は〈ことだ〉の 1 例しかないのに、談話においては、〈わけ

だ〉と〈ことだ〉を合わせて 10 例にも上っている。

表2　データ a における文末表現の使用状況

		〈のだ〉	〈わけだ〉	〈ことだ〉	〈だろう〉	〈と思う〉
文章	段落の冒頭文	3	1	1	1	1
	段落の中間の文	6	1	1	5	0
	段落の末尾文	9 (2)	0	1	6 (3)	1
	合計	18	2	3	12	2
談話	段落の冒頭文	2	1	1	0	6 (3)
	段落の中間の文	5	3	3	0	2
	段落の末尾文	3 (1)	5	5	0	6 (4)
	合計	10	9	9	0	14

　（1）は、小説の書き出しの型について具体例を示した段落・話段の末尾文である。文章では説明のモダリティ形式は使われていないが、談話では〈わけだ〉が使われている。（1）の文が含まれる段落・話段は、小説の基本的な書き出しの諸タイプを説明するセクションの一部で、この後にはまた別なタイプを説明する段落・話段が続いている。

　（1）　このように、自分の心境や感情や意見など、内面の告白から入っていくタイプもあります。　　　　　　　　　　《文章》
　　　　…というふうに，あのー自分の心境とか感情，意見．えーというこう，内面の，告白から入っていくというタイプもあるわけです．　　　　　　　　　　　　　　　　　　　　　　《談話》[7]

〈わけだ〉は、書き手や話し手の論理や解釈を説明する機能を持つと説明される（吉川（編）2003）が、（1）の〈わけだ〉の機能はそれだけではなく、藤村（2000）が指摘する、議論をいったん打ち切って次の話題に移る機能も果たしているととらえられる。藤村（2000）は、具体例の説明の中で、次の話題に移るといっても、全く関係のない話題に移るのではなく、類似の話題に移るということを指摘している。（1）の場合も、「内面の告白から入って

---

[7]　談話の例文において、「,」は継続調のイントネーション、「.」は下降調のイントネーションを表すものとする。括弧や漢字表記は、文章の表記の仕方に従った表記を用いる。

いく」書き出しのタイプの話題はここで終わるが、次の話題はほかの書き出しのタイプであり、類似の話題であると言える。その〈わけだ〉が、文章では使われず談話でのみ使われているという点については、文章の場合、改行1字下げという形式的な手がかりにより区切りが読み手にとって一目で明らかであるのに対し、談話では話題の区切りを言語表現としてより分かりやすく聞き手に伝える必要があるからではないだろうか。

（2）　…まず「或日」と"時"を示し、次いで「御釈迦様は極楽の蓮池のふちを」というふうに、"人"と"処"とを示して<u>話を起こしています</u>。　　　　　　　　　　　　　　　　　　　　　《文章》
　　　　…「或日」，という"時"を出したあとに，「御釈迦様は，極楽の，あー蓮池のふちを」というふうに，ま"人"と，"場所"を，あー示して，<u>話を始めると，いうことになっています</u>．《談話》

（2）は、典型的な小説の書き出しを解説するセクションに含まれる段落・話段の末尾文である。談話にのみ、「ことになる」が使われている。「ことになる」は、前提となる事実をもとに当然の帰結を客観的・論理的に述べる表現（寺村 1984; 吉川（編）2003）と特徴づけられるが、（1）と同様に、談話において比較的小さな話題の区切りを示す機能を果たしていると見なされる。

表2において、〈だろう〉と〈と思う〉は対照的な分布になっている。〈だろう〉は、文章では12例の用例があるのに談話では全く使われておらず、〈と思う〉は、文章では2例に過ぎないのに談話では14例もの用例があった。出現位置について見てみると、〈だろう〉は段落の末尾文に多い傾向があるのに対し、〈と思う〉は話段の冒頭文および末尾文の双方に多い傾向が見られる。しかもそれらの場合、半数以上はセクションの冒頭文あるいは末尾文であることから、比較的大きな内容の切れ目の前後で使われる傾向が見いだせる。

（3）　そういう点で、長大なドラマの開演を告げるにふさわしい雄大な一行であると<u>言えるでしょう</u>。　　　　　　　　　《文章》
　　　　まあそういう点で，よりこう，長大な，ドラマの，開演を，告げるにふさわしい，まあ雄大な，書き出しだと，ゆうふうに<u>見ることが，できるように思います</u>．　　　　　　　《談話》

(3) は、「雄大な書き出し」という見出しのついたセクションの最後の段落・話段の末尾文であり、相対的に大きな話題に関して、書き手・話し手の結論を述べる意見文になっていると言える。文章では〈だろう〉が使われているのに対し、談話では〈と思う〉が使われている。談話で〈と思う〉が使われているのは、小野 (2003) が指摘する「わきまえ性」によるものと考えると説明がつく。〈と思う〉は、話し手の意見を提示しつつも聞き手の思考を許容する配慮を示すことができ、話し手が聞き手に婉曲に伝える伝達レベルの方略と定義される「わきまえ性」を示す表現と特徴づけられている。目の前の聞き手、さらに全国放送のラジオによる多くのリスナーを意識せざるをえない講義の談話においては、文章よりも聞き手への配慮を示す表現が使われる傾向にある。

4.2　データ b における文末表現の使われ方

　表 3 は、データ b における文末表現の使用状況をまとめたものである。〈のだ〉が談話において用例数が非常に増えている点、それも話段の中間の文で多用されている点が特徴としてあげられる。

表3　データ b における文末表現の使用状況

		〈のだ〉	〈わけだ〉	〈ことだ〉	〈だろう〉	〈と思う〉
文章	段落の冒頭文	0	0	0	0	0
	段落の中間の文	9	3	0	3	0
	段落の末尾文	2	0	1 (1)	2 (2)	0
	合計	11	3	1	5	0
談話	話談の冒頭文	2	0	0	0	2 (1)
	話談の中間の文	24	5	1	3	5
	話談の末尾文	3 (1)	0	0	2 (2)	4 (3)
	合計	29	5	1	5	11

　(4) は、「千枚皮」という物語のあらすじを説明する段落・話段の冒頭部である。「父親の再婚相手が違う」ということを伝える文の文末で、談話にのみ〈のだ〉が使われている。(5) は、(4) と同じ談話・話段の中間部だ

が、こちらの場合は文章・談話ともに、求婚相手が自分の娘であったことと、主人公をいじめるのが実の父親であることを伝える文末に〈のだ〉が使われている。

（４）　主人公の実の母親が死んでしまうという発端は「灰かぶり」と同じですが、父親の再婚相手が違います。　　　　　　　《文章》
「千枚皮」の，話に戻りますけども，「千枚皮」のプロットはこうです．えー主人公の実の母親がまず死んでしまいます．こういう発端は，「灰かぶり」と同じです．ところが，父親の再婚相手が違うんですね，　　　　　　　　　　　　　　　　　《談話》

（５）　ところがある日、王さまは死んだ妻そっくりの美貌で、金髪の女性を自分の城のなかに見つけ、彼女に求婚します。すでにお分かりですね。なんとそれは自分の娘だったのです。要するに、主人公をいじめるのは実の父親なのです。　　　　　　《文章》
ところがある日，王さまは，死んだ妻そっくりの，美貌を持ち，金髪をしてる女性を，自分のお城の，なかに見つけて，彼女に，求婚します．誰だかお分かりですね，なんと．それは，自分の娘だったんです．要するに，主人公を，いじめるのは，実の父親なのです．　　　　　　　　　　　　　　　　　《談話》

　文章における〈のだ〉の機能として、石黒（2004）は、先行文脈の内容をまとめて、そこまでで十分な内容になったということを示す働き、その文を大切な情報として提示し、読者に注意を喚起する働きがあると述べている。先行文脈の内容をまとめるという機能のために、〈のだ〉は段落の終わりの文につきやすいとも指摘している。俵山（2007）は、どのような〈のだ〉が段落の終わりに現れやすいのかという問題設定のもとに調査を行い、〈のだ〉文が先行文脈で提示された疑問の解答と解釈される場合、読み手に区切り目の認識をもたらす傾向があることを明らかにしている。

　（４）の文章では、物語のあらすじを説明し始めたばかりで、まだまとめるべき十分な内容が語られていないため、〈のだ〉が使われていないと考えられる。（５）の文章では、ある程度あらすじが進んだ段階で、「すでにお分かりですね。」と、求婚相手が誰なのか読者に推測を促した後に、その解答

と言える文の文末に〈のだ〉が使われている。さらに、「要するに」という接続詞を用いて、言い換えを行いながらそこまでのまとめをしているが、その文でも文末には〈のだ〉がある。石黒(2004)、俵山(2007)の指摘に基づけば、この「要するに…」の文が段落の末尾文であることが予測される。しかし、実際は段落がまだ続いている理由としては、この物語のあらすじがこの講義における考察対象の一つに過ぎず、あらすじ全体をひとまとめとするためこの文で段落を切らず、あらすじ全体で1段落としたと考えられる。

　談話における「のだ」の機能として、菊地(2000)は、さまざまな日本語学・日本語教育学の先行研究を参照しながら、①話し手と聞き手とが、ある知識・状況を共有していて、②それに関連することで、話し手・聞き手のうち一方だけが知っている付加的な情報があるという場合に、その一方だけが知っている付加的な情報を他方に提示するときの言い方が「のだ」であるとまとめている。また、渡辺(2010)は、語りの文章と談話における「のだ」の使われ方を分析し、語りの談話においては菊地(2000)が指摘する①や②のような「のだ」が使われる条件が揃っているため、文末形の73.4％という高い頻度で「のだ」が使用されたということを報告している。一方、語りの文章においては、1.6％という極端に低い頻度でしか使われず、主に時系列をさかのぼって原因・理由を説明するのに用いられていた。

　(4)の談話で〈のだ〉が使われているのは、この部分が講義の談話の一部であるとはいえ、あらすじを説明する話段ということで、渡辺(2010)が対象とした語りの談話と同様の性質を持っているものと考えられる。そのため、一方だけが知っている付加的な情報を提示する表現として〈のだ〉が使われていると説明できる。データbの談話で、〈のだ〉の用例数が非常に多いのは、あらすじを説明する「物語」の部分が多いことに起因している。

　　(6)　そのように考察してみると、「千枚皮」にはじつはとても深遠な哲学的なテーマ、まるでJ・J・ルソーの思想を先取りしたような文明批判的なテーマがこめられていることが<u>お分かりいただけることでしょう</u>。　　　　　　　　　　　《文章》
　　　　まあそのように考察してみると，「千枚皮」には，じつはとても深遠な哲学的なテーマ．まるでジャン・ジャック・ルソーの思想

を先取りしたような，文明批判的な，テーマがこめられていることが，お分かりいただけるだろうと思います． 《談話》

表3において、〈だろう〉は数字の上では文章と談話で全く違いがなかった。〈と思う〉は、文章では用例がなかったのに対し、談話では11例もの用例が見られた。話段の中間の文での用例も半数近くを占めるが、セクションの冒頭文・末尾文での用例が4例見られることから、データaの場合と同様に比較的大きな内容の切れ目の前後で使われる傾向が認められる。（6）は、データbの一番最後の文で、この講義の要点を端的にまとめた内容になっており、文章では〈ことだ〉と〈だろう〉が使われ、談話では〈だろう〉と〈と思う〉が使われている。

4.3 データcにおける文末表現の使われ方

表4は、データcにおける文末表現の使用状況をまとめたものである。〈のだ〉に関しては、文章と談話で用例数にほとんど違いが見られない。一方、〈わけだ〉と〈ことだ〉は、文章では全く使われていないのに、談話では多用されている。〈だろう〉は文章と談話とで用例数にそれほど大きな違いはないが、〈と思う〉は談話に用例が偏っている。

表4 データcにおける文末表現の使用状況

		〈のだ〉	〈わけだ〉	〈ことだ〉	〈だろう〉	〈と思う〉
文章	段落の冒頭文	0	0	0	0	0
	段落の中間の文	4	0	0	2	0
	段落の末尾文	4 (2)	0	0	1	1
	合計	8	0	0	3	1
談話	話談の冒頭文	0	3 (1)	2	0	1
	話談の中間の文	5	20	9	2	4
	話談の末尾文	4 (2)	4	6 (2)	0	4
	合計	9	27	17	2	9

（7）は、マヤ地域へのスペイン人による侵略について述べる段落・話段の冒頭部の2つの文である。文章では、説明のモダリティ形式が使われて

いないが、談話では、〈わけだ〉と〈ことだ〉がそれぞれの文に使われている。この場合の〈わけだ〉の機能は、(1)や(2)のように談話において話題の区切りを分かりやすくするためというよりは、確かな根拠に基づくあるいは論理を踏まえた発言であることをほのめかす機能(寺村1984; 吉川(編)2003)を果たしていると言えよう。遠藤(1988)や十島(1995)で指摘される、講演や講義での〈わけだ〉の多用の多くは、この機能で使われているものと推察する。多用されるために、話題の区切りを分かりやすくするという機能が希薄になり、話段の中間の文での使用が多くなっていると思われる。

(7) スペイン人は、海岸部や高地の拠点にスペイン風の植民都市を建設して、マヤ地域の征服を宣言しました。しかし、それは「未完の征服」にしかすぎませんでした。　　　　　　　　　　《文章》

　　えそれで，スペイン人はですね，海岸部や，まこの高地の拠点にですねスペイン風の，植民都市を建設して，マヤ地域を，征服したというふうに，宣言したわけですね，でここが重要なとこなんですけども，しかしそれはですね，「未完の征服」にしかすぎなかったと，ゆうことであります．　　　　　　　　　　《談話》

(8)は、マヤパンという都市を説明する段落・話段の末尾文で、政治同盟を結んだほかの地方の支配者の家族をマヤパンに住むように義務づけたという話題を、日本の江戸時代の類例を示すことで締めくくっている。データaの(3)やデータbの(6)と同様に、ここでも〈と思う〉が談話の場合に話題の区切りを示す特徴的な表現となっている。

(8) 徳川幕府が、大名の妻子を江戸に人質にすることで反乱を防止したのとよく似ています。　　　　　　　　　　　　　　　　　　《文章》

　　えこれはちょっとよく考えてみると，徳川幕府が大名の妻子を，江戸に，人質にすることで，外様藩の反乱を防止したのと，似ているのではないかと思います．　　　　　　　　　　　　　　《談話》

4.4　データdにおける文末表現の使われ方

表5は、データdにおける文末表現の使用状況をまとめたものである。〈のだ〉に関しては、データbと同様の傾向で、談話の方に用例数が多く、

それも話段の中間の文で多用されている。〈わけだ〉に関しては、データ c に近い傾向で、文章ではほとんど使われていないのに対し、談話では多用される傾向にある。

表5　データdにおける文末表現の使用状況

		〈のだ〉	〈わけだ〉	〈ことだ〉	〈だろう〉	〈と思う〉
文章	段落の冒頭文	0	1	0	0	0
	段落の中間の文	1	0	0	1	0
	段落の末尾文	6 (2)	0	0	0	0
	合計	7	1	0	1	0
談話	話談の冒頭文	6 (3)	3 (1)	0	0	3 (1)
	話談の中間の文	13	23	0	2	0
	話談の末尾文	3 (1)	6	1 (1)	1	1 (1)
	合計	22	32	1	3	4

（9）は、ジャガイモの原産地を説明する段落・話段の中間の文であり、(10) は、インカ文明のアンデス高地で作られていた乾燥ジャガイモの作り方を説明する段落・話段の中間の文である。どちらの例も文章では説明のモダリティ形式が使われていないが、談話では〈のだ〉〈わけだ〉がそれぞれ使われている。これらの〈のだ〉〈わけだ〉は、形式は違っていても機能的には変わりがなく、データbの（4）のように、一方だけが知っている付加的な情報を提示する機能を持つともとらえられる[8]。

（9）　アンデス山脈はペルーとボリビアあたりで、東コルディエラ山脈と西コルディエラ・ネグラ山脈に分かれて並行している。《文章》
　　　アンデス山脈というのはみなさん当然ご存知だと思うんですが，ペルーとボリビア，のあたりでですね，ちょうど二つに，アンデス山脈が分かれるんですね，え東コルディエラ山脈と，西コルディエラ・ネグラ山脈という二つにこう分かれるんです．《談話》
(10)　真冬の六月から七月にかけて、秋に収穫したジャガイモを野天に

---

[8] 〈のだ〉と〈わけだ〉の意味構造における類似性については、松岡（1987）でも指摘されている。

広げて放置しておく。　　　　　　　　　　　　　　《文章》
それはどういうことかと，まあの，アンデスの真冬って言いますと，だいたい七月くらいですね，日本と，逆ですから，七月くらいになりますと，秋に収穫したジャガイモざーっともう高原に，一面に，並べちゃうわけです．　　　　　　　　　　　《談話》

5. 文末表現の使用傾向

　ここでは、各データにおける文末表現の使われ方を比較しながら考察を進めていくことにする。分析した文末表現を、説明のモダリティ形式にあたる〈のだ〉〈わけだ〉〈ことだ〉と、話し手の知識状態に関わる〈だろう〉と〈と思う〉に分けて考察する。

　まず、説明のモダリティ形式が文章と談話で、どのように使用数が変化したかについて見ていく。表6は、〈のだ〉〈わけだ〉〈ことだ〉それぞれの各データにおける文章と談話の用例数の変化と、その変化の特徴をまとめたものである。矢印の左側の数字が文章における用例数で、右側の数字が談話での用例数を示している。

表6　〈のだ〉〈わけだ〉〈ことだ〉の使用に関する文章と談話の比較

	〈のだ〉		〈わけだ〉		〈ことだ〉	
データa	18→10	談話で減少	2→9	談話で増加	3→9	談話で増加
データb	11→29	談話で多用	3→5	談話で増加	1→1	変わらず
データc	8→9	ほぼ変わらず	0→27	談話で多用	0→17	談話で多用
データd	7→22	談話で多用	1→32	談話で多用	0→1	ほぼ変わらず

　表6を見ると、データによって使われ方のパターンがそれぞれ違うということが分かる。データaは、これら3つの表現を合わせた用例数は文章と談話で大きな違いはない（文章：23、談話：28）が、文章では〈のだ〉が多く、談話では〈のだ〉が減る分〈わけだ〉と〈ことだ〉が増えるという傾向がある。データbは、文章でも談話でも〈のだ〉が使われる傾向があり、談話では特に多用されている。データcの場合は、文章では比較的少数の〈のだ〉が使われるのみだが、談話では〈わけだ〉と〈ことだ〉が多用されている。

データdも、文章では少数の〈のだ〉の用例に対して、談話では〈のだ〉と〈わけだ〉が多用されている。

表7 〈のだ〉〈わけだ〉〈ことだ〉の分布状況

		〈のだ〉		〈わけだ〉		〈ことだ〉	
文章	段落の冒頭文	3	6.8%	2	33.3%	1	25.0%
	段落の中間の文	20	45.5%	4	66.7%	1	25.0%
	段落の末尾文	21	47.7%	0	0.0%	2	50.0%
	合計	44		6		4	
談話	話談の冒頭文	10	14.3%	7	9.6%	3	10.7%
	話談の中間の文	47	67.1%	51	69.9%	13	46.4%
	話談の末尾文	13	18.6%	15	20.5%	12	42.9%
	合計	70		73		28	

　表7は、〈のだ〉〈わけだ〉〈ことだ〉が段落や話段で使用された位置をまとめたものである。文章における〈わけだ〉〈ことだ〉は、用例数が少ないので一般的な傾向を引き出すことは難しいが、それ以外についてはある程度の傾向が見いだせる。文章でも談話でもこれらの表現が段落・話段の冒頭文ではあまり用いられない傾向にある。文章の〈のだ〉は、先行文脈の内容をまとめる働きがあると先行研究で指摘されているが、本研究のデータでは段落・話段の末尾文で特に多く使用されるという傾向はなかった。談話の場合は、〈ことだ〉が段落・話段の末尾文で使われる傾向が見られるが、全般的には〈のだ〉〈わけだ〉〈ことだ〉ともに中間の文で多く使われる傾向にある。それは、表6で「談話で多用」と記述されている場合に、中間の文での用例数がその多くの割合を占めているからである。

　表6、表7の使用傾向から分かることは、これらの説明のモダリティ形式に関して、文章において顕在化する機能と談話において顕在化する機能とに違いが見られるということである。文章においては、先行文脈をまとめて重要な情報を提示する機能として用いられるのに対し、談話においては、話し手が一方的に知っている付加的な情報を聞き手と共有するために提示しようとしているという態度を表す機能や、論理を踏まえた発言であることをほの

めかす機能として使われる傾向がある。(1)の談話における〈わけだ〉の用例のように、議論をいったん打ち切って次の話題に移る機能の例もあるが、用例数としては多くはなかった。

　歴史に関する講義のデータcとデータdは、談話で多用される表現に違いがあるが、文章では説明のモダリティ形式の使用が抑制されているのに対して談話では多用されるという点で共通している。テキストの文章においては、歴史的に起こった事実を客観的に記述しているが、聴衆を前にした講義の談話では、論理を踏まえた発言であることをほのめかしながら知識を聞き手と共有しようとする態度が現れるからだととらえられる。

　次に、〈だろう〉と〈と思う〉の使われ方について見ていく。表8は、〈だろう〉〈と思う〉それぞれの各データにおける文章と談話の用例数の変化と、その変化の特徴をまとめたものである。データaでは、〈だろう〉が文章では12例の用例があるのに談話では全く使われず、その代わり談話では〈と思う〉が多用されている。データb、データc、データdでは、〈だろう〉は文章と談話とで多少の変化が見られるが、おおむねあまり多用されない傾向なのに対し、〈と思う〉は談話でのみ多用されている。データaがほかのデータと比べて〈だろう〉が多く使われているのは、小説の書き出し方についての作家の意図を推測する内容であったことが起因していると思われる。

表8　〈だろう〉〈と思う〉の使用に関する文章と談話の比較

	〈だろう〉		〈と思う〉	
データa	12→0	文章で多用	2→14	談話で多用
データb	5→5	変わらず	0→11	談話で多用
データc	3→2	ほぼ変わらず	1→9	談話で多用
データd	1→3	談話で増加	0→4	談話のみ

　表9は、〈だろう〉〈と思う〉が段落や話段で使用された位置をまとめたものである。特徴としてあげられることは、〈と思う〉が文章では使われにくいということと、〈だろう〉は段落・話段の冒頭文には使われにくいのに対して、〈と思う〉は話段のどの位置にも同程度使われているということである。ただし、〈と思う〉の各データにおける使用状況を見ると、データによっ

て中間の文での使用が多かったり、冒頭文と末尾文での使用が多いなどばらつきが見られる。

表9 〈だろう〉〈と思う〉の分布状況

		〈だろう〉		〈と思う〉	
文章	段落の冒頭文	1	4.8%	1	33.3%
	段落の中間の文	11	52.4%	0	0.0%
	段落の末尾文	9	42.9%	2	66.7%
	合計	21		3	
談話	話談の冒頭文	0	0.0%	12	31.6%
	話談の中間の文	7	70.0%	11	28.9%
	話談の末尾文	3	30.0%	15	39.5%
	合計	10		38	

仁田(1991)は〈と思う〉が対話状況でしか使えないと指摘しているが、本研究のデータで〈と思う〉の使用が談話に偏っていたということは、その指摘を裏付ける結果になっている。文章で使われた〈と思う〉の用例は、「探ってみたいと思う(データa)」という宣言の文や「訪れてもらいたいと思う(データc)」という勧誘の文であり、読者との対話状況を意識したものと言える。

6. おわりに

本研究では、ラジオ講座のテキストの文章と放送された講義の談話をデータに用い、論説的な文章と談話における文末表現の使われ方について分析・考察した。従来の研究では、遠藤(1988)を除いて論説的な文章・談話のどちらか一方を研究対象にしているが、同一人物による同一内容の文章と談話を対照することにより、論説的な文章・談話で頻度も高く重要な機能を果たしていると考えられる文末表現の使用傾向が浮き彫りになったのではないだろうか。

説明のモダリティ形式については、文章では〈のだ〉、談話では〈のだ〉と〈わけだ〉の頻度が高かった。機能的には、文章では先行文脈をまとめたり

筆者の論理を説明したりする機能で使用されるが、談話では知識を共有しようとする態度を表す機能や、論理に基づく発言であることをほのめかす機能で使用される傾向が見られた。談話においてどの表現を多用するかは、話者によってパターンがそれぞれ異なり、その違いが講義の談話の個性につながっていると思われる。

　話し手の知識状態に関わる文末表現について、〈だろう〉は文章で多く使われる傾向があったが、談話でも極端に少ないというわけではなかった。〈と思う〉は、談話において話し手の意見を述べる表現として中心的な役割を果たしているということが分かった。特に、大きな内容の区切りの前後で用いられる傾向が見られた。

引用文献

石黒圭（2004）『よくわかる文章表現の技術Ⅰ——表現・表記編——』東京：明治書院.

石黒圭・佐久間まゆみ・渡辺文生・宮田公治・宮澤太聡（2013）「ワークショップ　講義の談話の単位と展開」『日本語学会 2013 年度秋季大会予稿集』27–44.

市川孝（1978）『国語教育のための文章論概説』東京：教育出版.

今村和宏（1996）「論述文における『のだ』文のさじ加減——上級日本語学習者に文の調子を伝える試み——」『言語文化』33: 51–78. 一橋大学語学研究室.

遠藤織恵（1988）「話しことばと書きことば——その使い分けの基準を考える——」『日本語学』7 (3): 27–42.

小野正樹（2003）「『ト思う』と『のだ』について」『筑波大学留学生センター　日本語教育論集』18: 1–15.

河内彩香・佐久間まゆみ（2010）「講義の談話の提題・叙述表現」佐久間まゆみ（編）『講義の談話の表現と理解』74–103. 東京：くろしお出版.

菊地康人（2000）「『のだ（んです）』の本質」『東京大学留学生センター紀要』10: 25–51.

佐久間まゆみ（1987）「『文段』認定の一基準（Ⅰ）——提題表現の統括——」『文藝言語研究　言語篇』11: 89–135. 筑波大学文芸・言語学系.

佐久間まゆみ（2003）「文章・談話における『段』の統括機能」佐久間まゆみ（編）『朝倉日本語講座 7　文章・談話』91–119. 東京：朝倉書店.

佐久間まゆみ・杉戸清樹・半澤幹一（編）（1997）『文章・談話のしくみ』東京：おうふう.

俵山雄司（2007）「『のだ』文とテクスト構造——内容区分とまとまりに関連して——」『日本語と日本文学』44: 25–39. 筑波大学国語国文学会.

寺村秀夫（1984）『日本語のシンタクスと意味Ⅱ』東京：くろしお出版.

十島真理 (1995)「大学講義に使用される動詞──有標表現と補助動詞を中心として──」『筑波応用言語学研究』2: 37–50.

仁田義雄 (1991)『日本語のモダリティと人称』東京：ひつじ書房.

浜田麻里・平尾得子・由井紀久子 (1997)『大学生と留学生のための論文ワークブック』東京：くろしお出版.

藤村知子 (2000)「説明文における『ワケダ』の使用例とその機能」『留学生日本語教育センター論集』26: 89–101. 東京外国語大学.

松岡弘 (1987)「『のだ』の文・『わけだ』の文に関する一考察」『言語文化』24: 3–19. 一橋大学語学研究室.

山岡政紀 (2011)「『と思う』構文の発話機能に関する対照研究」『日本語コミュニケーション研究論集』1: 93–102.

吉川武時 (編) (2003)『形式名詞がこれでわかる』東京：ひつじ書房.

渡辺文生 (2010)「語りの談話・文章における文末表現について──『のだ』と『てしまう』──」南雅彦 (編)『言語学と日本語教育Ⅵ』123–140. 東京：くろしお出版.

第11章

作文教育における文章論と日本語教育の接点
――日本語学習者が書いた新聞記事要約文の文章構造分析――

木戸光子

1. はじめに

　要約は原文の内容の意味を変えずに文章の長さを短くすることである。日本語教育でも「読む」「書く」という言語技術を伸ばすために作文の教科書で要約文の書き方が取り上げられている。二通・佐藤（2003）では、要約の必要性について述べている。レポートで引用する場合、文章の主題を取り出して短くまとめた「要旨」、および文章全体の展開に添って短くまとめた「概要」という2種の要約を挙げて、特に「要旨」の練習に1つの課を割いている。友松（2008）では、要約を文章や話の要点をつかんで短くまとめることとし、要約文を作成する際、必要なことだけを取り出すことと、取り出したことをもう一度組み直して短い文章にすることが大切だと述べている。また、浜田・平尾・由井（1997）やアカデミック・ジャパニーズ研究会（編）（2002）では、原文の一部を要約したものをレポートや論文の中で引用することについて言及している。

　このように、要約は大学や大学院で学術的な活動をする上で、レポート・論文作成に必要とされる言語技術である。筆者は日本の大学の留学生センターにおいて補講コースで10年以上、研究生・大学院生対象の上級作文を担当し、ここ数年は作文練習の一環として新聞記事の要約を毎回課してい

る。その際、同じ新聞記事でも1人としてまったく同一の要約文は書いてこない。そこから、それらの要約文の優劣を評価する以前に、新聞記事のような比較的書き方が統一されているはずの文章に対してなぜこれほど多様な要約文が出てくるのかと興味を持った。学習者が原文である新聞記事を理解し、理解した内容を表現した結果である要約文から、逆に、原文とは異なる表現を選択した理由を推測するようになったのである。どうして原文にない接続表現を用いたのか、どうして原文とは異なる文末表現を用いたのか、どうして原文とは異なる順序で書いているのか。これらの理由とともに、学習者、および教師という読み手が原文の文脈から読み取れる理解の幅を考えるようになった。すると、学習者の要約文を教師の眼で読んで添削する際、要約文のこの表現は許容できる、これは許容できず誤読となるといった判断もしやすくなった。

　このような試行錯誤を経て、学習者の書く要約文の多様性に基づいて作文指導を行う方法もあるのではないかと考えるようになった。そこで、要約練習後のフィードバックでは、模範解答の要約文を教師が作成するのではなく、学習者の要約文を類型化した上で、原文の文章構造との比較を行い、1つの原文から複数の要約文が作成できる可能性を説明してきた。フィードバックでは、原文や要約文に用いられた接続詞などの言語形式に着目し、特定の言語形式が文脈展開の機能を担い、その結果として文章の内容や書き手の意図が表されることを、板書で可視化して示す。そうすることによって、このような説明は学習者が原文や要約文の構造を捉える手がかりになると考えたからである。学習者は原文と要約文の構造分析を見て、自分が書いた要約文がどのような意味に理解されるのかを確認するのである。

　本稿では、文章構造の形態上の特徴を重視するという文章論に基づいて文章構造の捉え方を検討し、文章論の構造分析の応用として上級作文の授業で書かれた学習者の要約文の分析例を示す。学習者の要約文の分析を通して文章論と日本語教育の作文教育における接点を論じ、教育実践から出発した実用的な研究について考察する。

2. 文章論における構造分析

　文章論における構造分析を日本語教育の作文教育に応用するために、市川(1978)と永野(1986)で論じられている文章構造の捉え方と構造分析の方法を検討する。具体的な構造分析の方法として寺村・佐久間・杉戸・半澤(編)(1990)について論じる。作文の構造分析の意義は、学習者が意識せずに書いた文章がどのような構造に理解されるかを示すことによって、学習者がもっと構造を意識して書けるようにすることである。言語形式を手がかりとして文章の構造を分析することによって、学習者が文章の構造や表現を考える際に参考にできる基準を示す。構造を理解する手がかりとなる言語形式を示すことにより、すでにできあがった文章から、構造や表現の型を提示する。そのような型を学習することを通して、学習者は既出の型から新出の内容を作文することができると考える。

2.1 動的な文章構造

　文章論における構造分析において、動的な文章構造とは個々の文章に内在する文脈の展開の様相を意味する。文脈の展開には様々な可能性があるが、その可能性は無限ではなく、次に続く言語形式によって制約を受ける。石黒(2008)が指摘する読みの予測のように、次に続く言語形式によってある一定の展開が予測できると言える。このような言語に内在および外在する予測可能性に関して、ここでは文章に内在する言語形式の要因を取り上げる。

　以下の(1)は、筆者が作文教育に関する講義において文章構造の説明の前に受講者に行ったタスクで、寺村・佐久間・杉戸・半澤(編)(1990: 90–91)にある文章の段落構造の例を参考にして一部改変したものである。

　　(1)　動的な文章構造を捉えるためのタスク
　　　　質問　以下の言葉に続けて作文してください。
　　　　＜以下の言葉＞
　　　　① イギリス人
　　　　② イギリス人は
　　　　③ イギリス人は歩きながら
　　　　④ イギリス人は歩きながら考える。

⑤　イギリス人は歩きながら考える。日本人
⑥　イギリス人は歩きながら考える。日本人は
⑦　イギリス人は歩きながら考える。そして、
⑧　イギリス人は歩きながら考える。だから、
⑨　イギリス人は歩きながら考える。しかし、
⑩　イギリス人は歩きながら考える。一方、

　①は名詞、②は主題の助詞「は」を含む名詞句、③は接続助詞「ながら」を含む従属節、④は動詞文である。⑤は2文目の冒頭が名詞、⑥は2文目の冒頭が主題の助詞「は」を含む名詞句である。⑦から⑩は2文目の冒頭が接続詞で、⑦は添加の「そして」、⑧は順接の「だから」、⑨は逆接の「しかし」、⑩は対比の「一方」である。この課題作文を受講者にしてもらい、互いの作文をその場で比較した。このタスクによって作文の展開が無限ではなく、いくつかの展開に集約されることを実感してもらうのである。

　動的な文章構造について、主題の助詞「は」を含む文および文章を例に検討する。例えば、話題が対比的に並ぶ「Aは〜。Bは〜。Cは〜。」という文章の型において、日本語教育の教科書では助詞「は」の対比の用法として初級または中級の文法で取り上げられることがある。しかし、文章構造として分析した場合、文法でいう「対比」は多様な構造をなす。以下、文章表現の授業の課題作文として日本語母語話者の大学生が書いた作文例を挙げる。どれもある意味のカテゴリーに属する語を対比的に用いて作文している点は同じである。しかし、文章内での各文の展開を見ると、（2）AとBの例のような単に対比した名詞を列挙したものの他に、Cの例の詳述、Dの例の問題提起と、それぞれ異なる展開をしている。

　（2）「Aは〜。Bは〜。Cは〜。」を用いることを課題とした作文例[1]
　　　　（一部改変、下線は筆者が後から引いたもの）
　　　A　同種の意味カテゴリーに含まれる語を主題にして書いた例
　　　　1)赤は真っ赤に燃える太陽の色だ。青は澄んだ空の色だ。緑は生

---

[1]　ここに引用する日本語母語話者の大学生および日本語学習者の作文は研究協力承諾を得てデータベース化したものである。詳細は、木戸（2015）を参照。

き生きと茂った森の色だ。（色の例）
2) <u>野球は</u>アメリカ発祥のスポーツである。<u>相撲は</u>日本発祥のスポーツである。<u>フットボールは</u>イギリス発祥のスポーツである。（スポーツの例）
3) <u>母は</u>大学で心理学を学んだ。<u>兄は</u>大学で法学を学んでいる。<u>私は</u>大学で商学を学んでいる。（家族の例）

B　同種の意味カテゴリーに含まれる語を主題にして1文にまとめた例
4) <u>すもうは</u>年寄に人気があり、<u>サッカーは</u>若者に人気があり、<u>ドッチボールは</u>子供に人気がある。（スポーツの例）

C　詳述の例
5) <u>直接会って</u>話すことは、相手の言葉だけではなく表情、しぐさもわかる。<u>電話で</u>話すことは、相手の反応はすぐに返ってくるが、言葉しかわからない。<u>手紙は</u>、相手の反応がすぐに返ってこず、相手の考えがわかりにくい。

D　疑問文として問題提起になっている例（レポートの序論に類似）
6) <u>女性は</u>すぐ感情的になる。<u>男性は</u>理性的に物を考える。<u>ニューハーフは</u>両方の考えができるのだろうか。

　以上、作成された文章から文章に内在する文脈の展開を明らかにすることにより、動的な文章構造を捉えることを説明した。文章論における文章構造分析によって、「～は」のような文章構造に関わる言語形式を手がかりにして、「Aは～。Bは～。Cは～。」のような既知の型から（2）A～Dのような新しい内容を創出する様相を示すことができるのである。

2.2　文章構造における単位—文章の構成要素

　文章構造における単位については大きさの問題がある。一般的に考えられる構造の捉え方は、最小の単位が組み合わさって大きくなるということだろう。文の場合、文を作るための最小の単位として、形態素、あるいは語が考えられる。形態素なり語なりを組み合わせた単位として文が成立する。
　文章の場合も、文と同様、最小の単位が組み合わさって大きくなると考え

られる。しかし、意味のまとまりをなす文法的な規則性および意味的な妥当性は文よりはゆるやかである。この単位のゆるやかさというのは許容範囲が文より大きく、文章の成立条件として可能性のある組み合わせは文の成立条件以上に広範であるということを意味する。実際に文章を分析する場合、単位の大きさと機能が1対1で対応しないことがあり、文の構造分析と比べて文章の構造分析をより複雑かつ困難なものにしている。品詞は単語と機能が1対1に結びついたものであるので、文レベルなら比較的処理しやすい。しかし、文章レベルでは大きさの異なる単位でも同じ機能を有することがあり、複数の異なる大きさの単位を同時に分析しなければならないといったことが起こる。

　例えば、「仮に高校から子どもを留学させるとすれば、費用の負担はかなり大きくなるだろう。」と「高校から子どもを留学させると仮定してみよう。費用の負担はかなり大きくなるだろう。」の2つの例について、「仮に〜ば」と「〜と仮定してみよう」は文章の展開において同じ機能を持つ。「仮定してみよう」は文を組み立てる要素としては動詞「仮定する」と補助動詞「みる」からなる述語である。一方、1文全体を文章の展開から見ると、接続的な関係であり、「仮に〜ば」と同じく仮定条件を示す接続詞に相当する。

　さらに、単位の大きさ以外に、不連続に出現する複数の言語形式が1つの機能を有するという問題がある。例えば、「まったくない」に対して「これがまったくできない」のように、呼応関係にあるはずの複数の言語形式「まったく」「ない」の間に呼応関係のない他の語が存在する場合である。不連続に出現していても「まったく」「ない」という言語形式の共起する組み合わせは1つのまとまりとして考えるべきものである。

　本稿では、以上のような単位の大きさ、および単位のゆるやかさ、言語形式における不連続の共起関係の問題を踏まえて、文章の構成要素を文とする。その理由は、文章の展開機能を担う単位としての最小の大きさを持つこと、また、分析対象とする文章が書き言葉で表記上から文が捉えやすいことによる。

　なお、本稿では書き言葉の作文を文章の構造分析の対象としており、砂川(2005)のような話し言葉も含めた「談話」としての構造モデルは想定しな

い。しかし、将来的な課題として言語における文章構造モデルの必要性にも言及しておく。文章の基本単位は、節、文など諸説分かれている。文章に至るまでの中間にある単位としていわゆる意味段落に相当するものを考える場合もある。例えば、市川（1978）の「文段」から発展した佐久間（2003, 2006）、佐久間（編）（2010）の「段」という単位がこれにあたる。書き言葉だけではなく話し言葉も含めて、意味のまとまりとして文と文章の中間の単位の存在は考える必要がある。

2.3　文章構造の顕在的要素—構造の手がかりとなる認定要素

　言語形式を手がかりに文章構造を分析する際に、文章を形作る構成要素と文章構造に内在する展開を表す指標となる認定要素を分けて考えておく。構成要素はすべて組み合わせれば文章になり、文章を部分に区切れば各構成要素になるという関係にある。この意味で文は構成要素であり、複数の文が組み合わさって文章になる。一方、認定要素は文章構造の手がかりとなる表現のことで、認定要素は文章の一部であってもすべての文章を認定要素に分解はできない。認定要素としては言語単位のサイズの大小は関係なく、同じ文章展開の機能を担うならば、語でも句、節、文でも同一の要素とみなす。

　以上より、文章構造の手がかりとなる認定要素として、寺村・佐久間・杉戸・半澤（編）（1990:12-81）の用語と定義に従い、「接続表現」「指示表現」「提題表現」「叙述表現」「反復表現」「省略表現」を挙げる。さらに、それ以外の要素として本稿で新たに「時間表現」と「メタ言語表現」も加える。顕在的な認定要素から潜在的な関係性を捉えるために、構造分析に必要な認定要素を以下にまとめる。

　　（3）　顕在的な要素—文章構造の手がかりとなる「認定要素」
　　　　　「接続表現」接続詞や接続助詞および、それに相当する機能を持
　　　　　　　　　　つ語句（副詞・名詞・連語等）や文
　　　　　「指示表現」文章・段落や場面の中の他の部分を指し示すもの
　　　　　「提題表現」文章や談話の話題を示すもの
　　　　　「叙述表現」提題表現と呼応して文を構成するもの
　　　　　「反復表現」繰り返し出てくる同一語句

「省略表現」文中の要素のいずれかが欠落しているもの
「時間表現」文章や談話の時間を示すもの
「メタ言語表現」文章の展開を表すもの

　認定要素となる言語形式を「接続詞」「指示詞」のような品詞ではなく、言語単位のサイズの大小に関係なく捉える。例えば、「接続詞」や「指示詞」のような品詞に基づく単位ではなく、「それに対して」のような語句を「接続表現」とする。

　文章構造の手がかりとなる言語形式と文章構造との関係について、形態と内容という2つの面から文章構造を考えると、言語形式は文法的機能とともに実質的な内容を伴った形で認定される。例えば、「指示表現」は、文法機能を担う指示を有する言語形式とともに実質的な内容を担う名詞にあたる言語形式も含めて、文章構造の手がかりとなる要素として認定する。具体的には「この作品」のように、指示詞「この」と名詞「作品」を1つの要素として「この作品」を「指示表現」と認定する。このような「この」と「作品」という言語形式による形態面と「この作品」という意味のまとまりが表す内容面の双方を有するものを1つの要素として構造の手がかりとする。文章には実質的な内容によって構造が形作られていくという内容面の構造もある。同一あるいは類似した意味の語句が連続して出現する「反復表現」はこの実質的な内容が構造に関わるものである。

　「時間表現」は「現在」「2010年」のような時間を表す表現で、文構造の中では述語の連用修飾成分である副詞として位置づけられる。文章構造の中では、同一の時間内に起こった出来事や連続して起こった出来事などをひとまとまりとして示すという点で、文章構造の手がかりとして重要な認定要素となる。

　「メタ言語表現」は文章の展開を表す表現である。杉戸・塚田 (1991) は言語行動の分析という観点から「文章の実質的な内容を表さず、文章展開機能を表すだけの文」を「メタ言語表現」と定義して分析している。接続表現のほとんどはメタ言語表現でもある。日本語教育の作文の教科書では、「関係指示文」(二通・佐藤 2003)、「行動を述べる文」(浜田・平尾・由井 1997) がこれにあたる。例えば、理由の表現の場合、「なぜなら」という接続表現

の他に、「その理由は以下のとおりである。」のような文自体が接続表現「なぜなら」と同じ機能を有するものもある。メタ言語表現を文章構造の認定要素として取り上げるのは、言語単位の大きさが同一でなくても同じ言語機能を担うものを同等に扱うことができるからである。例えば「その理由を考えてみよう」と言ったら「その理由は」と「なぜなら」は因果関係の原因・理由を示す。そのため、言語の単位の大きさは文ではあるが、接続詞と同じく接続関係を示す機能を持つと言える。このようにメタ言語表現は単位のサイズの大小は問わず、機能のみを問題にすることができる。

2.4 文章構造の潜在的な関係性―「連鎖」「連接」「配列」

　動的な文章構造を捉えるために、文章構造の手がかりとなる認定要素が相互にどのような関係で構造をなしていくのかを分析するために、「連鎖」「連接」「配列」という3つの関係性について述べる。
　はじめに、文章構造の関係性である「連鎖」「連接」「配列」について市川（1978）および永野（1986）を参考に、以下のように定義する。

（4）　潜在的な関係性
　　　「連鎖」文章展開機能に関係する同種の言語形式の文章全体における出現の連続・不連続の様相
　　　「連接」文（または複数の文からなる段落）相互の接続関係
　　　「配列」前後関係から見た特定の言語形式出現の相対的な位置

　以上の文章構造の関係性は、構成要素である言語形式の頻度、および、文章のはじめからおわりの流れの中で、特定の言語形式が出現範囲のどの部分にあるかという分布を見ることから顕在化される。
　同じ種類の認定要素の頻度と分布を見ることによって、文章構造における連続性と不連続性という「連鎖」の諸相を明らかにできる。永野（1986: 103）は「連鎖」について「一つ一つの文を鎖の輪に見たてて、文章全体として文がどのようにつながっているかという関係を見る」と定義している。そして、「主語の連鎖」「陳述の連鎖」「主要語句の連鎖」という3種類の認定要素からなる連鎖によって文章構造の分析を行っている。この連鎖という関係性を解明することによって、文章の冒頭から認定要素がどのような文脈

をなしていくかを追うことができる。主語の連鎖に相当する提題表現の連鎖は話題の流れに、陳述の連鎖は叙述表現の特に文末表現の連鎖にあたるだろうが、それによって主に文末表現に現れる書き手の意図がわかる。主要語句の連鎖は反復表現の連鎖に相当し、提題表現の連鎖と合わせて分析していけば、文章構造における重要な内容を明らかにできる。

　「連鎖」が同種の認定要素の関係性を問題にするのに対し、「連接」は文と文、複数の文同士の間の関係性を問題にする。永野 (1986: 103) は「連接」とは「原則として隣どうしの二つの文が意味上どのように連なっているかという関係を見る」ものであり、「連接論によって文脈展開の流れをたどり」、さらに「統括論」で「文章としての統一と完結とを最終的に確かめる」としている。つまり、複数の文が関係づけられて連なっていくことによって、文章へと組み立てられることを意味する。また、市川 (1978: 88–105) は「連接的観点」について「文の性質の相違を直接問題にせず、文と文との論理的関係そのものを追求しようとする」もので、「抽象度の高いもの」としている。市川の述べたような抽象度の高い関係性として、文の連接は文章構造の文脈展開の流れをたどるものである。そのため、接続表現が連接を担う認定要素として重要になる。

　「配列」は文自体の質的内容とそれらがどのような順番で出現するかによって示される関係性である。市川 (1978: 104–112) では「配列的観点」について「文の性質の相違に立脚しており、より具体性を帯びる」としている。そして、配列的観点を3つ挙げ、まず、文の内容の質的相違として「事実を述べた文」「見解を述べた文」「事実と見解を交えた文」があるとしている。次に、ガの主語は「未知に属する事柄を叙述する文」、ハの主語は「既知の事柄を主題として持ち出してそれについての解説を叙述する文」であるとしている。さらに、文末表現の類型として、夕系列・非夕系列・特殊という系列を挙げている。市川 (1978: 105) は「文の前後関係を扱うものであるから、ある種の配列の類型は、それを抽象化していけば、連接の類型に還元されるという場合もある」という。確かに接続表現に代表される連接的観点は、接続詞がなくても順接や補足など文自体の内容から文相互の関係がわかる場合がある。なお、「配列」には、文相互の順序と文章全体での出現位置

という2種類があることに注意したい。文相互の相対的な前後関係は文相互の順序の問題であり、文章のどの位置であっても見られるものである。一方、文章全体での出現位置では、文章の冒頭部・中間部・終了部の中でどの位置に出てくるかという文章全体における絶対的な出現位置が問題となる。

3. 上級作文授業における日本語学習者の要約文

　文章論の文章構造の捉え方と構造分析が日本語教育における作文教育での授業実践にどのように応用できるかについて、筆者の行った上級日本語学習者対象の作文授業での実践を通して説明する。そこから、文章構造分析は作文教材の作成だけではなく、学習者の作文の分析にも応用できることを示す。授業では毎回受講者が変わり、学習者個人の持つ作文上の問題も多岐に渡る。そのような学習者の作文を分析し、適切な助言を与えるために、文章構造分析の方法を作文分析に応用し、学習者の作文へのフィードバックを行っている。

3.1　約15分の新聞記事要約練習

　授業では新聞記事全体の構造を縮約する要約練習を授業の冒頭15分で行う。学習者は原文である記事の文章構造の「縮小コピー」となるように3文で要約文を作成する。原文から要約文へ書き換える方法は、①重要表現の抽出、②類似表現へのまとめ直し、という2段階の書き換えを想定している。①は、原文の重要な内容の抽出という抜き出し箇所の的確さを求めている。この段階では原文から抜き出しだけの要約文でも可とする。②は、原文とは異なる表現で類似の意味の表現にまとめてみるという言い換えを試みる。

　木戸（2010）において「縮小コピー」の要約とは、記事の中の重要な内容を取り出すにあたり、記事全体の構造を反映した形で重要な内容を抽出することであると定義している。一般に、新聞の事実報道の記事では5W1H（When いつ・Where どこ・Who だれ・What 何・Why なぜ・How どのように）を含む概要が冒頭に示され、情報価値の優先順位をつけて重要な内容から順に書かれる。情報の重要性から見れば、第1文あるいは第1段落を抜き出せば要約文を書くことができ、それ以外の内容は省略可能である。しか

し、記事の書き手からすると、書いた内容の情報価値の優先順位があるものの、記事に書いたすべての内容が伝えたい情報だと考えられる。ただし、事故や事件の記事で第1段落に5W1Hの概要が書いてあっても、それ以降の段落で原因の「なぜ」、当事者の「だれ」など5W1Hのうちどの情報が詳述されるかは記事によって異なっている。つまり、原因の究明を重視する記事なのか、当事者の状況を重視する記事なのかが書き手の意図によって書き分けられている。この授業の記事要約練習では言語形式を手がかりに文章全体の意味内容を読解して書き手の意図を推察することも視野に入れている。

　このように、ここでの要約練習はレポートを作成する前の基礎的な作文練習として文章構造を意識して書く練習を行っている。つまり、単なる情報の取捨選択ではなく、日本語の文章構造を理解し表現する作文練習として新聞記事の「縮小コピー」となる要約文作成を行っているのである。

3.2　日本語学習者による新聞記事要約文

　前節に述べた主旨に沿って15分間の記事要約練習のうち、事実報道の新聞記事「自費出版　ホテルで缶詰めプラン　新潮社　催促サービスも」（東京新聞2012年10月10日 朝刊）を取り上げる。問題文、要約文を示し、最後に記事原文を挙げる。

　まずは要約文から見てほしい。この要約文を分析した後で、原文と要約文を比較するという手順が重要である。授業では、学習者は原文の読解を経て要約文の作文を行うが、教師は原文の先入観をできるだけ排除して、学習者の要約文を1つの文章として構造分析を試みる。そうすることで、学習者の原文の理解が要約文にどのように反映されているかがより意識できる。もし原文の分析から始めると、原文の構造に沿った要約文を模範解答のように教師が作成してしまい、その模範解答とは異なる要約文は否定し、または修正してしまう恐れがある。教師の経験的かつ直感的評価をできるだけなくして構造分析するには、書かれたままの要約文を1つの意味のある文章として読解してみることが必要なのである。次に要約練習の問題文を挙げておく。

　（5）　問題文
　　　　要約（15分）

問　記事を読んで5W1Hの情報（いつ・どこ・だれ・なに・どのように・なぜ）を3文で要約しなさい。「である体」「書き言葉」で書くこと

　以下、要約文A〜Eと原文の新聞記事を挙げて説明する際に、下線や記号で構造分析のための主な認定要素を示す。□は提題表現、＿は叙述表現、▨は指示表現、＿は接続表現、……は時間表現、＿はメタ言語表現、**太字**は反復表現を示す。①②等は文番号である。まず言語形式の担う認定要素から要約文の文章構造を分析し、次に誤読や誤用の可能性について補足説明を行う。誤読や誤用を指摘する際に、説明の便宜上、原文の新聞記事の構造や内容に言及している。

（6）　要約文A

① 新潮社は小説や自分史などを個人で出したい人のために自費出版事業を始めた。
② そして**作家**気分で執筆に専念できる「**山の上ホテル**」まで用意するというユニークなプランを打ち出した。
③ 同ホテルは池波正太郎らの定宿として知られ、1泊2食付き2万4千円で、書く過程も含めて、本作りを楽しんでほしいと担当者側から聞いた。

　要約文Aは文①「新潮社は」が文②では省略され、話題が2つの文で連鎖している。文②の接続表現「そして」が添加の連接であり、2つの文が同じ話題からなる1つの意味のまとまりだということを示している。文③の提題表現「同ホテルは」によって前の2文との話題の連鎖は断たれて新しい話題を提示している。しかし、この提題表現は同時に指示表現「同ホテル」でもあり、さらには文②「山の上ホテル」の反復表現であることから、「山の上ホテル」に関する内容は続いている。

　要約文Aの構造は文①②と文③という2つのまとまりが提題表現によって示される。一方、文②と文③は指示表現と反復表現によって連続している。叙述表現は「始めた」「打ち出した」「聞いた」とタ系列で連続していることから、過去の出来事の報告となっている。ホテルのプランの特徴は「作家気分で執筆に専念できる」という文の形で説明している。

なお、文③「聞いた」は、文法的な視点の問題があり、「〜ほしいと担当者が言っている／言った。」とするほうが自然な文章の流れだろう。この文③「聞いた」は学習者の作文ではしばしば見られる。1文だけの添削では見過ごしやすいが、連続した文で文脈に沿って読んでいくと不自然な文章展開として認識される。

　（7）　要約文 B

　　　① 小説や自分史などを個人で出したい人のために始めた自費出版事業の 新潮社 は、「缶詰め執筆」というプランを打ち出した。

　　　② これは、文人がよく利用した老舗「山の上ホテル」に泊まり、「缶詰め」の場所として執筆に専念できることである。

　　　③ 同社は 8月下旬から自費出版事業を始め、担当者が進行状況を見守るサービスも、相談も、様々な必需品も備えた。

要約文 B は文①の提題表現「新潮社は」と文③の提題表現「同社は」によって全体の話題が1つになっている。叙述表現について文①「打ち出した」と文③「備えた」がタ系列なのに対して、文②「専念できることである」はル系列で文①③とは異なる表現になっている。文②提題表現「これは」は同時に指示表現「これ」であって、文①全体を受けてプランの詳細な説明をしている。

文①と文③の提題表現から全体が1つの話題で強くまとまっている一方、文①に対して文②がその詳述で文①を補足する内容になっている。要約文 A では文②の添加の接続表現「そして」によって文①②を同等に並べているのに対し、要約文 B では文①が主となる内容で文②は文①の従となる内容になっている。要約文 A と B の文①②には、このような添加と補足という連接関係の違いが見られる。

なお、文①「小説や自分史などを個人で出したい人のために始めた自費出版事業の新潮社」という名詞修飾節は、出版社が自費出版事業を主な業務としていると誤解される恐れがある。名詞修飾の部分を提題表現「新潮社は」と叙述表現「始めた」にして、「新潮社は小説や自分史などを個人で出したい人のために始めた自費出版事業で」のようにしたほうがよい。または、「小説や自分史などを個人で出したい人のために自費出版事業を始めた新潮

社は」のように変えて「自費出版事業」を出版社の活動の一環として位置づけることもできる。実は、記事要約練習ではこの文①の例のように原文の連用節を要約文で連体節に書き換えたために、連体節によって限定される名詞が記事原文とは異なる意味を帯びる問題が見られる。さらに、もう 1 つの誤用として、文②「これは〜専念できることである。」があり、「これは〜専念できるというものである。」にすべきである。「これは〜専念できる（という）ことである。」という定義の表現では前後の文脈が不自然になる。

（8） 要約文 C
①　新潮社は小説や自分史などを個人で出したい人のために自費出版事業をはじめ、今月から「缶詰め執筆」というプランを打ち出した。
②　このプランを買うと、文豪がよく泊まっていた「山の上ホテル」という老舗で池波正太郎が好んだ和室で原稿を書ける。
③　同社は、机のある、編集者がいつでも打ち合わせや校正の相談に訪れる部屋にこもるお客さんが作家気分で執筆に専念できるという。

　要約文 C は提題表現の文①「新潮社は」と文③「同社は」によって連鎖し、文③は指示表現「同社」でも文①と強く結びついている。文②「このプラン」は文①と反復語句の関係で、文②「文豪」「池波正太郎」と文③「作家」も同様であり、反復語句の連鎖によって文①②、文②③が連続していることがわかる。要約文 B と同様に要約文 C も 1 つの話題でまとまった構造であり、文②の指示表現「このプラン」によって文①の詳述であることがわかる。「このプランを買うと」という条件節は「このプランでは」と言い換え可能なことから提題表現であると考えられる。

　なお、文③「同社は」を省略する要約文も考えられる。省略すれば文末にある叙述表現「専念できるという」の「という」によって文①から文③を伝聞の報告としてまとめられる。一方、文③「同社は」という提題表現をそのままにすると、「という」は文③の「専念できる」と出版社が主張するセールスポイントを引用して伝えることとなる。文法的には「同社によると」「同社によれば」という伝聞の情報源を表す形式の使用も考えられる。この

要約文の「という」は伝聞の機能のみなのか、「言う」という動詞として用いているのかあいまいである。

（9）　要約文D
　　① 新潮社は 8月下旬から小説や自分史などを個人で出したい人のために自費出版事業を始め、作家が「山の上ホテル」の和室風のシングルルームに泊まり、執筆の仕事に専念できるというプランを紹介した。
　　② このプランは、1泊2食付き2万4千円からで、編集者との打合せや校正の相談などのサービスが用意してある。
　　③ 同社の担当者は「書く過程も含めて、本作りを楽しんでほしい」という。

　要約文Dは文①「新潮社は」、文②「このプランは」、文③「同社の担当者は」と提題表現が3文とも異なる。文①と文②は、文②の指示表現「このプラン」の使用、および文①と文②の反復表現「プラン」の連鎖によって関連が見られる。文①と文③は文③の指示表現「同社」によって文①「新潮社」と関連づけられ、かつ反復表現にもなっている。このように文①でプランの概要、次の文②でプランの詳述、文③でセールスポイントの引用となっている。

　要約文Dは要約文Cと類似した構造だが、要約文Dが「缶詰め執筆」の内容を詳しく説明した概要になっているのに対し、要約文Cは「缶詰め執筆」という表現のみを出して記事の話題導入のようになっている。そのため要約文Dと異なり、要約文Cでは文②「文豪」「池波正太郎」、文③「作家」という反復語句の連鎖によってホテルのプランの詳細な内容が語られている。

　なお、文①「作家が「山の上ホテル」の和室風のシングルルームに泊まり、執筆の仕事に専念できるというプラン」の「作家」は誤用だろう。ホテルに泊まる人という意味の表現「宿泊者」などに変えたほうがいい。実際に学習者の要約文を見てみると、このような反復される語句の意味の誤解、特に具体的に指す内容と抽象的に概念を示す内容との混同が見られる。要約文Dではホテルに宿泊して小説を執筆する一般客を指すのに「作家」は不適切である。「作家」は職業作家のことで単に何かを書く人のことではない。こ

第 11 章　作文教育における文章論と日本語教育の接点　|　217

の文①も 1 文のみ見れば問題ないが、要約文全体から文章の文脈の流れがおかしいことがわかる。

(10) 要約文 E
① 新潮社が 8 月下旬から、小説や自分史などを個人出版で出したい人のために始めた自費出版事業で、ホテルで「缶詰め執筆」プランを打ち出した。
② プランは、川端康成や池波正太郎など有名な作家が利用した「山の上ホテル」のシングルルームに専用の机を用意し、編集者からの催促サービスも提供され、1 泊 2 食付き 2 万 4 千円からとなっている。
③ また、かつて松本清張らの定宿として知られた東京ステーションホテルも利用できるようになり、この秋、ホテルで文豪気分に浸る人が増えることを期待できる。

要約文 E は、提題表現が文①「新潮社が」、文②「プランは」、文③「東京ステーションホテルも」と異なり、文①②と文③で別のホテルが話題となっている。文③の接続表現「また」の連接関係は「ホテル」については話題を共有する添加であると同時に、別のホテルについて言及するという話題転換も行っている。文①②は要約文 A、B、C と同じ展開だが、文③が異なっている。要約文 E は後半で他ホテルでも同様のサービスが利用できることも示し、叙述表現「利用できるようになり、」という連用終止「なり」の後でセールスポイントを主張する。作家関係の反復語句の連鎖を見ると、固有名詞が文②「川端康成」、「池波正太郎」、文③「松本清張ら」と続き、文③の連用中止の後で「文豪」という普通名詞を出している。ホテル関係の反復語句の連鎖を見ると、文①「ホテル」、文②「山の上ホテル」、文③「東京ステーションホテル」、文③の連用中止の後で「ホテル」、というように、普通名詞「ホテル」から固有名詞へ、さらに再び普通名詞「ホテル」へと連鎖が推移している。つまり、文①で提題表現「新潮社が」という話題提示から文章が展開し、文②で山の上ホテルのプランの説明を具体的に示す。文③でもう 1 つの具体例である東京ステーションホテルについて接続表現「また」によって添加と話題転換の双方を含めた連接関係を示す。最後に文③の

連用中止によって具体例の説明を終えると同時に、2つの具体例の評価を表す叙述表現「期待できる」へと展開させて話を終える。要約文A〜Dがあくまでも具体的な出版社やホテルについての記述に留まっているのに対し、要約文Eは具体的な例と抽象的な一般化を行き来しながら要約文をまとめている。

なお、文③「東京ステーションホテルも利用できるようになり、」は原文から読み取れる読解の幅を超えている。新潮社の「缶詰め執筆」プランと同じサービスが受けられるのではなく、客室に原稿用紙柄のメモが置いてあるだけなので、「利用できる」とは言えない。「東京ステーションホテルも作家にちなんだサービスをするようになり、」が妥当だろう。

以上、要約文A〜Eは、どれも文①②と文③と大きく2つのまとまりになっており、文①②が話題のまとまりによって強く結びついていることと、文②と文③の間に意味の切れ目があることが観察される。しかし、それぞれの構造を文章構造の認定要素に従って分析していくと、文章における展開の様相は異なっている。結果として、各要約文の文章構造は話題のまとまりとしては類似しているものの、複数の文の間でのまとまり、さらに、まとまり自体の強さや連接の仕方は異なっていると言える。このように文章構造の手がかりとなる言語形式に基づいて要約文ごとに分析していくと、提題表現や接続表現など文章構造の構成要素、および、それらの構成要素からなる構造の関係性である連鎖・連接・配列の諸相が明らかになる。

最後に、ここで挙げた要約文の実例には配列の異なる例やメタ言語表現を用いた例はない。そこで、それらを含む要約文Fを作例として挙げる。要約文Fには、要約文Eの文③の前半部の連用中止までの表現を文①に移動させて、文①に2つのホテル例を同時に挙げた。ただし、原文はこのような順序では提示されていないため、原文の「縮小コピー」ではない要約文となる。また、最後の③文にメタ言語表現「以上の例から考えると、」を付け加えてみた。

(11) 要約文F（要約文Eからの作例、斜体は配列を変えた部分）

① 新潮社が8月下旬から、小説や自分史などを個人出版で出したい人のために始めた自費出版事業で、「山の上ホテル」を利

用してホテルで「缶詰め執筆」プランを打ち出し、また、かつて松本清張らの定宿として知られた東京ステーションホテルも作家にちなんだ原稿用紙柄メモを客室に置くなどしている。

② プランは、川端康成や池波正太郎など有名な作家が利用した「山の上ホテル」のシングルルームに専用の机を用意し、編集者からの催促サービスも提供され、1泊2食付き2万4千円からとなっている。

③ 以上の例から考えると、この秋、ホテルで文豪気分に浸る人が増えることを期待できる。

以上、学習者の書いた要約文を1つの文章として構造分析をし、各要約文を比較しながらそれぞれの構造の特徴を検討してきた。本節では同じ新聞記事から書かれた要約文において、要素の組み合わせを構造分析することによって個々の要約文の構造を明らかにできることを示した。個々の要約文は話題のまとまり等によって同じ構造を共有している。一方で、文と文の連接や認定要素の連鎖、文の配列から構造を分析すると、構造の異なる部分もわかる。

文章論による構造分析は授業実践の中で使える手法であり、手順と方法がわかれば日々の授業実践に応用できるものである。

3.3 原文の新聞記事

要約文の原文の新聞記事を以下に示す。原文は11文からなり、文①⑥⑪のように言い切らずに終わる形があるなど、ややくだけた文体となっている。

(12) 原文の新聞記事[2]

自費出版　ホテルで缶詰めプラン　新潮社　催促サービスも

①文豪になりきってホテルで「缶詰め執筆」を。②新潮社が、小説や自分史などを個人で出したい人のために始めた自費出版事

---

[2] 構造分析した記事の転載は発行元より掲載許可を得ている。元記事は、東京新聞2012年10月10日付朝刊1面「自費出版　ホテルで缶詰めプラン　新潮社」(中日新聞社発行)。

業で、ユニークな**プラン**を打ち出した。③川端康成ら**文人**が利用したことで知られる老舗「山の上ホテル」(東京都千代田区)に泊まり、**作家**気分で**執筆**に専念できる。

④同ホテルは「鬼平犯科帳」などの著作がある池波正太郎らの定宿だったほか、売れっ子作家に部屋にこもって原稿を書いてもらう「缶詰め」の場所としてよく使われている。

⑤プランは、池波正太郎が好んだ和室タイプのシングルルームに専用の机を用意し、編集者が随時、打ち合わせや校正の相談に訪れる。⑥１泊２食付き２万４千円から。

⑦同社は８月下旬から自費出版事業を始め、希望者にこのプランも紹介しているが、申し込みはまだない。

⑧担当者は「『原稿はまだでしょうか』と編集者がドアの前で進行状況を見守るサービスも、オプションで相談に応じます。書く過程も含めて、本作りを楽しんでほしい」と話す。

⑨都内では今月３日に改装オープンした東京ステーションホテルも、かつて松本清張らの定宿として知られた。⑩これにちなみ、全客室に原稿用紙柄のメモ用紙を備えた。

⑪この秋、ホテルで**文豪**気分に浸る人が増えるかも—。

(東京新聞 2012 年 10 月 10 日 朝刊)

最後に、原文や要約文の構造分析において、反復表現ではないが重要語句となる表現が存在するという問題を指摘しておく。「缶詰め執筆」というキーワードは原文では見出しに用いられているものの、記事本文では文①「缶詰め執筆」の他には文④「缶詰め」と文③「執筆」に反復されるのみである。もちろん類似した表現、例えば「執筆」については文④「書いてもらう」や文⑧「書く」はあるが、「缶詰め」に関しては明確な反復語句として特定できるような表現が見られない。文④「売れっ子作家に部屋にこもって原稿を書いてもらう」という「缶詰め」の意味の説明はあるが反復というより語義の説明のようなものである。つまり、頻繁に反復されたり提題化されたりしなくても重要語句となる表現を文章構造の中でどのように認定するかという問題があり、これは今後の課題である。

4. おわりに

　学習者が書いた作文の文章構造の分析に基づいて作文教育を行う方法は、規範的な観点より記述的な観点を重視するものである。学習者が書いた作文を日本語の文章の1つとして捉え、その文章がどのような構造で書かれてどのような表現を用いているのかを分析しながら、その作文の構造を学習者にわかる形で説明していく。学習者の作文や教材の文章について言語形式を手がかりに文章構造を分析することにより、意味のまとまりが創り出され、作文が意味をなしていく過程が追認できるのである。このような作文の文章構造分析によって教師も学習者も経験的に評価をするのではなく、文章構造の認定要素に基づいて客観的な根拠を示して評価することができると考える。

　記述的な観点からの作文教育という点で、言語の機能と言語学習との関係について述べる。言語の機能には伝達の他に、宮岡（2002）の指摘するような環境への適応という思考様式に関わる面があるという。伝達することだけが目的ならば同じ構造で同じ表現を用いたほうがわかりやすい作文になるだろう。しかし、思考することを目的とするなら、文章構造の多様性を認めたほうが異なる思考様式への理解が深まるのではないだろうか。木戸（1989）で日本語母語話者の要約文を分析した時と同じく、日本語学習者の場合も一つの原文から作成した要約文であっても、学習者によって異なり、同じ文章が一つもないことに今更ながら驚く。読解し表現するという言語活動から出てくる多種多様な作文をこれからも学習者とともに学んでいきたいと思う。

引用文献

アカデミック・ジャパニーズ研究会（編）(2002)『大学・大学院　留学生の日本語　④論文作成編』東京：アルク.
石黒圭 (2008)『日本語の文章理解過程における予測の型と機能』東京：ひつじ書房.
市川孝 (1978)『国語教育のための文章論概説』東京：教育出版.
木戸光子 (1989)「文の機能による要約文の特徴」佐久間まゆみ（編）『文章構造と要約文の諸相』112–125. 東京：くろしお出版.
木戸光子 (2010)「書き換えに着目した上級日本語作文の授業――新聞記事から要約文への文章構造の言い換えを例として――」『筑波大学留学生センター日本語教育論集』25: 107–122.

木戸光子 (2015)『文章展開機能を重視した日本語上級学習者の作文教育』平成 23 〜 25 年度科学研究費補助金基盤研究 (C)(課題番号 23520611) 研究成果報告書.
佐久間まゆみ (2003)「文章・談話における『段』の統括機能」北原保雄 (監修)・佐久間まゆみ (編)『朝倉日本語講座 7　文章・談話』91–19. 東京：朝倉書店.
佐久間まゆみ (2006)「文章・談話の分析単位」『言語』35 (10): 65–73.
佐久間まゆみ (編)(2010)『講義の談話の表現と理解』東京：くろしお出版.
杉戸清樹・塚田実知代 (1991)「言語行動を説明する言語表現」『国立国語研究所報告』103: 131–164.
砂川有里子 (2005)『文法と談話の接点——日本語の談話における主題展開機能の研究——』東京：くろしお出版.
寺村秀夫・佐久間まゆみ・杉戸清樹・半澤幹一 (編)(1990)『ケーススタディ　日本語の文章・談話』東京：おうふう.
友松悦子 (2008)『小論文への 12 のステップ』東京：スリーエーネットワーク.
永野賢 (1986)『文章論総説』東京：朝倉書店.
二通信子・佐藤不二子 (2003)『改訂版留学生のための論理的な文章の書き方』東京：スリーエーネットワーク.
浜田麻里・平尾得子・由井紀久子 (1997)『大学生と留学生のための論文ワークブック』東京：くろしお出版.
宮岡伯人 (2002)『「語」とはなにか——エスキモー語から日本語をみる——』東京：三省堂.

第12章

日本語学習者の意見文に見られる列挙の文章構造の問題点
――中国語母語話者と日本語母語話者の予告文を比較して――

石黒　圭

1. はじめに

　文章は典型的には文が多数連なるもので、全体構造を有し（市川1978）、線条的に読み解いていくものである（時枝1951）。全体構造のわかりやすい文章が存在するとしたら、それはオンラインのプロセスで全体構造が読み取りやすい文章ということになろう。その典型は、後続文脈の予測のしやすい文章である（石黒2008）。

　論説文（説明文と意見文）にかぎって考えると、全体構造を整理する場合、列挙の接続表現が便利である。列挙の接続表現は、同一のカテゴリに属する内容を文章で箇条書きのように示すのに有効で、複雑になりがちな論説文の全体構造を整理するのに便利である。日本語では、「第一に」「第二に」「第三に」や「まず」「つぎに」「さらに」などが代表的である。

　日本語の列挙の接続表現は以下の三つのタイプに分かれると考えられる（石黒2005）。

　　① 列挙の順序が可変的なものにたいしてだけ用いるもの
　　　 列挙の順序を入れ替えても意味が変わらないもの。「第一に」「第二に」「第三に」などがこれに当てはまる。

② 列挙の順序が固定的なものにたいしてだけ用いるもの
　時間的継起性や順位のように、列挙の順序を入れ替えると意味が変わってしまうもの。「はじめに」「つづいて」「おわりに」などがこれに当てはまる。
③ 列挙の順序が可変的なもの、固定的なもの、いずれにも用いるもの
　「まず」「つぎに」「さらに」などがこれに当てはまる。

　たとえば、もし可変的な列挙に、列挙の順序が固定的なもの限定の「はじめに」「つづいて」「おわりに」を使ったり、列挙の順序が可変的なものと固定的なものを「はじめに」「第二に」「おわりに」のように組み合わせて使ったりすると、読者は文章の列挙の構造が理解しづらくなる。日本語学習者の作文には、しばしばそうした列挙の接続表現の混乱が見られ、作文の全体構造の把握に支障を来してしまう。

　石黒（2005）を発展させ、こうした列挙の接続表現を日本語学習者がどのように用いるか、説明文・意見文といった文章のタイプ別に見たものに黄（2013）があり、参考になる。そこでは、日本語母語話者は、列挙の順序が固定的な説明文にたいして上記の③を、列挙の順序が可変的な意見文にたいして①を選び、使い分ける傾向があるのにたいし、中国語を母語とする日本語学習者は、そのいずれにたいしても一貫して③を選ぶ傾向があることが示唆されている。

　たしかに、こうした研究が示すように、三つの列挙の接続表現の使い分けが文章構造の理解と強く関わっているのは事実である。しかし、はたして列挙の接続表現さえ整っていれば、列挙を軸とする文章構造は読み手にとってわかりやすいものになるだろうか。答えは否である。列挙がわかりやすく示されたとしても、それが何の列挙なのかをあらかじめ明確に示さないと、読み取りに必要なスキーマが発動されないからである。「第一の理由は」「第二の理由は」「第三の理由は」と並べられても、それが何の理由なのかが示されなければ、意味をなさない。そう考えると、列挙を軸とする文章構造の理解に必要なのは、列挙の接続表現よりもまず、列挙の内容を予告する文ということになる。

論説文の場合、これから述べる内容についてあらかじめ述べ、その内容の理解を促進するという方法が採られることが多い。認知心理学で、先行オーガナイザー (advance organizer) と呼ばれるものと関係がある (Ausubel 1960)。文章論では、内容をまとめる統括と呼ばれる機能と関わりがあり (永野 1986)、統括を担う中心文がその役割を担うことが多い (佐久間 1995)。論説文では問題提起文がその役割を果たすことも多く (石黒 2002)、文構造の微妙な違いでその働きがわかることもある (砂川 2005)。

　しかし、列挙の内容を予告する文に焦点を当て、日本語母語話者と日本語学習者を比較した研究は管見のかぎり見当たらない。そこで、本稿では、列挙の内容を予告する文を予告文と名づけ、黄 (2013) の列挙の接続表現の研究を受け継ぎ、日本語母語話者と中国語を母語とする日本語学習者の作文コーパスを用いて、予告文をめぐる比較研究を行うことにしたい。

　具体的な内容は次のとおりである。2 節では、調査の概要について紹介する。3 節では、予告文が出現する場合、日本語学習者の予告文に表現上どのような問題点が見られるかを整理して示す。4 節では、予告文が出現しない場合、日本語学習者の列挙の構造が読み取りにくくなる理由について考察する。5 節はまとめである。

2. 調査の資料
2.1 調査の対象者

　調査の対象者は、日本語母語話者と中国語母語話者、それぞれ 70 名である。日本語母語話者は日本国内 (東京都) の大学に在籍し、社会科学を専攻する学部生、中国語母語話者は中国国内の大学に在籍し、日本語を専攻する学部生である。日本語母語話者のデータは筆者が、中国語母語話者のデータは黄明侠氏が収集した。

　中国語母語話者を対象にした調査は、A 大学 (北京市)、B 大学 (哈爾濱市)、C 大学 (北京市)、三つの大学で実施した。実施時期はそれぞれ 2010 年 3 月、9 月と 10 月である。A 大学で 19 名 (2 年生 8 名、3 年生 2 名、4 年生 4 名、大学院生 5 名)、B 大学で 38 名 (3 年生 38 名)、C 大学で 18 名 (2 年生 18 名)、合計 75 名の中国語母語話者のデータを入手した。本稿では主

に日本語を専攻する学部生を中心に分析を行うため、5名の大学院生を除き、70名の学部生のデータを取りあげた。なお、調査では、中国語母語話者の学習歴を確認し、旧日本語能力試験で2級の目安とされている学習時間600時間以上の授業時間を経ている日本語学習者のみを対象とした。

一方、日本語母語話者については、都内にあるD大学で調査を実施した。実施時期は2010年11月である。学部2年生、3年生、4年生合計88名の日本語母語話者のデータを入手したが、中国語母語話者の調査対象者の人数に合わせるために、ランダムに70名の日本語母語話者のデータを取り出した。その内訳は下表のとおりである。

表1　調査対象者の内訳

日本語母語話者	人数	中国語母語話者	人数
日本国内の学部2年生	28名	中国国内の学部2年生	26名
日本国内の学部3年生	34名	中国国内の学部3年生	40名
日本国内の学部4年生	8名	中国国内の学部4年生	4名
合計	70名	合計	70名

2.2　調査の内容

調査の内容は、「割り勘」という同一のテーマについて、日本語母語話者には日本語で、中国語母語話者には日本語と中国語で作文を書いてもらうという形を取った。調査の具体的な指示内容は以下のとおりである。

「親しい友達と2人で一緒に食事に行きました。会計をするとき、その友達が「割り勘にしない？」と言いました。そのとき、あなたはどうしますか。割り勘に同意しますか。それとも、自分がおごる、または相手におごってもらうように提案しますか。「割り勘」か「おごる（おごってもらう）」かのどちらかを選び、その理由を書いてください。」
注意点：
ア）「割り勘」というのは、会計を半分ずつ負担する、または自分の食べた分だけ払うという意味です。「おごる」というのは、会計をすべて1人の人がまとめて払うという意味です。

イ）相手が先輩・後輩や同性・異性によって変わる場合は、親しい友達がどんな相手か、自由に設定して書いてかまいません。
ウ）理由はかならず三つ以上列挙して書いてください。
エ）600字以内で書いてください。
オ）日本語と中国語、両方書いてください。（中国語母語話者のみ）
カ）①、②、③などのような箇条書きを使わないでください。文章で書いてください。

3. 予告文を示す場合の問題点
3.1 予告文の有無

列挙を使わずに表現した者、予告文によって列挙を予告した者、予告文を使わずに列挙を導入した者の三つに区分した。

表2　予告文の有無の内訳

	日本語母語話者	中国語母語話者
列挙なし	4名	5名
予告文あり	25名	29名
予告文なし	41名	36名
合計	70名	70名

2.2「調査の内容」のウ）で見たように「理由はかならず三つ以上列挙して書いてください」という指示をしてあったにもかかわらず、現実には列挙を避けて書いてきた調査対象者が存在した。

日本語母語話者の場合、そうした学生が4名いたが、そのうち2名は意見文の文体ではなく、描写文の文体、すなわち具体的な場面を設定し、それをドラマ風に描いた文体で書いてきたため、理由の列挙が困難であったと考えられる。残りの2名は「割り勘」を選ぶことも「おごる」を選ぶことも潔しとせず、場合によって異なると書いてきたために、理由を列挙するという指示に従って書けなくなったものと思われる。

また、中国語母語話者の場合にも、そうした学生が5名おり、描写文の文体で書いてきた者が1名、場合によって異なると書いてきた学生が3名、

いずれの立場に立っているのかがよくわからず、揺れていたものが1名あった。

　一方、予告文なしに列挙した学生は数多く、日本語母語話者の場合は6割弱の41名が、中国語母語話者の場合でも5割強の36名がそうした選択をしていた。予告文を使わなくても、列挙が何の列挙であるか読み手に伝われば問題はないが、予告文を使わなかったために理解に支障を来せば問題は大きいと考えられる。これについては、次の4節で議論することにしたい。

3.2　予告文の表現上の誤り

　予告文が存在する場合、その予告文に致命的な誤りがなければ、列挙の構造を読み誤ることはない。とはいえ、その予告文に些細であっても表現上の誤りがある場合、読んでいて違和感を覚えることは否めない。中国語母語話者の予告文29例のうち、8割近い23例に表現上の誤りが存在した。

　そのなかで、比較的多い誤りについて指摘しておく。まず、もっとも多かったのが数量詞の文法的な扱いについての誤りである。6例存在した。

　　（1）　理由は三つがあります。　　　　　　　　　　　（CJ21）

　言うまでもなく、「三つの理由があります」「理由が三つあります」「理由は三つです」であれば問題はない。

　次に多かったのが「とおり」が使えないという誤りで5例存在した。そのうち4例が「よう」を使った誤りであった。

　　（2）　理由は下記のようです。　　　　　　　　　　　（CJ01）

　残る1例は（3）のようなものである。

　　（3）　理由は以下にあります。　　　　　　　　　　　（CJ07）

「理由は以下にあるとおりです」とすれば、理解は容易になる。

　文末に余計な要素を付加して、誤解を招きかねないものも4例存在した。（4）は授受表現の付加、（5）は終助詞の付加、（6）は「のだ」の付加、（7）は「ようとする」の付加である。

　　（4）　これから三つ理由が説明してあげます。　　　　（CJ60）
　　（5）　私たちは理由が三つありますよ。　　　　　　　（CJ40）
　　（6）　なぜかと言うと、その理由は三つあるのだ。　　（CJ65）

（7）　その理由はいろいろですが簡単に3つの例をあげて説明し<u>よう</u>
　　　　　　<u>とします</u>。　　　　　　　　　　　　　　　　　　　（CJ33）
　予告文に読み手を意識したモダリティ表現を使うと、逆効果になりやすいことがわかる。
　一方、必要な要素が脱落したものも3例存在した。（8）は形式名詞「もの」の脱落、（9）は動詞「なります」の脱落、（10）は疑問の「か」の脱落である。
　　　（8）　原因<u>は次の</u>があります。　　　　　　　　　　　　（CJ16）
　　　（9）　理由は次<u>のように</u>：　　　　　　　　　　　　　　（CJ35）
　　　（10）　割り勘にはいく<u>つの</u>長所がある。　　　　　　　　（CJ70）
　また、先行文脈の受け方に戸惑っているように見受けられる例も3例存在した。「なぜかと言うと」やそれに類する表現である。
　　　（11）　<u>なぜかと言うと</u>、三つの理由があります。　　　　（CJ02）
　（11）では、「それには、三つの理由があります」としたり、「それがなぜかと言うと、三つの理由があるからです」としたりすれば、不自然さを防ぐことができる。
　語彙的なものとしては、「理由」を「原因」としてしまったものが2例存在した。
　　　（12）　その<u>原因</u>はいくつがあります。　　　　　　　　　（CJ08）
「原因」は、現実に存在する事態の因果関係を探るときに使われる名詞であり、また、問題であるというネガティブなニュアンスを含み、本課題のような意見文の根拠を挙げるのにはふさわしくない。
　そのほかに目に留まったのは（13）の「で」のような助詞の誤りと、（14）のような「自分」の付加であった。
　　　（13）　でもこんな場合<u>で</u>は割り勘をしないほうがいいと思います。
　　　　　　　　　　　　　　　　　　　　　　　　　　　　　　（CJ64）
　　　（14）　もちろん、私は<u>自分</u>の理由があります。　　　　　（CJ47）
　予告文においては、このような誤りが散見されるので、作文の授業のさいにはとくに注意して指導する必要がある。

4. 予告文を示さない場合の問題点
4.1 予告文なしに列挙が成り立つ4条件

　本研究は、列挙の予告文を比較し、その問題点を明らかにすることを当初の目標として調査に着手した。ところが、実際に調査してわかったことは、すでに述べたように、日本語母語話者の場合は6割弱の41名が、中国語母語話者の場合でも5割強の36名が、予告文を示していなかったことである。このことは、予告文がなくても列挙の構造が読み手に伝わることを示唆している。

　しかし、日本語母語話者と日本語学習者の作文を読み比べてみると、そこには明らかに差異のあることがわかる。日本語母語話者の作文は、筆者自身が読んで確かめた範囲では、41例中すべての作文について列挙の文章構造を違和感なく把握することができた。ところが、日本語学習者の作文は、列挙の構造を違和感なく把握できたのは、36例中わずか8例であった。つまり、日本語母語話者はすべて、予告文を使わなくても列挙の構造を適切に提示するストラテジーを有していたのにたいし、日本語学習者の4分の3以上はそうしたストラテジーを有していなかったのである。

　そう考えると、日本語の表現の正確さがまだ十分に身についていない日本語学習者の場合、予告文を示すことで列挙の文章構造を提示する堅実なストラテジーが有効であることがわかる。予告文さえ示されていれば、3節で見られたような表現上の問題は存在しても、列挙の文章構造を取り違えることはないからである。その意味でも、作文の授業における予告文の指導は重要になると思われる。

　しかし、それと並行して、予告文なしに列挙の構造を適切に提示するストラテジーを教えることも、超級を目指す日本語学習者にとって重要であろう。本節ではそのストラテジーについて検討していきたい。

　予告文のない日本語母語話者・日本語学習者の作文を読みこんでいくと、列挙の文章構造が明確に理解できる文章は、次の4条件を備えていることが見えてくる。

　① 立場の明示：自分の立場を明確に示している。
　② 理由の指標：理由が理由であることを示す指標がある。

③　列挙の指標：理由の開始部に列挙の接続表現がある。
④　理由らしさ：理由が理由にふさわしい内容になっている。
この点を、次の日本語母語話者の作文で確認する。
(15)　同学年の女友達と2人で一緒に食事に行ったとして、会計のときその友達に「割り勘にしない？」と言われたら、①私は割り勘に同意します。②なぜならば、③まず④私とその友達は同学年であり上下関係がある訳ではない②からです。先輩におごってもらったり、後輩におごったりすることはありますが、同期と食事に行くときには私はいつも割り勘にします。また、私は人並み以上によく食べるので、その友人よりも多く注文します。そのため、自分が食べた分だけ払うことで、私より注文した量が少ない友人が損をすることがなくなります。いつも自分が食べた分より多く支払わなければならないなら、その友人はそのことに対して不満を持ち、いつか友情関係にヒビが入ってしまうかも知れません。それから、お金の貸し借りはしてはいけない、と幼い頃から親にしつけられていたのも理由の一つです。お金と人間関係のかかわりは密接で、お金に関するもめ事は厄介です。食事の会計は、比較的金額で小さいですが、こうした小さな場面でもきっちりお金の管理をしていくことが大切だと思っています。こうした理由から、同学年の女友達と2人で食事に行ったときには、会計は割り勘でしています。　　　　　　　　　　　　　　　（JJ04）

①「立場の明示」は、冒頭の文で満たしている。「私は割り勘に同意します」と自分の立場を明確に示しているからである。たとえ、予告文がなくても、立場を明示する文があれば、そのあとに理由が示されることは読み手にとって予測可能である。

②「理由の指標」は、「なぜならば〜からです」という文型によって示されている。理由が理由であることを示す指標があれば、予告文がなくても連接関係がわかるので、列挙の文章構造が把握しやすくなる。

③「列挙の指標」は、「まず」によって示されている。また、それと呼応する形で、後続文脈で「また」「それから」が示され、最後に「こうした理

由から」で三つの理由がまとめられ、三つの理由の列挙からなる文章構造が強化されている。

④「理由らしさ」は、「私とその友達は同学年であり上下関係がある訳ではない」の部分が担保している。①から③とは異なり、形態的に示されるものではなく、意味的に理解されるものなので、定型化することは困難だが、ここでは「友人と上下関係がない」→「対等な関係にある」→「おごったりおごられたりするのは不自然である」→「割り勘がふさわしい」という常識に基づく自然な推論が行われていると考えられる。

4.2 「立場の明示」の問題点

日本語学習者の場合も、多くは自分の立場を明示できているが、日本語母語話者の作文にくらべ、その示し方が弱いように感じられることがある。たとえば、主張として示すべきところを事実として示されてしまうと、理由を予測しにくくなるのである。次の (16) や (17) がその例である。

(16) 食事する時の「割り勘」と「おごる」について<u>私の生活には「おごる」の場合が多いです</u>。
　　　いつも私と一緒に食事する相手はルームメートです。彼女とはいつも割り勘します。……　　　　　　　　　　(CJ30)

(17) 会計をするとき、<u>私がおごって楽しかったんです</u>。
　　　まず、李さんはデザイナーになって有名な洋服の会社に勤めて毎日忙しいようです。……　　　　　　　　　(CJ38)

また、立場を断定してもよいところを弱めてしまうと、やはり立場の明示という点で不安定さが感じられる。次の (18) や (19) がその例である。いずれも「何となく」が主張を弱めている。

(18) 親しい友達と食事に行って、会計をするとき、その友達に「割り勘にしない？」と言われて、その時さえ、<u>何となく</u>違和感が感じます。
　　　「私がおごるよ。」と言われたことはしょっちゅうあるのですが、「割り勘にしない」という文句は私がおごりたくないという意味を含んでいるし、たとえ、二人が互いに割り勘のことに同調

した場合も、そういうまっすぐな言い方を避けます。……(CJ03)
(19)　その事情について、私はいろいろ考えました。私にとって<u>何となく</u>割り勘がいいと思います。
　　　　まず、たくさんな人はいっしょに食事に行かれば、贅沢なことなければならないです。だから、おごるのことにしれば、おごりの人に対して、いくらお金があるでも、これも一次に支払うのはたいへんでしょう？。……　　　　　　　　　　　　(CJ45)

もちろん、日本語学習者の作文のなかには、<u>立場</u>を明示できているものもある。(20) と (21) がその好例である。

(20)　私は割り勘に同意しません。相手は男性にしても女性にしても割り勘はよくないと思います。　　　　　　　　　　　　(CJ51)
(21)　仕事がある人にとって、おごるは普通ですが、私たち学生にとって割り勘こそが最良の選択です。　　　　　　　　　　(CJ26)

日本語母語話者の場合、立場を極端に強めて見せるものもある。意見文としての評価は分かれるだろうが、日本語学習者にここまでできるという例として見せるのは意味があるかもしれない。

(22)　割り勘とはなんと合理的かつ現実的なものなのだろうか。割り勘という行為は大人社会でたびたび発生するものであろうが、私はこの行為に全面的に賛同する。恋人同士の関係などといったら、それぞれの恋愛観によるが、先輩であれ後輩であれ割り勘にしようと言われたらほぼ間違いなく同意する。　　(JJ16)

なお、立場を明示する場合、直後に続く理由の文を、新たな段落として始めたほうが文章の構造が取りやすくなるのも指導上のポイントである。
　一方、(23) のように、<u>立場を明示する文と、直後に続く理由の文とのあいだに別の要素が入る</u>と、文章の構造がわかりにくくなるので、注意が必要である。

(23)　現在では親しい友達と一緒に食事して勘定する時、割り勘する場合も増えています。しかし、おおがたの中国人にはなか受けられませんでした。友達に割り勘をすれば仲間が水臭くなってしまい、けちだと思います。けれども、私にはこの考えが正しいと思

われません。おごるより割り勘の方がいいと思います。
　　　<u>「割り勘」というのは会計を半分負担するまたは自分の食べた
　　　分だけ払うという意味です。「おごる」というのは会計をすべて
　　　1人の人が求めて払うという意味です。</u>
　　　　先輩と後輩一緒に食事に行きました。先輩と行くから「おご
　　　る」と決め付けてはいけません。次回に繋げようとするなら進ん
　　　で割り勘を提案しましょう。先輩とて勘定を持つことは覚悟で来
　　　ていると思いますが、後輩から割り勘の提案があれば嬉しいもの
　　　です。……　　　　　　　　　　　　　　　　　　　　　（CJ56）

「おごるより割り勘の方がいいと思います」という立場を明示する文と、第三段落の「先輩と後輩一緒に～」で始まる文とのあいだに、下線で示した「割り勘」「おごる」の定義が挿入されたことで、前後の関係があいまいになってしまっている。

4.3　「理由の指標」の問題点

　次の（24）と（25）は理由を示す指標がないので、理由であることがわかりにくくなっている。

　　（24）　ある人は「割り勘」は友達のこころを害すると言いました。私は
　　　　　そうではないと思います。2人はいい友達なら、割り勘は友情を
　　　　　守ることをしています。……　　　　　　　　　　　　（CJ06）
　　（25）　私は割り勘に賛成です。まず、相手の分を払うことは彼に負担に
　　　　　なるかもしれません。……　　　　　　　　　　　　　（CJ15）

これを、（24′）や（25′）のように「なぜならば～からです」のような文型に当てはめれば、前後の関係がわかりやすくなる。

　　（24′）　ある人は「割り勘」は友達のこころを害すると言いました。私は
　　　　　そうではないと思います。<u>というのは、</u>2人はいい友達なら、割
　　　　　り勘は友情を守ることをしている<u>からです</u>。……
　　（25′）　私は割り勘に賛成です。<u>なぜかというと、</u>まず、相手の分を払う
　　　　　ことは彼に負担になるかもしれない<u>からです</u>。……

もちろん、日本語学習者の作文のなかには、理由の指標の明示が十分にで

きている文章もある。作文の授業のなかでこうした文章を共有できれば、教室で学ぶ学習者にたいする意識づけにつながることが期待できる。

(26) 最近、社会は発展につれて、外国の割り勘制度は中国で若者の間広がっています。私もおごってもらうことより、割り勘が好きです。<u>理由は</u>、まず、私たちは今、学生で仕事しないですから、自分でお金を払うことができません。だから、おごるということは両親の負担が増える<u>んです</u>。……　　　　　　　　　　(CJ14)

(27) やはり「俺がおごってやるぜ。」と答える。
　　　<u>なぜかというと</u>、まず、親しい友達だから、割り勘ってちょっと水臭いという感じ<u>だからである</u>。……　　　　　　　　(CJ67)

(26)は、「理由は」で始めたことで、「んです」に至るまでの記述が理由であることを読み手に意識させることに成功している。また、(27)は、冒頭の文が立場を明示する力のある個性的な文であることにくわえ、「なぜかというと～からである」という文型で理由であることをはっきりと示せている。

4.4 「列挙の指標」の問題点

列挙の接続表現で「第一に」に相当するものは、後続文脈との対応関係のなかで意味を持つものであるが、ここから理由が始まるという理由の開始を予告する機能を併せ持つ。(28)を見ると、そのことがよくわかる。

(28) わたしは割り勘についてのことに賛成します。今の私たちは学生ですから、あんまりお金がありません。友達と一緒に食事をするとき、雰囲気は絶対いいと思います。しかし、勘定するとき、もし一人で勘定するなら、彼のお金が欠けるかもしれません。
　　　<u>次に</u>、割り勘をしたら、誰にもまだ義務がない感じがすると思います。みんなも楽になります。……　　　　　　　　　(CJ23)

(28)の第一文は立場を明示しているが、第二文以降は何となく説明が続いているような印象を受ける。ところが、段落が変わって「次に」という列挙の接続表現を見た瞬間、そこまでが第一の理由であったことを知るのである。その結果、読み手は再読を余儀なくされ、「次に」の先行文脈と後続文脈がどのような意味で列挙の関係にあるか、試行錯誤をしなければならなく

なる。上級レベルに達した日本語学習者には、文法面での誤りがないからといって、よい日本語表現になるとはかぎらないという事実も、意識的に伝えていく必要があるだろう。日本語学習者にも、日本語母語話者と同じような指導が必要になるわけである。

　なお、日本語母語話者が多く使うストラテジーで、日本語学習者があまり使わないものがある。それは、「一つ目の理由は」のような「序数＋の＋理由＋は」で理由を導入するストラテジーである。中国語を母語とする日本語学習者の場合、黄（2013）が指摘するように、「一つ目」「第一」のような序数を使わず、母語である中国語の「（首）先」から思い浮かぶ「まず」に頼りすぎるきらいがある。こうしたストラテジーは、日本語学習者が自力で思いつきにくいものなので、作文の授業で指導する意味があるだろう。

　(29)は、非常に単純であるが、これが、日本語母語話者の意見文を書くときの典型的な列挙の文章構造として提示することが可能である。日本語母語話者の多くは、この基本文章型を多少崩して、自然に見える文章を書く傾向がある。

　(29)　自分は割り勘に同意します。主に<u>その理由は3つあります</u>。
　　　　<u>1つ目の理由は</u>、割り勘が公平だということです。金銭面に対する感覚というのは人それぞれですが、自分も含め、なかには金銭面に対して厳しい人もいます。親しい友人同士でも意外とお互いの金銭感覚については分かっていないことが多く、トラブルになりやすいのが実情です。そのため、公平な割り勘を選ぶのが無難だと言えるのではないでしょうか。
　　　　<u>2つ目の理由は</u>、自分が損をしないからです。前述したように、自分は金銭面に対しては少し厳しい感覚をもっています。そのため、自分が他人よりも多く出費することになると、気になってしまい、ストレスにさえなってしまうのです。
　　　　<u>3つ目の理由は</u>、おごる、おごられるという行為が気をつかう行為だということです。特に、おごられる側というのは気をつかいます。親しい友人間で無用な気遣いをしたくないので、割り勘が無難だと思います。

以上3つの理由から、自分は割り勘を選択するのが良いと思います。　　　　　　　　　　　　　　　　　　　　　　　　　（JJ09）

4.5 「理由らしさ」の問題点

　冒頭部で示される立場とその直後に示される理由とが、読んでいても、内容面ですぐに結びつかないことがある。これ自体は、形態的な側面に還元できない問題なので、日本語教師としては作文の授業で取り扱うのに苦労する。
　ただ、いくら内容面の問題とは言っても、内容は表現をとおして伝わるものなので、表現面に問題があることが少なくない。

（30）　一般的にわたしは割り勘の方が賛成です。
　　　　まず、負担があります。例えば昨日李さんと一緒に食事をして李さんがおごりました。今日また李さんがおごりました。それならわたしの心から負担があります。だから、わたしもずっと食事で一回おごると思わなければなりません。……　　（CJ34）

　「まず、負担があります」に着目したい。「負担」というのは、ここでは話題であり、抽象的である。そこで、「負担の問題」と表現すれば、少しはわかりやすくなる。また、「負担」というのは、この文脈では、肉体的な負担の問題ではなく、心理的な負担の問題である。そう考えると、「気持ちの負担の問題」とできるだろう。さらに、「負担」なのは、「割り勘」ではなく、「おごり」である。そこに論理的な飛躍が生じている。そのことを含めて、次のように表現すれば、話の流れを格段につかみやすくなるだろう。

（30′）　一般的にわたしは割り勘の方が賛成です。
　　　　まず、「おごり」の場合、気持ちの負担の問題があります。例えば昨日李さんと一緒に食事をして李さんがおごりました。今日また李さんがおごりました。それならわたしの心から負担があります。だから、わたしもずっと食事で一回おごると思わなければなりません。……

　理由が理由らしく見えなくなっているときは、論理が破綻しているよりも、必要となる情報が欠けていて、論理が飛躍を起こしている場合が多く感じられる。したがって、情報を補うように表現を調整すれば、理由らしく見

せることが可能である。

4.6　何がもっとも問題か

　ここまで、予告文なしでも列挙の文章構造を成立させる4条件「立場の明示」「理由の指標」「列挙の指標」「理由らしさ」を見てきた。このうち、列挙の文章構造を成立させるのに、どれがもっとも重要な条件なのだろうか。

　ここでは、形態的な指標からは判断しづらい「理由らしさ」を除き、残りの三つの条件を比較してみたい。

表3　予告文なしでも列挙の文章構造を成立させる3条件の比較

	日本語母語話者	中国語母語話者
違和感のない文章	41	8
立場の明示された文章	38	31
理由の指標のある文章	37	9
列挙の指標のある文章	31	22
予告文なし合計数	41	36

　「立場の明示された文章」も「列挙の指標のある文章」ももちろん無関係ではないが、中国語母語話者の数値を見ればわかるように、「違和感のない文章」の数と、「理由の指標のある文章」の数がほぼ一致している。また、日本語母語話者と比較しても、もっとも差があるのが「理由の指標のある文章」の数である。事実、中国語母語話者の「理由の指標のある文章」の9例のうち、6例が「違和感のない文章」になっている。したがって、列挙の文章構造を読み手に的確に把握させるために、中国語を母語とする日本語学習者に指導すべきもっとも重要な点は、理由を表現したいときには理由の指標をきちんとつけることである。

　また、表3の日本語母語話者の特徴を見ていると、日本語母語話者の作文には、「立場の明示」「理由の指標」「列挙の指標」の三つが揃っているものが非常に多いことに気づく。実際、両者の作文を読み比べてみると、中国語母語話者の作文はバラエティが豊かであるが、日本語母語話者の作文は似たパターンのものが多い印象がある。

中国語母語話者は適切な文章型を知らないためにさまざまな工夫を施すが、日本語母語話者は適切な文章型に習熟しているため、(29)のような単純なパターンで書いてくることが多い。このため、日本語母語話者の作文は一読して意味が取りやすい一方、型にはまった、つまらないものになりがちである。

　日本語教師のなかには、日本語母語話者の話し方・書き方に近づけていくことを日本語教育の目標と考えるむきもあるが、私はそうした考え方は採らない。むしろ、日本語学習者の創意工夫は大いに奨励されるべきであるし、そこから日本語母語話者が学ぶことも少なくないと考える。ただし、日本語の文章構造を構築するさいに、理にかなわない表現は誤解を招くので、その点の修正は必要である。本稿はその改善のための予備的考察である。

　もちろん、日本語母語話者のなかにも、つねに型にはまった単純なパターンから抜けだそうと試みる者も存在する。(31)はその1例である。

(31)　今回は僕がおごります。先月僕のお金が底を尽きたとき、あなたはご飯をごちそうしてくれました。今回はそのお礼として、おごられて下さい。

　「いくら今月給料が入ったからといって、お前にこんな高級な料理をおごる余裕はあるのか。」と言いたそうな顔をしていますね。実は先日、宝くじの1等に当選して、3億円が手に入ったのですよ。なのであなたに1度ごちそうしたからといって、痛くもかゆくもありません。先月のお礼ということのほかに、財布に余裕ができたことも、ご飯をおごる理由です。

　あともうひとつ、お願いがあるのですが、僕が大金を手にしたことは、誰にも言わないでもらえないでしょうか。この話が広まると、僕の人間関係によくないことが起こるような気がするのです。少し意地汚い言い方になりますが、あなたが僕にごちそうしてくれたものと比べて、今日ははるかに高級なものをおごりました。この差額は「口止め料」と考えて下さい。それではくれぐれもよろしくお願いします。

　僕があなたにご飯をおごる理由をまとめると、先月のお礼、財

布に余裕ができたこと、そして口止めの約束を守ってもらうこと、この3つです。　　　　　　　　　　　　　　　　　　　(JJ70)

　成功しているかどうかは微妙なところであるが、少なくとも立場を明確にして、その立場に沿った理由を三つ挙げるという一般的な逆ピラミッド型の構造に反し、純ピラミッド型で情報が徐々に見えてくるような文章構造をあえて試みていることは看取できる。日本語母語話者、日本語学習者を問わず、表現を工夫するというこうした姿勢が、表現のレパートリーを広げ、文章技術の向上に結実するように思う。

　表現に工夫が見られる例をもう一つ挙げておこう。これは、(31)とは反対に、逆ピラミッド構造を徹底させた文章である。

(32)　親しい友達に「割り勘にしない？」と言われた場合、自分は基本的には同意します。その理由としては、割り勘は平等な負担であること、相手が親しい友人であるために互いに遠慮する必要がないこと、そして仮にどちらかがおごったとしたら、もう一方に借りができてしまうことの3つがある。

　それぞれの理由を詳しく見ていこう。まず、1つ目の理由については、割り勘という会計の負担方法は自分の食べた分だけ、あるいは会計の半分だけを負担するという方法で、客観的に考えて合理的な方法であるということである。

　2つ目については、相手は互いに友人であり、さしておごられる理由もおごる理由もないという意味である。ただ、この論点については、友人に対して借り、あるいは貸しがある場合などは当てはまらない。これが初めの文で「基本的には」という表現を使った理由である。

　最後の理由は、おごられた人は相手にその分借りが出来てしまい、その後の友人関係に悪い影響を与える可能性があるということである。もちろん、持ち合わせがないなど特別の事情がある場合は親しい友人に頼ることは悪いことではないので、この論点についても「基本的には」割り勘という結論となる。

　以上の3つの理由から、自分は基本的に割り勘に同意する。

(JJ42)

(32)は、第一段落で文章全体の要旨を示し、後続の文章展開を示す、いわばリードの役割を果たしている。そのことで、書き手の主張と根拠の読み誤りを予防するとともに、第二段落の冒頭で「それぞれの理由を詳しく見ていこう。」とすることで、後続文脈への期待を高めている。(32)にも、ほかの文章にはない、こうした独自の工夫が見られる。

5. おわりに

本章は、書き手が自分自身の立場を選択し、その選択した理由を三つ列挙する意見文をとおし、中国語を母語とする日本語学習者が、日本語母語話者と比較して、どのような文章構造を取る傾向があるかを、予告文の有無に着目して分析した。

まず、意見文を書き慣れていない日本語学習者の場合、書き手の立場を、それを支える理由とともに誤解なく示すのは困難であることが多いため、書き手の立場を明示する文とその理由を述べる文のあいだに、理由が三つあることを示す予告文を置くことが重要であることを論じた。また、日本語学習者の予告文に頻出する文法的・語彙的誤りについても整理して示した。

一方、予告文を示さなくても、読み手に誤解なく文章構造を把握させることも可能であり、それには、四つの条件「立場の明示」「理由の指標」「列挙の指標」「理由らしさ」が必要であることを論じた。とくに、中国語を母語とする日本語学習者の場合、「理由の指標」を欠いているために文章構造がわかりにくくなりがちなことを指摘した。

一方、日本語母語話者の文章は、読み手に文章構造を正確に把握させるのには向いているものの、「立場の明示」「理由の指標」「列挙の指標」が三つ揃った単純な文章構造が再生産されがちであり、日本語学習者の創意工夫の姿勢に学ぶべき点があることにも言及した。

本章の研究成果を作文の授業に応用するためには、日本語学習者と日本語母語話者の双方が参加し、たがいにディスカッションをしながら文章技術をみがくピア・レスポンスの教室を整えることが有効であると考えられ、そうした教室での実践(大島・清水(2002)など)が今後さらに期待されよう。

引用文献

石黒圭（2002）「説明文読解の方法――たどり読みによる文章構造の把握――」『一橋大学留学生センター紀要』5: 17–37.
石黒圭（2005）「序列を表す接続語と順序性の有無」『日本語教育』125: 47–56.
石黒圭（2008）『日本語の文章理解過程における予測の型と機能』東京：ひつじ書房.
市川孝（1978）『国語教育のための文章論概説』東京：教育出版.
大島弥生・清水知子（2002）「留学生・日本人学生間の作文交換に見られる異文化理解の諸相」『留学生教育』7: 39–62.
黄明侠（2013）『「序列の接続表現」に関する実証的研究――日中両言語話者による日本語作文の比較から――』東京：ココ出版.
佐久間まゆみ（1995）「中心文の「段」統括機能」『日本女子大学文学部紀要』44: 93–109.
砂川有里子（2005）『文法と談話の接点――日本語の談話における主題展開機能の研究――』東京：くろしお出版.
時枝誠記（1951）「文章論の一課題」『国語研究』8 愛媛国語研究会.（山口仲美（編）（1979）『論集日本語研究8　文章・文体』7–23. 東京：有精堂所収）
永野賢（1986）『文章論総説』東京：朝倉書店.
Ausubel, David P.（1960）The use of advance organizers in the learning and retention of meaningful verbal material. *Journal of Educational Psychology* 51: 267–272.

第13章

文脈から見た
文末表現と主題の持続
―― 社説に潜む対話 ――

アンドレイ・ベケシュ

1. はじめに

　本研究の発端は専門講読という講義で、人文科学関係の研究論文、新聞の社説などの論説文を対象に、何をどう教えれば、効果的な講義になるのかと考えたことである。受講者は日本の大学の人文科学系の大学院生で、留学生が大半を占めていたので、答えは自然に出た。このような日本語を用いる上級学習者もネイティヴの学生と同様に必要としているのは、まず学術論文や論説文の論法（argumentation）および論理展開をどうつかむかという知識だからである。

　論理展開と論法は、モダリティと主題展開とに密接に関わっている。主題展開は文章論や談話研究においてかなり前から注目されてきた（Daneš 1974 の topic progression、Givón 1983 の topic continuity、佐久間 1987 の文段と提題表現との関わり、砂川 2005 の談話における主題の階層性などがそうである）。筆者も談話の分節化（segmentation）に関心があって、主題、視点などの持続および断絶によってもたらされる談話単位の境界という観点から主題展開を考察したことがある（Bekeš 2008、2012）。

　ただし、主題の持続や階層性、および提題表現によって規定される談話単位からは、談話の内容的構成は見えてきても、やり取りとしての談話の動的

な側面は見えてこない。そこで、やり取りと密接に関わっている広義のモダリティと談話の内容的構成との関わりに着目することにした。モダリティの研究では従来、モダリティが一文内の現象として捉えられがちである。Jespersen の modus と dictum を出発点とし、南（1974）のモドゥスとディクトゥム、寺村（1982）のコトとムード、あるいは仁田（1989）、益岡（1991）以降主流となった文の命題とモダリティへの二分法などに見られるように、モダリティは文内の命題に付随する話し手の「主観性」を表す現象である。一方、寺村（1984: 278–290）はすでにワケダなどの「説明のムード」を例に挙げながら、モダリティを一文内だけで捉えるのは不十分であると指摘している。

本研究では、対象を論説文の典型的な一種である社説に限定し、一文内のモダリティの在り方を問題視するのではなく、モダリティ標識を含む文がその文脈、特に主題の展開による分節とどのように関わっているかを、ケーススタディとして究明することを目的とする。その関わり方では特に社説の「対話」としての動的な側面に注目する。第2節ではジャンル、モダリティおよび主題展開という本研究の枠組について述べる。第3節で方法論を論じてから、第4節では、ケーススタディとして具体的な社説の分析に移る。第5節では分析結果を考察し、第6節では結果をまとめる。

2. 総論
2.1 レジスターとジャンル

談話をやり取りとして捉える場合、レジスターとジャンルという概念が有用である。いずれも、同類の目的で行われる伝達行為を異なった次元で類型化した概念である。

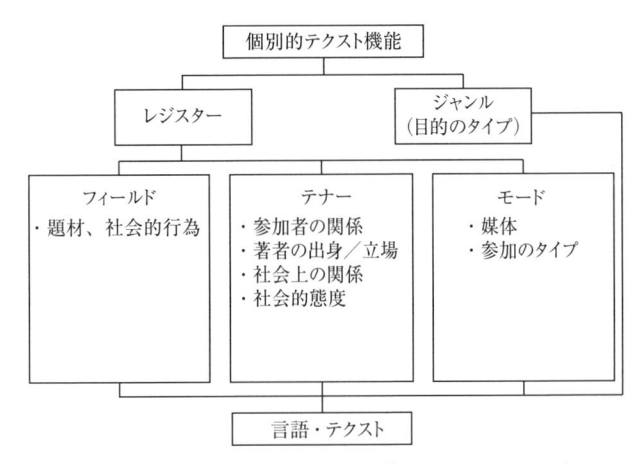

```
                    個別的テクスト機能
                   ┌──────┴──────┐
                レジスター        ジャンル
                              （目的のタイプ）
         ┌──────────┼──────────┐
      フィールド      テナー         モード
      ・題材、社会的行為  ・参加者の関係    ・媒体
                   ・著者の出身／立場  ・参加のタイプ
                   ・社会上の関係
                   ・社会的態度
         └──────────┼──────────┘
                    言語・テクスト
```

図1　レジスターとジャンル (cf. House 1997)

　上記の図1に見られるように両者はHouseに従って次のように規定できる。すなわち、ジャンルは伝達行為（やり取り）を類型化したものである。さらに、一定のタイプの伝達行為であるジャンルにはまた一定の言語手段が使われている。それがフィールド、テナー、モードという文脈的要素からの制約を受けて類型化されたものがレジスターである。ジャンルによって、レジスターも変わってくる。実際、コーパス研究から、伝達の目的によって使われる言語手段が変わってくるということが明らかになりつつある (cf. Bekeš 2011)。たとえば学術論文というジャンル特有のレジスターを用いて、学術論文とは伝達目的が異なっており全く別のジャンルに属している恋文を書いても、成果は期待できないということである。

　ジャンルによって、著しく変わってくるのは特にモダリティと文脈との関わり方である。たとえば名大会話コーパスに見られるような親しい参加者の間のインフォーマルな会話では、やり取りの内容そのものも単純で、モダリティのタイプも断定が多く、前後の文脈との関わり方も単純である (cf. Bekeš 2011)。一方、複雑な内容を正確に読み手に伝えなければならない学術論文などの論説文は、本研究でも明らかになるように、主題展開のストラテジーも異なっており、用いられるモダリティのタイプも異なる。

2.2 社説というジャンルの特徴

　社説は論説文というジャンルに属し、そのサブジャンルとしての特徴は、「問題・解決」という図式に従うことにある。内容構成については、西欧のメディアにおける社説を分析した研究によると、基本的に下記のように 3 部構造を成していると言われている (cf. van Dijk 1993、Katajamäki and Koskela 2006)。

　　1)　導入部：出来事、重大な状況の描写
　　2)　中間部：出来事の結果、帰結およびその分析
　　　　2.1　中間段階：理由、証拠、事例
　　　　2.2　解決
　　3)　集結部
　　　　3.1　結論
　　　　(任意 3.2) 教訓

この西欧のメディアに見られる社説の構造はまた、Hinds (1983a) の天声人語のようなコラムの内容構成分析によって明らかにされた伝統的な「起承転結」という構成図式とも対応しているようである (1. 導入部→起、2.1 中間段階→承、2.2 解決→転、3. 集結部→結)。

　一方、レジスターにおいては社説というジャンルの場合、「問題・解決」という図式に従う同ジャンル特有の「やり取り」を反映し、外界、客観的な事実と関わる語彙よりも、特に筆者の事実の捉え方を表すモダリティ表現および聞き手・読み手への働きかけを表すモダリティ表現の多様性にその特徴が明確に現れると思われる (cf. Bekeš 2011)。

2.3　モダリティおよびその周辺

　1 節で述べたように、日本語におけるモダリティの研究はそのスコープや詳細な記述から見ても、1980 年代後半から凄まじい発展を成し遂げた。ただし、その殆どが文のレベルで行われ、文のレベルの意味的・構文的特徴を明らかにしている。談話というより広い視野から、一つ一つのモダリティが談話の中でどのように用いられ、談話というやり取りにどのように貢献しているかという視点は、会話分析を除いて、今まであまり前面に出てこなかっ

た。基本的に言えることは、研究の関心は言語手段としてのモダリティ表現の特徴、意味や用法の広がりの記述および究明に集中していたということである。その結果、森山他（2000）のような詳細な記述が可能となった。また、日本語におけるモダリティ研究をまとめ、さらにはコーパス研究とも結びつけながら発展させた Narrog（2009）も、基本的にはモダリティを体系としての面に限って捉えようとしている。

　一方、すでに寺村（1982）が指摘したように、この言語手段の体系を重視するモダリティ研究を補う必要がある。そのためには、モダリティと談話との関わり、すなわちモダリティ表現の実際の使用を司る談話的要因および動機付けが究明の対象にならなければならない。本研究ではモダリティと談話との関わりについて考察するので、モダリティ表現を必然的に次のように広義で捉えることにする。

・モダリティ表現は、
　―話し手・書き手による進行中の言語行為の性格の合図／痕跡である。これは終助詞など、さらには文法化が進んでいない、迂言的（periphrastic）な表現も含まれる場合がある（cf. 仁田 1989）。
　―構造的には文（節）に付加され依存されている（構文的制約）。ただし即興的会話についてはこの制約はない（cf. Bekeš 2008: 94）。
　―伝統的には文内の現象として取り扱われたが、実際にはその使用の動機付けなどから見て、文脈と密接に関わっている。

言うまでもなく、モダリティ表現のこのような広い捉え方は、過剰な定義拡大という危険性も孕んでいるということは否定できない。しかし、談話の視点からモダリティを記述するためにはまず発見的研究（exploratory research）の段階が必要である。この研究段階ではまず広い、包括的な捉え方が必要なので、ここではモダリティ表現を含めて、文末での、話し手・書き手が進行中の言語行為を性格付ける合図／痕跡を分析の対象とする。その中では特に次の表現に注目する。

　―文末表現
　―文法化が明確な表現（BCCWJ のいわゆる長単位：のだ、わけだ、べきだ、はずだ、ようだ、そうだ、らしい、等）

—文法化の過程にある表現（ということだ、と思う、と言える、等）
　　—話し手・書き手による主観的な態度、評価、意図を表す表現（恐れがある、必要がある、望ましい、にすぎない、等）
　　—解決が難しいもの、ジャンルに依存するもの、等
なお、対象の過剰拡張が孕む危険性をどうするかは、今後の重要な課題として残しておくことにする。

　したがって、本研究と従来のモダリティ研究の視点の違いを集約すれば、次のようになる。従来のモダリティ研究はモダリティという内部的に一貫性を持っているシステムにおける言語手段とその用法の研究である。一方、本研究で注目するのは、談話での特定の箇所における、話し手・書き手の主観性を表す言語手段（モダリティ的手段、語彙的手段、迂言的手段等）の選択およびその選択を司る談話的要因である。

2.4　主題の展開および持続と談話の分節

　主題の展開は談話の全体構造を成す手段としてもっとも基本的なものの一つである（cf. Daneš 1974、Givón 1983、Hinds 1983b、佐久間 1987、砂川 2005）。主題の展開は、下記の例に示されるように、日本語学習の初級段階ですでに、簡単な談話の構造を織りなす強力な手段として用いられている。主題および下位主題の範囲は同じ濃さの灰色の網掛けで示す。以下もこの方法を用いる。

（1）　**私は**学校の**ともだち**とキャンプに来ました。
　　　　前田さんはりょうりが上手ですから、
　　　　　昼ご飯を作りました。
　　　　　まず、牛肉を油でいためました。
　　　　　それから、酒としょうゆをいれました。
　　　　林さんは海で泳ぎました。
　　　　　水泳が大好きですから。
　　　　山本さんは昼ご飯を待ちました。
　　　　　そして時計を見ました。
　　　　中川さんは木の上にいました。
　　　　　日本語で「たすけて！」と言いました。　　（加納他 2010）

しかし、文型志向の初級日本語教育では、主題展開の働きへの言及はあまり見られない。むしろ、直感的に導入されており、学習者にも直感的に把握することが期待されているようである。

（1）の主題展開構造およびそれによる談話のマクロ構造では主題展開の入れ子型構造が明確に現れている。内容依存関係は下記のとおりである。

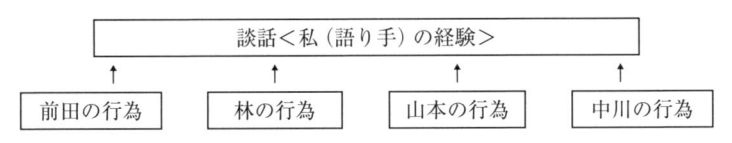

```
          談話＜私（語り手）の経験＞
            ↑       ↑       ↑       ↑
       前田の行為 林の行為 山本の行為 中川の行為
```

図2　主題展開による談話の分節と内容の依存関係

社説においても、表1のような単純な主題持続に基づいたコヒーランス（三上のいうピリオド越えの主題）が頻繁に用いられている。●は改行段落、↓は依存の方向を示す。以降も同様である。

表1　主題の「ピリオド越え」が見られる例
（毎日新聞2013.12.10、社説：新エネルギー計画　原発回帰は許さない）

文	節	主題	依存	
s9	c1	素案	s9 ↓ s10	●素案は、基本計画を議論している
	c2			経済産業省の審議会で示された。
s10	c1	（素案）＜省略＞		年内に成案としてまとめ、
	c2			年明けの閣議決定を目指すという。

主題展開に基づいたコヒーランスが表1に比べていくらか複雑なのが、下記の表2の例である。このやや非典型的な例では、全体の主題と展開した主題の関係は、むしろ「3.11」以降共有されてきた知識スキーマ、すなわち、

「原発」→｛「原発の安全神話」、「経済性」、「核のゴミ」、「原発依存」…｝

に依拠すると思われる。s4～s7で共有されている上位主題の「原発」は表現されず、この談話では上記の知識スキーマから導かれうるものとして示されている。

表2　知識スキーマから主題が導かれる例（毎日新聞、同）

文	節	上位主題	
s4	c1	（原発は）	●しかし原発の安全神話は崩れた。
s5	c1	（原発は）	経済性にも疑問符がつく。
s6	c1	（原発は）	核のゴミの処分問題も解決の糸口さえ見えない。
s7	c1	（原発は）	原発依存からは脱却すべきである。

　さらに複雑なコヒーランスの例は次の表3の例である。この例では、まず談話の分節全体に及ぶ上位主題、すなわち「基本計画」の下で、いくつかの局所的な下位主題が文のs12、s13、s14、s16に登場する。

表3　上位主題「基本計画」に基づく下位主題とそれによる内容的分節の例
（毎日新聞、同）

文	節		
s11	c1		●基本計画は、東京電力福島第1原発の事故をきっかけに見直しが始まった。
s12	c1		民主党政権は昨年、計画の基になる
	c2		「革新的エネルギー・環境戦略」をまとめ、
	c'1		「2030年代に原発稼働ゼロを可能とするよう、
	c'2		あらゆる政策資源を投入する」
	c3		との方針を示した。
s13	c1		そのために原発の40年以上の運転は認めず、
	c2		新設・増設も行わない
	c3		という原則を決めた。
s14	c1		●今回の素案は一転して
	c2		原発を「重要なベース電源」と位置付けた。
s15	c1		将来的に依存度を下げていく
	c2		考えは示したものの、
	c3		長期的に一定割合を確保する
	c4		と明記した。
s16	c1		一方で「新増設は行わない」という原則は盛り込まず
	c2		新増設の余地を残した。

表 3 の談話の分節の主題展開とそれによる下位の内容的分節は、下記の図 3 のような図式として示すことができる。s12、s14–s15 から始まる下位分節は主題展開に依拠するが、これらの分節内の新たな下位分節 s13 と s16 は主題展開の他にさらに、指示表現や接続表現（二重下線）に依拠している。

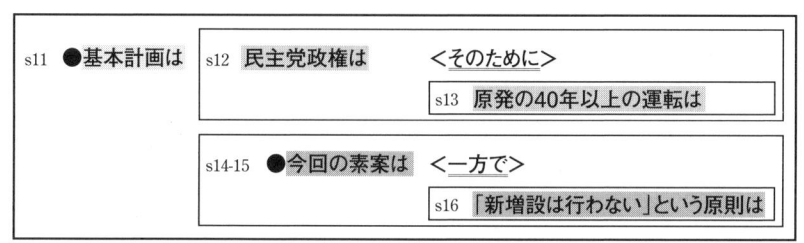

```
s11  ●基本計画は    s12  民主党政権は     ＜そのために＞
                                        s13  原発の40年以上の運転は

                    s14-15 ●今回の素案は ＜一方で＞
                                        s16  「新増設は行わない」という原則は
```

図 3　主題展開と内容的分節の構成構造

談話のコヒーランスが主題展開に依拠するのは、社説の導入部、中間部辺りまでのようである。集結部になると、コヒーランスの表し方は一層複雑となり、主題展開や明示的に示された主題に依拠しなくなる。

表 4　主題展開が見られない集結部（主観性を表す表現はボールドで表示）

文	節	機能	
s27	c1	譲歩	●確かに、燃料費が高止まりしている中で即時に原発を全廃すれば、
	c2		国内経済にダメージを与える**おそれがある**。
s28	c1		したがって、高度の安全性確認に基づく再稼働は認めながら、
	c2		40年原則を堅持し
	c3		新増設を認めないことで、
	c4	結論	できるだけ速やかに脱原発を目指すことが**望ましい**。
s29	c1		その間、燃料調達コストの引き下げや効率の高い火力発電の開発などで
	c2		電気料金を抑える努力を続ける**必要がある**。

表 4 に見られるように、談話からは明示的な主題は消え、コヒーランスを明示する手段は指示表現および接続表現のみになる。すなわち、導入、中間、終盤という談話における位置によって、コヒーランスを示すために動員され

る手段が変わっていくと言うことである（これは林 (1973) の『文の姿勢の研究』での指摘とも無関係ではないと思われる）。主題展開は、社説ではむしろ導入部の「舞台設定」の段階で多用され、あとは、その舞台設定から想起されるスキーマなどへの依拠が主流となるというストラテジーが見られる。

3. 方法論および資料
3.1 方法論
　社説を対象に、書き手による読み手とのインターアクションを動的に捉えるため、次の二つの側面を分析する。一つは、主題の持続および主題展開による内容的構成の分析である。もう一つは、書き手の題材の捉え方および題材への態度、そして読み手への働きかけを表す表現（態度、主張などを表す表現）と内容的構成との関わりの分析である。

3.2 資料
　毎日新聞、東京新聞など、いくつかの全国新聞、地方新聞からの社説を分析した中から、一つのケーススタディとして毎日新聞 2013 年 12 月 10 日の社説を例にしながら、論を進めていく。

4. 分析
4.1 社説の導入部
　導入部は、改行段落の #1、#2、#3、#4 から構成されている。改行段落は以下の表では●で印し、主観的表現は太字で表示する。依存は「↑」、「↓」で表示する。導入部の改行段落 #1 ではまず、「安倍政権」を主題に、社説のいわゆる全体のテーマが、反語 (rhetoric question) として導入されている。文末表現の「のか」は「説明要求」として解釈され、答えが社説の後続の部分で提供されるという期待が読み手に与えられる。#2 でも、「安倍政権」が主題として持続され、s1 の根拠となる内容が報告されている。文末表現は、s2、s3 で肯定形の「V-た」が反復する。さらに、s3 は s2 の詳細を述べている（表 5 を参照）。

表5　導入部 #1、#2

文	節	文機能、依存	主題持続	
s1	c1			●安倍政権は、福島の悲劇をなかった
	c2			ことにするつもりなのか。
s2	c1	s1	↑	●政府が中長期的なエネルギー政策の指針になる
	c2	↑	↑	エネルギー基本計画の素案をまとめた。
s3	c1	事実（s3 は s2	↑	民主党政権の「原発ゼロ」路線を覆し、
	c2	の詳細内容）	↑	原発重視の姿勢をはっきり打ち出した。

#3（表6）では、#1、#2 から持続する主題の「安倍政権」（薄い灰色）に、下位主題の「原発の安全神話」が付け加わり、s7、s8 での、社説の基調となる主張の根拠が s4、s5、s6 で断定形で提示されている。「安倍政権の政策転換」に対する主張が導入される s7 では「取らなければならない行動」が「べきである」というモダリティ表現で示されている。さらに導入部全体の主張をまとめる s8 では「容認できない」という語彙的手段を用いることによって「政策転換」への否定的な態度を明示している。

表6　導入部 #3

文	節	文機能、依存	主題持続	
s4		事実（根拠）	↓	●しかし原発の安全神話は崩れた。
s5		↓	↓	経済性にも疑問符がつく。
s6		s7	↓	核のゴミの処分問題も解決の糸口さえ見えない。
s7				原発依存からは脱却すべきである。
s8			↑	この政策転換は容認できない。

#4（表7）では、「政策転換」を内容とする「素案」に関する情報が提示され、導入部の内容が補われている。「素案」は新しい主題として s9 で明示され、s10 まで持続する。s9 では背景的な情報が提示され、文末表現は断定を表す「V- た」である。s10 は未然のことを表し、文末表現に情報源が話し手とは別であることを表す「という」が用いられている。その内容から見て #4 は導入部と中間部の繋ぎ役と考えてもよい。

表7　導入部 #4

文	節	文機能	主題持続	
s9	c1	事実		●素案は、基本計画を議論している
	c2			経済産業省の審議会で示された。
s10	c1	伝聞		年内に成案としてまとめ、
	c2			年明けの閣議決定を目指すという。

4.2　社説の中間部

　中間部1、「中間段階」(「承」にあたる部分)では、取り上げられている問題の背景情報、具体的には #5 と #6 で対立する事実背景が提示されている。#5 では、「民主党政権」による原子力に否定的な「基本計画」が、V- た形を伴い客観的な事実として提示されている。一方 #6 では、#5 の内容と対立する、「今回」の安倍政権による「素案」の中身が同様に客観的な事実として、V- た形を伴って、提示されている。

　表9は中間部2、「解決」(「転」にあたる部分)である。この「解決」にあたる部分までで背景的状況が十分に紹介されているため、続く「解決」およびそれ以降では、社説の書き手の主観が次第に前面に現れてくる。「解決」は #7、#8、#9 から構成されている。#7、#8 では「安倍政権」の立場の根拠がより詳細に紹介され、#9 ではそれに対する反論が述べられている。

　#7 (表9) の主題は、先行文脈および社会的文脈への依存を明確に示すために、かなり複雑な内部構成を持っている。s18 では、「原発を用いて、地球温暖化を防ぐ」という政府の立場の根拠が、社説の書き手の評価を伴い、提示されている。この根拠にはさらに社説の書き手の評価が語彙的手段「理屈だ」で付加されている。

表8　中間部1（中間段階）#5、#6

文	節	文機能	主題持続	
s11		中間段階の主題と背景導入		●基本計画は、東京電力福島第1原発の事故をきっかけに見直しが始まった。
s12	c1	民主党政権エネルギー計画案のプラス評価の背景的事実		民主党政権は昨年、計画の基になる
	c2			「革新的エネルギー・環境戦略」をまとめ、
	c1			「2030年代に原発稼働ゼロを可能とするよう、
	c2			あらゆる政策資源を投入する」
	c3			との方針を示した。
s13	c1			そのために原発の40年以上の運転は認めず、
	c2			新設・増設も行わない
	c3			という原則を決めた。
s14	c1	安倍政権の素案の否定的評価の背景的事実		●今回の素案は一転して
	c2			原発を「重要なベース電源」と位置付けた。
s15	c1			将来的に依存度を下げていく
	c2			考えは示したものの、
	c3			長期的に一定割合を確保する
	c4			と明記した。
s16	c1			一方で「新増設は行わない」という原則は盛り込まず
	c2			新増設の余地を残した。
s17		論理的帰結		「原発ゼロ」はご破算にしたということだ。

表9　中間部2（解決）#7

文	節	文機能	主題持続	
s18	c1	評価		●電力を安定的に供給するとともに燃料費を抑制し、
	c2			地球温暖化を防ぐためには
	c3			原発が欠かせないというのが、
	c4			原発活用に前向きになる政府の理屈だ。

　続いて#8（表10）では、s19、s20で原発維持の別の根拠が客観的な事実として詳細に紹介されている。上位主題はs18から持続し、文末表現は、この考え方の客観的な紹介なので、書き手の主観は入っておらず、V-る形である。s21では、新たな主題が明示されることで、先行のs19、s20との内

容的な切れ目が示されている。s21 では、社説の書き手が理解した「安倍政権の論法」が「政府の理屈」の二つ目の根拠、すなわち、「原発はコストを抑えるために役立つ」に集約された結論であり、「といえる」という文末表現で示されている。

表 10　中間部 2（解決）#8

文	節	文機能	主題持続	
s19	c1			●原発を補うために火力発電所の稼働率が上がり、
	c2	s20 の根拠	↓	天然ガスや石油などの燃料費で年間 3 兆円以上の負担増になっている。
s20				それが電気料金の値上げとなって企業や家庭に跳ね返る。
s21		譲歩		経済的優位性は、原発存続論の大きな根拠といえる。

#9（表 11）と #8（表 10）との区切りは、接続詞「しかし」とそれに続く先行文脈に依存する内部構成の複雑な主題によって明確に示されている。まず、s22 では、主題で #9 の内容がまとめられ、#7、#8 で挙げられている「政府の理屈」に疑問があるという主張が示されている。s23 〜 s25 では、「安倍政権」がその素案の根拠付けのために原発の経済的優位性を重視していたが、「第一原発」での事故以降明らかになったマイナスの側面が客観的事実として V- る形および V- た形で列挙されている。

最後に、明示された下位主題（「原発の優位性」）で #9 の前半から区切られている s26 では、社説の書き手が s23 〜 s25 を根拠に、「原発の優位性」のマイナス評価を「〜に過ぎない」という語彙的手段で表す。

表 11　中間部 2（解決）#9

文	節	文機能	主題持続	
s22	c1	主張		●しかし、安全神話の崩壊で目先の経済性を優先する考え方には
	c2			大きな疑問符がついた。
s23	c1	s22 の根拠		重大事故が起きれば、
	c2			国土の一部が利用不能になって
	c3			損なわれる。
s24				被害者への賠償や除染などに膨大な費用がかかる。
s25	c1			東電でさえ背負いきれず、
	c2			結局国民の税金である国費を投入する事態になった。
s26		評価		原発の優位性は、そんな危うさの上に乗っているに過ぎない。

4.3　社説の集結部

#10（表 12）では、コヒーランスが主題展開だけでは支えられなくなり、文脈的に活性化され複雑に入り組んでいる要素および接続表現に依存する。まず s27 では、原発の一次的使用への譲歩が断定形で導入される。続いて、s28 で目標が提示され、書き手の態度が語彙的手段の「望ましい」で表現されている。最後に s29 で目標達成のしかるべき方法が、これも語彙的手段の「必要がある」で示されている。

表 12　集結部 #10

文	節	文機能	主題持続	
s27	c1	譲歩		●確かに、燃料費が高止まりしている中で即時に原発を全廃すれば、
	c2			国内経済にダメージを与える**おそれがある**。
s28	c1	望ましい目標		したがって、高度の安全性確認に基づく再稼働は
				認めながら、
	c2			40 年原則を堅持し
	c3			新増設を認めないことで、
	c4			できるだけ速やかに脱原発を目指すことが**望ましい**。
s29	c1	目標達成の方法		その間、燃料調達コストの引き下げや効率の高い火力発電の開発などで
	c2			電気料金を抑える努力を続ける**必要がある**。

5.　考察 ―談話のマクロ構造―

　以上、社説を、van Dijk らの 3 分法の図式、すなわち導入部、中間部、集結部に従って分析した。ただし、この図式では中間部は「中間段階」と「解決」に分かれ、社説ではしばしば、集結部はさらに「結論」とオプションとしての「教訓」に分かれることがある。分析の結果、この社説で確認されたのは、「導入部」、「中間部」の「中間段階」と「解決」、そして、「集結部」の「結論」の全部で 4 部であった。「導入部」＝起、「中間部」の「中間段階」＝承、「中間部」の「解決」＝転、「集結部」の「結論」＝結とするのであれば、伝統的な起承転結という構成図式とも一致することになる。

　続いて、分析の結果を以下の表にまとめ、分析対象のマクロ構造、主題持続および展開と書き手の主観を表す文末表現との対応を探る。以下の 4 つの表では社説のマクロ構造とレベルの依存関係をとりまとめ、「↑」は先行単位への依存、「↓」は後続単位への依存を指す。

表 13-1　導入部（起）問題提起

改行段落	内部構成（文）	文脈における役割	内容	コヒーランス	文副詞・文末表現	機能
#1	s1	問題の事柄の導入	原子力における安倍政権の政策	主題導入	修辞疑問	状況提示
#2	s2〜3	#1 の詳細な背景情報	エネルギー基本計画の素案で「原発ゼロ」政策の取り消し、原子力重視	主題持続	断定形	状況提示
#3	s4〜7 s4〜6：根拠提示 s7：行動指示	#1、#2 に対する評価	原発の安全性、従っては経済性の問題を指摘、取るべき行動を提示、取るべき態度を表明	接続表現（逆接） 主題持続； s7 下位主題導入	s4〜6：肯定形 s7：「べきである」	状況評価・態度表明
	s8	s8：立場提示 (#1 への応答) 括弧構造	原発重視への政策転換を容認できない	#1 の派生主題	「容認できない」	態度表明
↑ #4	s9〜10	s8 を補う背景的情報	素案の審議、成案成立、閣議決定へのプロセスの解説	「素案」を主題に		状況提示

表 13-2　「中間部」の「中間段階」（承）詳細な背景情報提示

改行段落	内部構成（文）	文脈における役割	内容	コヒーランス	文副詞・文末表現	機能
#5	s11〜13	情報提示：問題の事柄のプラスの側面	民主党政権のエネルギー政策、原発ゼロ政策	s11：主題導入（「基本計画」）；下位主題	肯定形	状況提示
#6	s14〜16 ↓	情報提示：問題の事柄のマイナスの側面	安倍政権のエネルギー政策：原子力重視政策	#5 の主題持続；下位主題・下位主題持続	肯定形	状況提示
	s17	論理的帰結	s14〜s16 を根拠に、「原発ゼロ」はご破算	主題導入（「原則」）	「ということだ」エヴィデンシャル	評価提示

表 13-3 「中間部」の「解決」(転) 問題と見なされる事柄の動機・根拠の評価

改行段落	内部構成(文)	文脈における役割	内容	コヒーランス	文副詞・文末表現	機能
#7	s18	評価	安倍政権による原発使用の根拠1（地球温暖化防止）を特定し評価	文脈依存の派生的主題	「理屈だ」	評価提示
#8	s19〜21	評価（譲歩）	安倍政権による原発使用の根拠2（経済的優位性）を特定し評価	文脈依存；s21：文脈依存の派生的主題（「経済優位性」）	譲歩「といえる」	評価（譲歩）
#9	s22	主張（#7〜8への反論）	原発の経済性に対する疑問	接続表現（逆接）；文脈依存；s21：文脈依存の派生的主題	主張・肯定形「大きな疑問符が付いた」	主張
#9	↑s23〜25	情報提示	s22の根拠となる詳細な情報：事故による悪影響とそのコスト	主題持続	肯定形	情報提示
#9	s26	評価（マイナス評価）	原発の優位性は危険性を無視した論拠	文脈依存の派生的主題（「原発の優位性」）	マイナス評価「にすぎない」	評価

表 13-4 「集結部」の「結論」(結) 希望の事柄表明

改行段落	内部構成(文)	文脈における役割	内容	コヒーランス	文副詞・文末表現	機能
#10	s27	譲歩	原発ゼロ政策によるエネルギーコストの高騰の可能性を容認	文脈依存	譲歩：確かに…「おそれがある」	譲歩
#10	s28	目標表明	脱原発という目標とそのための政策	文脈依存・接続表現	「望ましい」	希望
#10	s29	目標達成の方法及び必要な行動	電気料を抑える努力の必要性	文脈依存	「必要がある」	必要性

上記の表から、主題の持続および展開と書き手の主観性を表す文末表現の役割分担が明確に分かる。集結部以外、内容の構成は主として主題の選択によって司られている。細かい区切りは、上位主題の持続によって区切られている大きな内容のまとまりにおいて、局所的な下位主題によって内容の流れがコントロールされる（導入部、中間部を参照）。全体を構成する内容のまとまりの細かい関係は、さらに接続表現で示されている。

書き手の主観性を表す表現は主として文末表現であるが、#10 では「確かに」という文副詞も用いられている。文末表現にはエヴィデンシャリティを含むモダリティ表現（s17 の「ということだ」など）の他に、語彙的手段も用いられている（s28 の「望ましい」など）。

　書き手は、社説の立場、主張、態度、評価、希望、などを読み手に対して伝える際、二つのパターンが見られる。一つは書き手が、情報を与えられた読み手の「それで？」という情報提示の動機解明への期待に対し、その情報に基づいた「答え」として主張などを表明するというパターンである。たとえば、#3 の s7、#6 の s17 がそうである。もう一つはその逆で、書き手がまず #9 の s22 のように主張などを表明し、主張などの根拠に対する読み手の期待に後続文脈で答えるというパターンである。

　社説において、書き手が自分の主観性、特に、主張、希望、評価、立場を表明する文は、談話のもっとも重要な部分であり、要約を作成する時の手掛かりにもなりうる。それは下記の（2）、すなわち書き手の主観性が明示されている文だけでできた「要約」で確認できる。

（2）　モダリティ等の文末表現による社説の「要約」

<#1>　（s1）　安倍政権は、福島の悲劇をなかったことにするつもりなのか。

<#3>　（s8）　この政策転換は容認できない[1]。
　　　（s7）　原発依存からは脱却すべきである。

<#6>　（s17）「原発ゼロ」はご破算にしたということだ。

<#7>　（s18）電力を安定的に供給するとともに燃料費を抑制し、地球温暖化を防ぐためには原発が欠かせないというのが、原発活用に前向きになる政府の理屈だ。

<#8>　（s21）経済的優位性は、原発存続論の大きな根拠といえる。

<#9>　（s26）原発の優位性は、そんな危うさの上に乗っているに過ぎない。

<#10>（s27）確かに、燃料費が高止まりしている中で即時に原発を全廃

---

[1]　s8 は s1 と応答ペアをなすので、s1 のすぐ後に入れるとすわりがいい。

すれば、国内経済にダメージを与えるおそれがある。
(s28) したがって、高度の安全性確認に基づく再稼働は認めながら、40年原則を堅持し新増設を認めないことで、できるだけ速やかに脱原発を目指すことが望ましい。
(s29) その間、燃料調達コストの引き下げや効率の高い火力発電の開発などで電気料金を抑える努力を続ける必要がある。

書き手の改行段落の区切りのストラテジーであるが、集結部以外は、一改行段落あたり一つの主張など、主観性を表す文が現れる。ただし追加情報を導入する中間部の前半（中間段階、「承」）だけは、書き手の主観性を表す表現がなく、要約からは全て省かれる。

なお、社説をはじめとする論説文では主張、評価などを表すために、必ず根拠が必要であるが、即興的でインフォーマルな友人達の会話では、根拠なしの主張といった主観性表明がしばしば見られる（名大会話コーパスが特徴的、cf. Bekeš 2011）。

6. まとめ

本研究は記述的なケーススタディであるが、社説に代表される論説文の読解指導、または作文指導における、いくつかの重要な点が見えてきた。まず、主題の展開・持続による内容構成は、談話における内容の分布および構成の「地図」であって、談話構成の静的側面である。一方、書き手の主観性を表す文末表現と、主題の展開・持続による構造との組み合わせによって、論法のマクロ構造、すなわち社説の、アリストテレス的に言えば「energeia」（言語活動、cf. Coseriu 1979）、Bakhtin (1996) 的に言えば「対話」としての側面が再現できる。

本研究では、論説文の中でも社説に限って分析を行ったが、研究論文などその他のサブジャンルにも、さらには論説文以外のジャンル（報道文、意見文、随筆等）にも対象を拡大していく必要がある。さらにこの研究の応用として、本研究で用いたような表現形式に基づいた分析は、読解教育で学習者がそのまま試みることも可能である。また、作文練習、たとえば短い意見文や論文の書き方にも応用可能である。

筆者が経験した外国語としての日本語教育の草分け時代には、某大学では「天声人語」が読めたら一人前であるという目標を立てていた。その一方で新聞の看板コラムを理解するためには、十分な日本語力だけでなく、毎日の新聞購読による日常の社会、政治の動きの知識も不可欠である。読解教育で、文章の構成（cf. 佐久間 1987、1989、砂川 2005）のジャンルによる特徴、そして、本研究で試みた主題の展開・持続による構造の分析と文末表現の分析との組み合わせを拠り所にすれば、この「鶏が先か卵が先か」という問題を打開できるであろう。

調査資料

社説、毎日新聞 2013 年 12 月 10 日
「名大会話コーパス」、https://dbms.ninjal.ac.jp/nuc/index.php?mode=viewnuc
加納千恵子他（2010）『BASIC KANJI BOOK VOL.1 基本漢字 500』東京：凡人社.

引用文献

佐久間まゆみ（1987）「『文段』認定の一基準（I）——提題表現の統括——」『文藝・言語研究言語篇』11: 89–136. 筑波大学文芸・言語学系.
佐久間まゆみ（編）（1989）『文章構造と要約文の諸相』東京：くろしお出版.
砂川有里子（2005）『文法と談話の接点——日本語の談話における主題展開機能の研究——』東京：くろしお出版.
寺村秀夫（1982）『日本語のシンタクスと意味 I』東京：くろしお出版.
寺村秀夫（1984）『日本語のシンタクスと意味 II』東京：くろしお出版.
仁田義雄（1989）「現代日本語文のモダリティの体系と構造」仁田義雄・益岡隆志（編）『日本語のモダリティ』1–56. 東京：くろしお出版.
林四郎（1973）『文の姿勢の研究』東京：明治図書出版.
益岡隆志（1991）『モダリティの文法』東京：くろしお出版.
南不二男（1974）『現代日本語の構造』東京：大修館書店.
森山卓郎・仁田義雄・工藤浩（2000）『日本語の文法 3　モダリティ』東京：岩波書店.
Bakhtin, Mikhail M.（1934–1935）*Slovo v romane*.（伊藤一郎（訳）（1996）『小説の言葉』東京：平凡社.）
Bekeš, Andrej（2008）*Text and boundary: A sideways glance at textual phenomena in Japanese*. Ljubljana: ZIFF（ULFF）.
Bekeš, Andrej（2011）Klasificiranje besedilnih zvrsti v japonščini. *Acta Linguistica Asiatica*, 1(3):

97–104.

Bekeš, Andrej（2012）Possibility of content shifts as predictors of the wa-topic in Japanese narrative. 仁科喜久子（編）『日本語学習支援の構築――言語教育・コーパス・システム開発――』157-174. 東京：凡人社.

Coseriu, Eugenio（1973）*Lezioni di linguistica generale.* Editore Boringhieri.（下宮忠雄（訳）(1979)『一般言語学入門』東京：三修社.）

Daneš, František（1974）Functional sentence perspective and the organization of the text. In František Daneš（ed.）*Papers on functional sentence perspective*, 106–128. Prague: Academia.

Givón, Talmy（1983）Topic continuity in discourse: An introduction. In Talmy Givón（ed.）*Topic continuity in discourse*, 1–43. Amsterdam: John Benjamins.

Hinds, John（1983a）Contrastive rhetoric: Japanese and English. *Text* 3: 183–195.

Hinds, John（1983b）Topic continuity in Japanese. In Talmy Givón（ed.）*Topic continuity in discourse*, 43–94. Amsterdam: John Benjamins.

House, Juliane（1997）*Translation quality assessment: A model revisited.* Tübingen: Gunter Narr Verlag.

Katajamäki, Heli and Merja Koskela（2006）The rhetorical structure of editorials in English, Swedish and Finnish business newspapers. *Teoksessa Proceedings of the 5th International Aelfe Conference. Actas del V Congreso International AELFE*. Zaragoza: Prensas Universitarias de Zaragoza.

Narrog, Heiko（2009）*Modality in Japanese: The layered structure of the clause and hierarchies of functional categories.* Amsterdam: John Benjamins.

van Dijk, Teun. A.（1993）*Elite discourse and racism.* Sage Series on Race and Ethnic Relations, Volume 6. Newbury park: Sage.

付記

本研究の基となった発想は、*International Symposium on Japanese Studies Tradition, Modernity, and Globalization in Japan, Center for Japanese Studies, University of Bucharest, Bucharest, 1-3 March, 2013* で発表した *Bones and flesh of discourse: topic structure, modality and rhetoric strategies in Japanese editorials* という招待講演に依拠する。

謝辞

内容についてのコメントをくださった仁科喜久子氏、守時なぎさ氏および一宮由布子氏に感謝の意を表明したい。できた論文の責任は言うまでもなく、筆者にある。

第14章
談話終結部における文のタイプ

俵山雄司

1. はじめに

　談話は、複数の文（発話）が有機的に結合し、意味的・構造的な面で、1つの統一体を形成している。談話内部では、種々の文法的・語彙的要素によって文（発話）の間で相互に関連付けが行われており、これが「談話らしさ」を形作っている。このような性質は、「結束性」「首尾一貫性」といった概念によって既に多くの説明が試みられている。

　しかし、談話が談話らしくあるためには、最終部分で、その談話が終わりを迎えたということが読み手に伝わるといったことも必要である。ここでは、それを談話の「終結性」という名で呼ぶことにする。この終結性について、1つの例を見ながら解説する。以下の文章は、中国人日本語学習者が書いた、喫煙に対する規制の是非に関する意見文の最終段落である。

　　（1）　そう言う情況（筆者注：健康に害があると知っていても理由をつけて吸う人が多い状況）で規則を作って禁止するのも作用がないと思います。まずたばこの製造量が制限する、つぎに学校教育も協力する。この点にかけてその弊害はみんなわかるといっても、教えないことはいかない。もっとも重要なのは、世の中の人々の努力すること。十人、二十人だけ足りないが、人々はみんなこの問題に気を付けて、いっしょに努力してこそ、この問題が解決

きます。(日本語学習者における日本語作文とその母語訳との対訳データベース ver.2.1、CN48)

　上記の文章は、文法や語彙に関して誤りは散見されるものの、主張がはっきりと理解できる文章であると言える。

　ただ、末尾の文「十人、二十人だけ足りないが、人々はみんなこの問題に気を付けて、いっしょに努力してこそ、この問題が解決てきます。」が文章の締めくくりとして、十全な文と言ってよいかどうかは意見が分かれる可能性がある。ここで、文末表現を「〜問題が解決てきます(→できます)」から、「〜問題が解決できるのである」「〜問題が解決できると思われる」「〜問題が解決できるのではないだろうか」などに変えてみると、文章の印象も少し変化し、いかにも文章の内容に区切りがついたという印象を与えるように思われる。この場合は、文末表現によって「終結性」がもたらされたと考えられる。

　本稿では、このような印象に基づき、「文章の終結部において、一定のタイプの文が選ばれやすい」という仮説を提示する。そのうえで、この仮説を出発点に、書きことば談話のジャンルの1つである論説文の末尾の文について形態的な観点から調査し、どのようなタイプの文が用いられやすいかについて考察する。

2. 先行研究

　本研究では、分析に関わる文のタイプを認定するにあたり、文末表現と主題・主格助詞という形態的な指標を基準として取り上げる[1]。以下では、それぞれの指標について、談話終結に関わりのある指摘をしている研究を概観する。

2.1 文末表現について談話終結に関わる指摘をしている研究

　メイナード(1997, 2004)などでは、新聞コラムの談話構成、特に執筆者

---

[1] 形態的な指標ではなく、内容的な特徴を取り出している研究に平井(1969)や相原(1984)がある。前者は、「本文を要約した簡潔なコトバ」など論文の結びの段階(結論)における8つの特徴を挙げており、後者は、要約型・集約型・強調型といった3つの型を提示している。

の意見の出現の様相をとらえるために、文を、執筆者の意見を表明する「コメント文」と、事件などの事柄や状態を記述する「非コメント文」に2分類している。このうち、コメント文は以下のような文末表現をとるものだと説明されている。

(2) 1. 名詞述語文(のだ、ことだ、等)
2. 書き手自身の言語行動に触れる表現(と言える、と言いたい、等)
3. 書き手自身の感情、思考などに触れる表現(思う、感じがする、て欲しい、等)
4. 推量の助動詞(だろう、らしい、等)
5. 書き手自身の態度を示す文末表現(ではないだろうか、べきだ、必要だ、等)
6. 書き手の評価表現(好ましい、愚策だ、等)

(メイナード 2004: 78)

メイナード(1997)は、この分類を2種類のコラムの分析に用い、新聞コラムの冒頭段落では非コメント文が8割であったのに対して、最終段落ではコメント文が半数から3割を占めたと述べている。また、段落内でコメント文と非コメント文がどういった順序で出現するかを調査し、各段落における最初の出現については、非コメント文からコメント文という順序が約7割から8割であったとしている。

　石黒(2008)は、複数ジャンルの文章をデータとして、様々な論理的・意味的関係を予測させる形態的指標について論じている。具体的な形態的指標の認定には、調査者の内省を母語話者5名がチェックする方法が採られている。「終了」の予測を誘発する形態的指標としてはモダリティ形式、思考動詞、接続表現などが取り上げられている。石黒は「終了」の予測が誘発される文について「当該文までで内容がひとまとまりになって終わると感じられる」もので、「後続文が存在しないか、存在したとしてもその直後の後続文から別の内容が始まると予測されるような」(p.107)ものと定義している。文末表現に関しては、メイナード(1997)と同様、「のだ」「わけだ」、思考動詞や各種のモダリティ形式が形態的指標として挙げられている。

また、木戸（2008）は、被験者の大学生が1つの新聞コラムをもとに書いた2種類の要約文（頭括型と尾括型）の冒頭と末尾の文の形態的指標を分析している。具体的な分析対象は、「提題表現」「接続表現」「指示表現」「叙述表現」「評価表現」である。このうち「叙述表現」は文末表現のことを指したもので、尾括型文章の末尾の文では「のである・のだ」、「と思う」、「だろう」が観察されたとしている。また、「評価表現」は感想や意見を示すもので、尾括型文章の末尾では「よい」「素晴らしい」などが観察されたと述べている。

2.2 主題・主格を表す助詞について談話終結に関わる指摘をしている研究

永野（1986）は、文章の書き納めの文を、主題「は」の有無を基準として4分類し、それぞれの文の文法的性質が書き納めの余韻や印象に関係すると述べている。4分類は、現象文（「が」が主語となるもの）、判断文（「は」が主語となるもの）、述語文（もともと主語が設定できないもの）、準判断文（「は」の主語が省略されたもの）というものである。ただ、扱っている文章のジャンルは、小説・新聞コラム・歌詞・詩など様々であり、提示されている例も各1例のみである。そのため、この記述から何らかの傾向を見出すことは難しい。

また、上で紹介した木戸（2008）では、「提題表現」も形態的指標とされており、尾括型の末尾文では、「とは」「は」「が」「こそ」が観察されたとしている。そして、ここで挙げられている「が」や「こそ」は、以下のような「題述関係の逆転した文」（助詞「が」の前後を入れ替えて「は」でつなぐことができる文）であり、単に助詞の選択に留まらない問題であることを指摘している。

　　（3）　一枚の絵を通して顧客と感性のキャッチボールができることが良
　　　　　いデザイナーの条件である。　　　　（木戸 2008: 40、下線は筆者）

以上のように、文末表現と主題・主格助詞についてはいくつかの個別の観察があり、これらを統合すれば、文章末尾で用いられやすい表現については、ある程度リストが作れるだろう。しかし、どのようなタイプの文が用いられやすいかを判断するためには、文末表現と主題・主格助詞を関連付けな

がら同時に見ることが必要であると考える。これは、文を主語・主題と述語が呼応して成り立っているものと考えるならば、必然的に要求されることである。具体的な分析方法については、次節で述べることにする。

3. 分析の対象と方法

分析の対象とするのは、『日本の論点 2006』（文藝春秋社）所収の 130 篇の文章の末尾の 130 文である。この本は、評論家や研究者が、自らが専門とする特定の社会的テーマについて論じた書き下ろしの文章を集めたものである。専門家が、トピックについて解説し、自らの意見を述べるという形を採っているため、内容は文学的な文章に比べると、根拠の存在や根拠と意見をつなぐ論理性が重視されているものだと考えられる。このような文章は、論説文と呼ばれることがある。

次に分析方法について述べる。まず、永野（1986）による主題・主格助詞に注目した文の 4 分類を用いて、対象となる文を分類する。その後、4 分類されたそれぞれを、メイナード（2004）の「コメント文」「非コメント文」の基準に基づいて分類し、その特徴を見る。

ただ、データとした文の中には、以下に示す（4）のように該当する主題・主格助詞や文末表現が複数含まれている場合が見られた（囲み文字が抽出対象となる助詞、下線が抽出対象となる文末表現）。

（4） 日本人拉致問題が解決するときは他の北朝鮮の人権問題も解決するときであり、私たちはその方向を目指して行動し、また政府も行動させなければならないのである。　　　　　　（末 14）[2]

このような場合は、以下の原則に沿って該当する要素の認定・抽出を行った。まず、（4）の文末述語「〜なければならないのである」のように複合的な形をとっている場合は、最後尾にある「のである」を抽出することとする。

また、（4）のように複数の節を含み、それぞれが該当する助詞を含んでいる場合は、最後尾の節の助詞を抽出することとする。ただし、以下の

---

[2] 例文の最後に表示する丸括弧の中は、データの種類（末尾文もしくは第 3 文）と文の識別番号である。

(5)のように最後尾の節において助詞で表示される要素が、述語と意味的に対応していない場合は、対応する名詞に付く助詞を抽出することにする。

（5）　私自身<u>は</u>記録に関心を持って太平洋戦争の検証を進めてきたのだが、歴史の中で分析し、教訓化していくの<u>は</u>次代に託したいと思っている<u>の</u>である。　　　　　　　　　　　　　（末34）

　さらに、末尾文の文タイプの特徴をより鮮明にするため、比較の対象として、各文章の第3文目について同様の方法で抽出・分類したものを使う。なお、第3文は、130例中、段落冒頭にあるものが36例、段落末尾にあるものが25例、1文で段落を構成しているものが1例、その他（段落の途中）が68例であった。

4. 分析
4.1 全体の傾向

　表1に文章末尾の文と第3文を主題・主格助詞で分類したものの数を示す。なお、いわゆる「〜は〜が」文と「も」「〜も〜が」文は、4分類と別のカテゴリーとして集計した。

表1　文章末尾の文と第3文の助詞

	末尾文	第3文
は	47（36.15）	64（49.23）
は〜が	4（ 3.07）	5（ 3.84）
が	23（17.69）	28（21.53）
「は」の省略	25（19.23）	14（10.76）
主題・主格設定不可	19（14.61）	8（ 6.15）
も	7（ 5.38）	8（ 6.15）
も〜が	2（ 1.53）	2（ 1.53）
その他	3（ 2.30）	1（ 0.76）

※丸括弧内の数字は、パーセント（小数点第3位以下切り捨て）

　末尾の文は「は」が最も多いが、「が」・「は」の省略・主題設定不可もそれぞれ10〜20％程度を占めている。それに対して、第3文は、「は」がお

よそ半数を占めている。

　次に、表2に末尾の文と第3文をコメント文か非コメント文かで分類したものの数を示す。

表2　文章末尾の文と第3文の文末表現から見たタイプ

	末尾文	第3文
コメント文	109 (83.84)	15 (11.53)
非コメント文	21 (16.15)	115 (88.46)

※丸括弧内の数字は、パーセント（小数点第3位以下切り捨て）

末尾の文ではコメント文が多く、第3文では少なくなっている。メイナード (1997) は、新聞コラムの最終段落にコメント文が多いことを述べていたが、それと符合する結果となっている。

　上記表2で示したコメント文（末尾文109例、第3文15例）については、出現した文末表現を表3に挙げる[3]。丸括弧の中の数字は、各表現の出現数である。

表3　コメント文で使用されている文末表現

末尾文 (109例)	のだ (27)、たい (10)、べきだ (9)、と思う (8)、だろう (7)、と考える (6)、からだ (3)、必要だ (3)、求められている (3)、から＜言いさし＞ (2)、と願う (2)、望ましい (2)、望まれる (2)、のではないだろうか (2)、その他の形式 (23)
第3文 (15例)	からだ (2)、かもしれない、ためだ、だろう、という、と思う、と考える、のか、のだ、のだろう、のだろうか、必要だ、べきだ、まいか

第3文では、さしたる傾向はないようだが、文章末尾の文では、「のだ」が25％近くを占め、その他にも「たい」「べきだ」「と思う」などが一定数を示している。

---

[3]　出現した表現で、意味が同じでも表現形式が微妙に異なるものは、数の上で多い形式、または、形の上で無標の形式で代表させて示している。また、「です・ます」体と「だ・である」体がある形式は、「だ・である」体の形式で代表させて示す。

俵山(2010)では、国立国語研究所作成の作文データベース所収の日本語母語話者と中国人日本語学習者が書いた意見文の談話終結部(文章末尾と段落末尾)の文の文末表現を調査した。この調査において、日本語母語話者は、思考動詞(本稿で言う「と思う」「と考える」を含む)、「のだ」、名詞述語、「だろう」が多い点で、中国人日本語学習者の使用傾向とは異なっていた[4]。本稿で調査対象となっている論説文と意見文とでは、論理的な記述という点では共通しているが、文章の性質や求められる表現も異なるため、両者の結果を単純に比較することはできない。しかしながら、出現している表現の傾向が似通っていることは見て取れる。ここから、本稿が調査対象としたデータが、ある種の一般性を帯びていることが推測できる。
　4.2以下では、主題・主格助詞を基準とした4分類(「は」の文、「が」の文、「は」の省略文、主題・主格設定不可の文)を軸に、文末表現と関連させながらそれぞれのカテゴリー内で特徴的な組み合わせについて見る。なお、ここでも、末尾の文と第3文とを対比させながら、傾向を探っていく。

4.2 「は」の文

　「は」の末尾の文は、「では」「には」も含んで47例であり、うち34例(72.34%)がコメント文、13例(27.65%)が非コメント文である。出現した表現を表4に示す。
　コメント文の文末表現は、「のだ」(11例)と「だろう」(4例)が目立っている。その他には、「と」＋動詞で思考内容を表す表現が4例ある以外は、様々である。

---

[4] 伊集院・髙橋(2010)は、俵山(2010)でも調査対象としている作文データベース所収の意見文について、名詞や動詞のみの形を除いて、末尾文のモダリティ形式(「と思う」類を含む)について調査している。その結果、意見文44編中14編(31.82%)において、「と思う」類が用いられていると指摘している。

表4 「は」の文で使用されている文末表現

コメント文 （34例）	のだ (11)、だろう (4)[5]、からだ (2)、言うまでもない、たい、確かだ、てならない、てはならない、といえる、と言ってよい、と感じている、と考えている、なければならない、情けない、のだから、のだろうか、のではないだろうか、べきだ、べきであろう、まい
非コメント文 （13例）	ている (3)、名詞＋「だ」(3)、動詞＋「ない」(2)、動詞 (2)、動詞＋「た」、形容詞、ばかりだ

（6）これは「だまし」に対する防衛力をつけるだけでなく、これから出会うであろうさまざまな問題解決場面で通用するクリティカルシンキングの力を身につけることにつながるのである。（末120）

（7）万が一の場合、この「賠償モデル」はきわめて公平かつ有効な国民的救済手段になるだろう。　　　　　　　　　　（末123）

（6）のような「のだ」が段落末や文章末に出現しやすい傾向は複数の研究で既に指摘がある。霜崎（1981）は、この傾向の理由を、「のだ」の持つ「先行する文の意味の補足・説明、理由の提出、根拠の提示などの機能」に求めており、石黒（2004）は、このことを「のだ」が持つ機能、すなわち先行文脈において不充分だった認識を充分なものとするということに関連付けている。また、（7）の「だろう」は、「雨が降るだろう」のようないわゆる「推量」の用法ではなく、「主観性の強さや独断的なニュアンスを抑える」（宮崎他 2002: 136）目的で用いられるものである[6]。

一方、非コメント文では、「ている」、名詞＋「だ」、動詞＋「ない」など状態性の述語のものが、13例中11例とほとんどを占めている。

（8）さらにすべての町民は、志を高くもって、50年後、100年後にもビクともしない町を築いていく決意をしている。　（末75）

---

[5] 4例中1例は、助詞「な」を付加した「だろうな」という形であった。しかし、このような終助詞の使用は、論説文では典型的とは言えないため、ここでは「な」を取り除いた「だろう」としてカウントしている。

[6] 大島（2002）では、「推量」の「だろう」の機能を「答えを出すべき課題に対し、その時点でデータをもとに出した結論を提示する」ものとしている。これは、談話上の機能としての言及ではなく、「推量」の「だろう」の内実を明らかにしようとしているものであるが、本稿の調査結果における「だろう」の出現頻度の高さを考えると、興味深い指摘である。

（9）　その際重要となるのは、まず「何がその組織にとって一番価値
　　　　　あるものか」を確認し、その上でけっして一部の人間にだけ負担
　　　　　を強いない方向で議論することだ。　　　　　　　　　（末58）
　　（10）　世界中が一色に染め上げられてしまうまで、もう、あまり時間は
　　　　　残されていない。　　　　　　　　　　　　　　　　　（末73）
　なお、末尾の文において、「た」で終わるものは以下の1例があった。これは、末尾の文における全用例を見ても唯一の例である。
　　（11）　10月1日、道路公団は民営化会社としてスタートした。（末69）
以上から、末尾における、助詞「は」を持つ文は、「のだ」や「だろう」を典型としたコメント文となる可能性が高く、そうでない場合にも「ている」など状態性の述語を文末にとっていると言える。
　次に第3文を見てみる。こちらは、「では」「には」を含んで64例である。64例中11例（17.18%）がコメント文で、53例（82.81%）が非コメント文と末尾の文とは対照的な結果となっている。コメント文には特に傾向は見て取れないが、非コメント文では、動詞＋「た」（19例）、「ている」（10例）、名詞＋「だ」（10例）の出現が目立った。
　このように非コメント文では、動詞＋「た」が多くを占めているが、これに名詞＋「だった」（3例）と「ていた」（1例）を加えると、23例もの文が「た」という形式で終わるものであった。この23例という数字は、第3文全体での「た」の使用が36例であることを考えると、かなりの割合であると言える。
　　（12）　2005年（平成17年）8月1日に、自由民主党の新憲法起草委員
　　　　　会は党新憲法一次草案を発表した。　　　　　　　　　（三21）
　　（13）　ある高名な歌人は、生徒が教師を呼ぶのに「ちゃん」付けを以っ
　　　　　てするのを推奨したし、ある高名な言語学者は、敬語を正しく
　　　　　使うというのは人間差別だと論じた。　　　　　　　　（三5）
上記の用例を見ると、第3文では、「は」の文と「た」の組み合わせによって、あるテーマについて過去の事実を叙述し、論述の前提を形成していることが推測できる。

4.3 「が」の文

「が」の末尾の文は全23例中で、コメント文が17例（73.91%）、非コメント文が6例（26.08%）となっており、やはりコメント文が優位と言える。出現した文末表現を表5に整理して示す。

表5 「が」の文で使用されている文末表現

コメント文 （17例）	のだ (7)、必要だ・必要がある (3)、求められている (3)、望まれる (2)、かもしれない、はずだ
非コメント文 （6例）	名詞＋「だ」(4)、ている (2)

表5を見ると、コメント文、非コメント文のいずれも出現している表現にかなり偏りが見られる。出現している表現について整理すると、①願望・要求文、②「のだ」文、③名詞＋「だ」文、④出現文のおよそ4タイプになる。

①願望・要求文（8例）は、「必要だ」「求められている」「望まれる」などで、構文的に「が」が必須となるものである。

(14) 加えて、真の循環とは元に戻ることだと再度認識し、それを可能にする制度を導入すること|が|必要である。　　　（末71）

(15) すみやかに社会的対策を行って、「すべての」若者に希望がもてる生活を送れるようにすること|が|求められている。　（末3）

(16) 一日も早い法制化|が|望まれる。　　　　　　　　　（末104）

②「のだ」文（7例）は、「は」の文でも11例であったが、それに次ぐ多さであった。

(17) 団塊の世代の「黄金の10年」|が|はじまろうとしているのだ。
　　　　　　　　　　　　　　　　　　　　　　　　　　（末1）

(18) 日本が安全で繁栄できる環境をつくるため、あらゆる国際関係をバランスよく活用するの|が|外交なのである。　　　（末9）

③名詞＋「だ」文（4例）は、すべて「〜こそが」の形に変えることができるものであった。また、この「AがBだ」の形を、「BはAだ」に形を変えても意味は変わらない。これらは、砂川（2005）における同定文の「前項

焦点文」[7]、西山（2003）の「指定文」「同定文」にあたるものである。

(19)　これが真の改革である。　　　　　　　　　　　　　　（末28）
(20)　前例にとらわれず、時代の叡智を集め、しなやかさを保ってきたことが、皇室が存続してきた要件だった。　　　　　　　　　（末40）
(21)　緩やかな回復に止まっている家計の雇用者所得が本格回復するまでは、増税を極力最小限に止め、社会保障も含めた徹底的な歳出改革によって、財政健全化をはかっていくことが日本再生の道である。　　　　　　　　　　　　　　　　　　　　　　　　（末49）
(22)　このように、日本のサッカーが世界中を魅了する――これこそが私のドリームである。　　　　　　　　　　　　　　　　（末128）

ここで用いられている名詞＋「だ」文は、「～こそが」で言い換えられることからもわかるように、「他ではない、これ」を示すことで筆者の主張を印象付ける効果があるのではないかと思われる。

④出現文（2例）は、2例とも「ときが来ている」の形であった。

(23)　それを避けるために何ができるか、官民ともに考えるときが来ている。　　　　　　　　　　　　　　　　　　　　　　　　（末12）
(24)　小学校英語教育狂想曲に踊らされることなく、子どもの豊かな成長のために、ことばの教育のあり方について冷静に議論すべきときがきている。　　　　　　　　　　　　　　　　　　　　　　（末110）

出現文は、内容を見てみると願望・要求文に近いものであり、その表現上のバリアントの1つであると思われる。ここで願望・要求の表現を用いるのではなく、「ときが来ている」の形にすることで、「そのような時代になった」ことを示し、読者の行動や態度の変化を間接的に要求しているものと捉えられる。

次に第3文であるが、28例中コメント文が7例（25%）、非コメント文が21例（75%）であった。非コメント文には、動詞＋「た」（9例）、「ている」（4例）などがあった。

---

[7] 「前項焦点文」は、砂川（2005）の定義では、主語名詞句が焦点（最も情報価値が高い部分）となっている「～が～だ」文のことである。

(25) 2002年（平成14年）3月、陸上自衛隊の工兵部隊が東チモールに派兵された。　　　　　　　　　　　　　　　　　（三22）
(26) とくに、4–6月期は雇用・賃金関係の指標も大幅に改善し、消費の伸びが所得の裏付けを伴っていた点が、踊り場脱出論を勢いづかせている。　　　　　　　　　　　　　　　　　　　　（三46）

　第3文も、多くは過去や現在の事実の叙述であり、やはりこれから始まる議論の前提として記述されていると思われる。

4.4 「は」の省略文

　末尾の文で「は」が省略されているものは25例で、すべてがコメント文であった。このコメント文25例は、1例を除いて、すべて「私（に）は」が省略されていると考えられるものであった。

表6　「は」の省略文で使用されている文末表現

コメント文 (25例)	たい (6)、と考える (5)、と思う (4)、と思われる (2)、つもりだ、と信じている、と断言できる、には思われない、ゆえんだ、ように思う、を願う、を願ってやまない

　文末表現を整理すると、①思考動詞文（15例）と②願望文（8例）という2つのタイプに集約される。それぞれの例を以下に示す。以下の例の＜　＞の中は、筆者が省略部分を補ったものである。

(27) ＜私は＞関係団体、そして市民と協働して「地域共生」の実現に向け、不断の取り組みを続けていきたいと思う。　　　　（末92）
(28) ＜私は＞着床前診断を含めて、個人の妊娠、出産に関する自己決定権は、国政において最大限尊重されるべきであると考えます。
　　　　　　　　　　　　　　　　　　　　　　　　　　　　（末105）
(29) ＜私は＞大いに国民的議論を期待したい。　　　　　　（末90）
(30) ＜私は＞「子どもが減って何が悪いか！」という叫びが、人口減社会を支える制度理念となることを願う。　　　　　　　（末91）

「と思う」「と考える」などを文末に持つ思考動詞文については、森山(1992)が「先方は三時にくると思います」のような不確実表示用法と「日本の今の

医療制度は間違っていると思う」のような主観明示用法とがあるとしている。そのうえで、前者は「と思う」を取り除くと、確実なこととして表すことになり意味が異なってくるが、後者は「と思う」を取り除いた場合、論理的・知的な意味での差はないと、述べている。また、後者については、「個人的な主張、意見であることを断り、さらにそうすることによって、主張を和らげる」機能があると指摘している。ここで使用されている例は、否定の「には思われない」を除き、すべて後者の主観明示用法に分類されるものである。

それに対して、第3文は全14例中3例（21.42%）がコメント文、11例（78.57%）が非コメント文である。文末表現は、名詞＋「だ」文が5例、「ている」が3例と目立っている。

(31)　＜私は＞転職第一世代である。　　　　　　　　　　　　（三52）
(32)　＜これは＞単純計算すると、日本国民の1割以上が「漏えい被害」を受けたことになり、数だけを見れば、最も多くの国民を悩ませる花粉症の患者数にすら迫る勢いとなっている。　　（三82）

14例中6例が「これは」、4例が「私（に）は」の省略であり、残り4例は「専門家たちは」「刑務所は」「それは」「企業は」となっている。

4.5　主題・主格設定不可の文

末尾の文で主題・主格設定不可の文は19例で、コメント文が18例で、非コメント文が1例である。

表7　主題・主格設定不可の文で使用されている文末表現

コメント文 (18例)	べきだ (5)、のだ (4)、たい (2)、う＜意志＞、からだ、だろう、だろうか、てはならない、ではないか、(こんなに) 嬉しいことはない
非コメント文 (1例)	名詞＋「だ」

出現した表現を見ると、①「べきだ」文（5例）、②「のだ」文（4例）が目立っている。以下はその例だが、(33) は段落の途中から、(34) は段落冒頭から先行文を伴った形で示す。

(33) 医療は国民にとって最も大切な安全保障である。医療という安全保障を経済とリンクして論ずるほど愚かなことはない。医療の質と安全性を高めるには諸悪の根源である医療費抑制政策を転換させるべきである。　　　　　　　　　　　　　　　　　　（末99）

(34) 連帯民主主義は積極的に行動する市民によって支えられる。しかし、積極的に行動する市民によって政府が形成されるのであって、政府によって積極的に行動する市民が形成されるのではないのである。　　　　　　　　　　　　　　　　　　（末78）

両者とも「は」「が」などで表される主題・主格の設定が難しいことがわかるであろう。

一方、第3文では、8例中コメント文が1例（12.5%）で、残りの7例（87.5%）は非コメント文であった。特定の文末表現との関連は見出せなかったが、2例が名詞のみを提示する文であった。以下の例の1文目がその例である。

(35) ろくに親の介護をしないで、財産だけはみんな子供がもっていくケース、特別養護老人ホームや療養型病床群を使って介護は公に負担させておいて、さまざまな減免処置のおかげで相続税をまったく払わずに巨額の財産を手に入れるケース（相続税を払っているのは死亡者総数の5%前後である）。さらに、ひどい例では、親を施設に入れておいて、子供がその年金を好きに使ってしまうケースなどがあまりに多く、素直な感情として、これでいいのかという思いに駆られる。　　　　　　　　　　　　　　（三50）

このような名詞句が文として成立するには、上記の例のように周囲の文に何らかの形で支えられて文章の中に位置づけられる必要がある。同様の例は、文章末尾にはなかった。

5. 談話終結部に出現する文のタイプの傾向
5.1 コメント文における傾向

ここまで「文章の終結部において、一定のタイプの文が選ばれやすい」という仮説を出発点に、主題・主格助詞や文末表現に注目しながら、論説文の文章末尾の文のタイプについて調査・分析を行ってきた。その結果、今回の

データでは、末尾の文の大多数がコメント文であり、「のだ」や「べきだ」、思考動詞や願望・要求の表現が用いられていることが確認された。これは先行研究での調査結果とも同一の傾向である。この結果は、論説文が筆者の意見・主張を述べることに主眼を置いた文章であることとも密接に関連していると思われる。

　さらに、主題・主格助詞と文末表現の関係を見る中で、「が」の文と願望・要求の形式や名詞＋「だ」の形式（前項焦点文）、「は」の省略文と思考動詞、主題・主格設定不可の文と「べきだ」など、特定の助詞（の有無）と文末表現との親和性が高いことがうかがわれた。

5.2　非コメント文における傾向

　一方で非コメント文に目を向けてみると、末尾の文の21例（16.15％）は、以下の2例を除いてすべてが、「ている」名詞＋「だ」、動詞＋「ない」などの状態性の文末表現となっていた。

　　（36）　彼らはやがて社会に出て、ぼくらの隣の席に座る。　（末112）
　　（37）　10月1日、道路公団は民営化会社としてスタートした。（末69）
　　　　　　　　　　　　　　　　　　　　　　　　　＝（11）再掲

　そこで、試みに多くの非コメント文を含む第3文130例のうち、段落末尾に位置するもの25例の文末表現を調べてみたところ、「のだ」「まいか」「からだ」「と考える」を文末にとる4例がコメント文で、その他は、「ている」が9例、名詞＋「だ／だった」が8例、とやはり状態性の述語が圧倒的であった。このことは、文章末尾以外に、段落末でも状態性の文末表現が頻出していることをうかがわせる。

　以下に段落末で「ている」が使用されている例を示す。この「ている」の文は、段落の2文目かつ最終文であり、その次の文から新たな段落が開始されている。この「ている」の文では、主題の名詞句がないが、先行文との関係を考えると「企業（に）は」が省略されていると考えられる。

　　（38）　企業の不祥事の増加と共に、この数年、企業のコンプライアンス
　　　　　　体制は、確実に強化されてきた。コンプライアンスや企業倫理の
　　　　　　専門部門が設置され、担当の役員も置いて、社内の教育、研修な

どに一段と力を入れている。

しかし残念ながら、企業不祥事は止まない。一つには内部告発が多くなったことがある。＜以下略＞　　　　　　　　　（三 54）

なお、「〜ている」と談話終結の関係については、石黒（2008）にも言及がある[8]。ここでは、100 例の「ている」を無標の形 500 例と比較し、その多くが段落の終わりに位置するもの、もしくは、次の段落と論理的関係を持たないものであることを統計的に示している（p. 267）。ただ、名詞や他の状態性の述語については特に触れられてはいない。

6. おわりに

本稿では、書きことば談話の 1 種である論説文の末尾の文について形態的な観点から調査した結果から、文章末尾で用いられやすいタイプの文をいくつかの種類に分けて示した。従来、文末表現については、結論・まとめの部分で用いられやすいものが抽出され、日本語母語話者や日本語学習者向けの作文や読解の教材などで提示されてきた。一方、今回の調査では、文末表現だけでなく、それと共起しやすい主題・主格助詞についても明らかにすることができた。この組み合わせをより精緻化することで、教材においてはより実用性の高い「文型」として扱うことが可能であると考える。

最後に、コメント文、そして「ている」や名詞＋「だ」といった状態性の文末表現が談話終結部に出現することの要因について私見を述べる。

まず、コメント文が終結部に頻出するのは、「書き手の存在の暗示」によるのではないかと考える。論説文ではところどころで書き手がコメント文の形をとって登場しながら具体的事態の説明や抽象的概念の解説が行われていくと予想される。そして、最後に書き手が論述の中に浮上してくることが、1 つの話が終わったことを伝える典型的な手段となるのではないだろうか。

---

[8] 工藤（1995）は、アスペクトが談話において「複数の出来事間の時間的関係〈タクシス〉」を表し分ける機能を持つと主張している。具体的には、スルは「出来事の連鎖」を述べる時に用いられ、シテイルは、時間の流れを止め、「出来事間の共存＝同時性」を述べる時に用いられるとしている。工藤が扱っている談話は、出来事の描写中心のものであり、本稿の論説文とは異なる性質のものであるが、談話中でのスルとシテイルの対立に着目している点は本稿と共通している。

一方、状態性の述語については、動作性の述語と対比的に考える必要があるかもしれない。動作性の述語は何らかの「動き」を伴う。それに対して、状態性の述語は「動き」に対しての「停頓」と感じられる。この文における「動き」「停頓」が、文より上のレベルの談話展開にも投影されることで、状態性の述語の使用が終結性を暗示するのでないかと考える。この考えはデータによって論証する必要があるが、それは今後の課題としたい。

調査資料

『日本の論点2006』，文藝春秋（編），文藝春秋，2005.
「日本語学習者における日本語作文とその母語訳との対訳データベース ver.2.1　CD-ROM版」国立国語研究所，2001.

引用文献

相原林司（1984）『文章表現の基礎的研究』東京：明治書院．
石黒圭（2004）『よくわかる文章表現の技術Ⅰ　表現・表記編』東京：明治書院．
石黒圭（2008）『日本語の文章理解過程における予測の型と機能』東京：ひつじ書房．
伊集院郁子・髙橋圭子（2010）「日本語の意見文に用いられる文末のモダリティ——日本・中国・韓国語母語話者の比較——」『東京外国語大学留学生日本語教育センター論集』36: 13–27.
大島資生（2002）「現代日本語における「だろう」について」『東京大学留学生センター紀要』12: 21–40.
木戸光子（2008）「文章構造における冒頭文と末尾文の統括機能と形態上の特徴——頭括型と尾括型の要約文の分析を通して——」『文藝言語研究言語篇』53: 37–49.
工藤真由美（1995）『アスペクト・テンス体系とテクスト』東京：ひつじ書房．
霜崎實（1981）「『ノデアル』考——テキストにおける結束性の考察——」『Sophia Linguistica』7: 116–124.
砂川有里子（2005）『文法と談話の接点——日本語の談話における主題展開機能の研究——』東京：くろしお出版．
俵山雄司（2010）「談話終結部における文末表現の使用傾向——日本語学習者と日本語母語話者の作文の比較から——」『日本語教育方法研究会誌』17 (2): 40–41.
永野賢（1986）『文章論総説』東京：朝倉書店．
西山佑司（2003）『日本語名詞句の意味論と語用論——指示的名詞句と非指示的名詞句——』東京：ひつじ書房．

平井昌夫 (1969)『文章表現法』東京：至文堂.
宮崎和人・安達太郎・野田春美・高梨信乃 (2002)『新日本語文法選書4　モダリティ』東京：くろしお出版.
メイナード・K・泉子 (1997)『談話分析の可能性──理論・方法・日本語の表現性──』東京：くろしお出版.
メイナード・K・泉子 (2004)『談話言語学──日本語のディスコースを創造する構成・レトリック・ストラテジーの研究──』東京：くろしお出版.
森山卓郎 (1992)「文末思考動詞「思う」をめぐって」『日本語学』11 (9): 105–116.

第15章

逆接の接続詞と談話構成力の習得
――日本語学習者の縦断的な作文コーパスを活用して――

砂川有里子

1. はじめに

　日本語学習者の作文が読みにくく、表現したい内容が十分に理解できないと感じることは少なくないが、それは単に語彙や文法の誤用に起因するばかりではない。文章の構成が十分でなく、そのために、部分と部分の関係や全体を通しての話の筋道が把握しにくいという文章構成全般に関わる問題に起因していることが少なくない。母語話者児童の作文とは違い、成人の日本語学習者の場合は、母語での文章構成力が日本語での文章構成の善し悪しと関係するということは十分に考えられる。しかし、それ以前の問題として、日本語による表現力の不足が文章構成のありかたに大きな影響を及ぼしていることを考える必要がある。例えば、複文構造を習得していないために、複雑な論理関係を表す文が産出できない、あるいは、指示詞や接続詞を習得していないために、前の文脈や後の文脈との関係を表すことができないなどの問題がある。これらの問題は日本語の習得が進めば解消できることであるので、習得に伴って徐々に文章構成が改善され、全体的な筋の流れやレトリック効果などを考慮に入れた、より高度な文章が産出できるようになることが予想される。

　本稿は、この予想を定量的かつ定性的に確認するため、日本語学習者が産出した作文において使用された接続詞が、前後の文脈をどの範囲まで結びつ

けているのか、この点を「でも」や「しかし」などの逆接の接続詞を対象として調査し、接続範囲と文章全体の構成の変化、および、それらの関係について考察することを目的とする。

なお、本稿では、コミュニケーションを行うための言葉の運用のことを「談話」と呼ぶが、これは書き言葉と話し言葉の両方を含む概念である。さらに、コミュニケーションのために産出された文章のことを「テキスト」と呼ぶ。そこで、以下においては、「文章」という用語を用いずに、文章産出のプロセスを対象とする場合は「談話」、産出された結果の文章を対象とする場合は「テキスト」という用語を用いる。また、接続詞が結びつける前後の文脈の範囲を「接続範囲[1]」と呼ぶ。これらの用語を用いて本稿の目的を言い換えれば、本稿では、テキスト産出のプロセスという観点から、逆接の接続詞の接続範囲と談話構成の経年的な変化を分析し、日本語学習者の談話構成力の習得状況を探求することとなる。

本稿では、上記の目的を達成するために、以下の2つの課題を立てる。

課題1：縦断的な学習者の作文コーパスを用い、逆接の接続詞の接続範囲を定量的に調査し、接続範囲の変化と習得の進捗との関係について考察する。

課題2：学習者1名の3年間の作文を取り上げ、談話の構成が習得と共にどのような変化を遂げるかを定性的に観察し、接続詞の接続範囲の変化と談話構成の変化との関係について考察する。

本稿が逆接の接続詞を対象として選んだ理由は以下の通りである。

本稿の課題を設定するにあたり、パイロット調査として、学習者の縦断的な作文コーパス「LARP at SCU[2]」を用いて、3年2か月の間、3か月ごとに書かれた13回分の作文（各10人分、計130テキスト）に用いられた接続詞を調査した。その結果、表1に見られるように「そして」と「でも」の出現頻度が高く、これらの接続詞が1年次から4年次に至るまで比較的よく出現することが分かった。このうち、「そして」は直前と直後の文脈を結びつける

---

[1] 接続範囲について、詳しくは5.2節で述べる。

[2] 「LARP at SCU」について、詳しくは3節で述べる。

ことが多く、前後の文脈を広い領域でカバーしないことが多かった。一方、「でも」は直前と直後を結びつけるだけでなく、広い領域で前後文脈をカバーしている例が多く認められた。本稿の重要な課題は接続範囲の変化を見ることにあるため、広狭どちらの接続も行われていた「でも」を取り上げ、「しかし」など、他の逆接の接続詞も加えて調査の対象とすることにした。

表1　接続詞の出現頻度順

順位	形式	出現頻度
1	そして	99
2	でも	78
3	だから（ですから）	50
4	しかし	38
5	それに	32
6	たとえば	30
7	それから	19
8	つまり	10
9	そのほか（に／には）	9
10	また	7

　以下の2節で接続詞の習得についての先行研究を検討する。3節で本稿の分析対象である日本語学習者の縦断的な作文コーパス「LARP at SCU」を紹介し、4節で調査対象データの概要について述べる。以上を踏まえた上で、5節で逆接の接続詞の接続範囲の定量的な調査について、6節で3つのテキストの談話構成に関する定性的な分析を行い、接続範囲の変化と談話構成力の習得の関係について考察する。

2. 接続詞の使用と談話構成の研究

　接続詞は、直前に述べた内容と直後に述べる内容の関係性を明示し、より大きな意味のまとまりを形成する談話構成機能を持つものであり、談話の習得に大きな役割を果たす。そのため、日本語教育分野では数多くの論考が発表されているが、中でも多いのは、接続詞を含む接続表現の使用頻度や分布に関する研究である。

村岡（1996）は農学系日本語学術論文における接続表現について、西（1998）は日英語の新聞社説における接続表現について定量的な調査を行い、これらのジャンルでどのようなタイプの接続詞が出現するか、その傾向を探っている。さらに、学習者と母語話者の接続表現の比較研究では、文系論文を対象とした安藤（2002）、上級レベルの論説的な文章を対象とした浅井（2003）や原田（2005）、中級レベルの意見文を対象とした田代（2007）などがある。これらはいずれも出現頻度を中心とした定量的な調査を行っており、その結果を母語話者の使用傾向と比較することで学習者の使用の特徴や問題点を論じている。

一方、学習者の縦断的な作文データ「LARP at SCU」を用いた研究に松田（2014）が挙げられる。松田は台湾の大学生2名による1年後期と3年後期の2つの説明文を取り上げ、定性的な考察を行うことにより、指示詞や接続詞の習得が進み、談話構成が階層化することを論じている。

以上の研究により、習得が進むにつれてどのような接続詞が使用されるようになるか、また、それによって談話構成がどのように明示的に示されるかは明らかになってきているが、談話全体を見通した構成力やレトリックの習得という問題にまで踏み込んだ成果は得られていない。そこで、本稿では、接続詞の接続範囲という問題を取り上げ、定量的な調査と定性的な考察を行うことにより、接続詞の接続範囲と談話構成の変化、および談話構成やレトリック技術の習得について考察することにしたい。

3. LARP at SCU

本稿も、松田（2014）と同様に、「LARP at SCU」のコーパスから得られたデータを分析する。このコーパスは、台湾東呉大学研究グループが2011年5月に公開した縦断的な学習者の作文コーパス、「LARP at SCU 第二版」で、その概要は以下の通りである。

- 調査対象：2003年9月の台湾東呉大学入学者37名
- 調査期間：2004年3月17日～2007年5月16日（1年後期から4年後期までの7期分）
- ほぼ月1回のペースで書かれた全33回分の課題作文（電子データ、

形態素解析なし）
- コーパスに含まれているのは、おおよそ以下の通りである。
（1） 第1稿、会話（第1稿の対面指導）、第2稿（指導後の修正稿）
（2） 作文調査1回目と6回目に実施したSPOTテストの成績
（3） 学習者のプロフィール
（4） 各回の調査時期と作文のテーマ

このコーパスのうち、本稿が扱うのは、1年後期から4年後期までの半年ごとに提出された第1稿、全7回分である。本稿では、これらの作文を全て提出した19名の作文、全133テキストを対象として分析する。これら19名のプロフィールは表2に示す通りである。

表2 学習者のプロフィール

ID番号	性別	開始時の年齢	日本語の学習経験		
			開始時	頻度	期間
01	女	19	中学三年	不定期	
05	女	19	高校一年	週1コマ	12ヶ月
06	女	19	大学入学後	—	—
08	女	19	高校二年	週2コマ	18ヶ月
09	女	19	高校二年	週4コマ	2ヶ月
10	女	20	高校	週2コマ	1ヶ月
14	女	19	高校二年	週1コマ	20ヶ月
15	女	19	大学入学後	—	—
20	女	19	高校二年	週2コマ	24ヶ月
21	女	20	大学入学後	—	—
24	女	20	高校一年	週1コマ	24ヶ月
25	女	19	大学入学後	—	—
26	女	19	高校一年	週2コマ	4ヶ月
27	女	19	高校一年	週2コマ	3ヶ月
28	女	19	大学入学後	—	—
29	女	19	大学入学後	—	—
30	女	19	中学三年	週4コマ	4ヶ月
31	男	19	高校一年	週2コマ	8ヶ月
34	女	19	中学一年	週2コマ	12ヶ月

4. 調査対象データの概要

調査対象作文の実施回と実施時期、および作文のテーマを表3に示す。

表3　調査対象作文の実施回・実施時期・テーマ

通算の実施回	実施学期	実施時期	作文テーマ
第1回	1年後期	2004年3月17日	私の一日
第6回	2年前期	2004年9月22日	忘れられない出来事
第11回	2年後期	2005年3月2日	お正月
第16回	3年前期	2005年9月28日	夏休み
第22回	3年後期	2006年3月29日	スポーツ
第26回	4年前期	2006年9月27日	台湾のデモについて
第31回	4年後期	2007年3月7日	少子化

作文の長さは600字という目安が指定されていたが、1回目から回を重ねるに従って文字数が徐々に増えている。しかし、1作文に含まれる文の数は増えておらず、その分、文の構造が複雑になっていることが分かる。また、本稿で用いた「節[3]」の数を数えたところ、こちらは回を重ねるごとに増える傾向がある。表4は、1作文の文字数の平均値、および、1文中の文字数と節数の平均値、図1はその変化を折れ線グラフで示したものである[4]。

表4　1作文の文字数および1文中の文字数と節数

実施学期	1作文の文字数	1文中の文字数	1文中の節数
1年後期	403	20	1.8
2年前期	456	27	2.5
2年後期	483	31	2.8
3年前期	487	30	2.7
3年後期	504	34	3.1
4年前期	477	33	2.9
4年後期	487	34	3.1

---

[3]　節について、詳しくは5.1節で述べる。

[4]　図1では、「1作文の文字数」「1文中の文字数」「1文中の節数」の変化を1つの図で示すため、「1文中の文字数」を実測値の10倍、「1文中の節数」を実測値の100倍の値に調整した数値を用いている。

第 15 章　逆接の接続詞と談話構成力の習得　｜　291

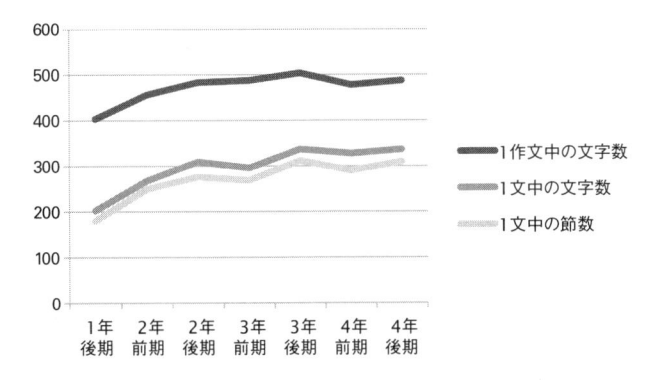

図1　1作文の文字数および1文中の文字数と節数の変化

　この図から明らかなように、学年が上がるに従って、1作文中の文字数、1文中の文字数、1文中の節数のいずれも上昇している。その上昇のカーブは特に1年後期から2年後期の間、すなわち作文調査を始めてから1年の期間に著しい。その後、3年前期と4年前期でわずかに下がるが、全体としては緩やかに上昇している。このことから、習得が進むにつれて、より複雑な構文が使えるようになっていることが分かる。

5. 接続範囲の変化
5.1 分析単位の認定法
　本稿では分析単位として「文」と「節」を用いる。それぞれの認定法を以下に示す。
　まず、「文」については、本文で句点のある箇所を文の区切り目とした。ただし、学習者によっては、句点と読点を区別せず、全て「。」や「.」を使っている者がいた。このような場合は、筆者の判断で読点を打ち直した。
　次に、「節」については、以下の箇所を節の区切り目とした。
　1.　文の切れ目
　2.　接続助詞（…て、…から、…ので、…と、…ば、etc.）の後
　　　（例）経験がないので、／難しい。
　　　ただし、「考えれば考えるほど」のように慣用句としてのまとまり

があるものや、「食べて食べて」のような強調のための繰り返しは全体で1つの単位とした。

3. 連用中止
   （例）図書館に行き、／勉強した。
4. 引用句
   （例）「買い物に行こうか。」／と言った。
5. 連体修飾節
   （例）アルバイトをした／経験がない。
   ・被修飾部が形式名詞の場合も実質名詞の場合と同様に分割した。
   （例）日本に行った／ときに会った。
   （例）家がきれいになる／のはうれしいです。
   ・「赤い花」「きれいな花」「飲むもの」のように、形容詞や動詞が単独で用いられている場合は「連体修飾節＋名詞」のような分割はせず、全体で1語相当とした。
   ・「表紙が赤い本」「これより大きなもの」のように格助詞を伴った名詞（述語にかかる項）を伴う場合、あるいは明示されていなくても伴うことが文脈から明らかな場合は、「表紙が赤い／本」「これより大きな／もの」のように分割した。
6. 接続詞
   （例）以前は多かった。／でも、／最近は少なくなった。
7. 後続の2つ以上の単位にかかっていると思われる主題成分や連用成分
   （例）私たちは、／食べ物を食べたり／ゲームで遊んだりしました。
   （例）最近、／スポーツをやることにした。／嫌いでも頑張ろうと決めた。

なお、以下のものは、1語相当と判断した。
・複合助詞：「について」「において」「によると」「につれて」など。
・複合助動詞：「することができる」「するつもりだ」「したほうがいい」「してもいい」などの下線部。
・「連れて来る」「歩いて行く」「遊びに行く」など。ただし、「子供を連

れて公園に遊びに行った」の下線部のように間に別の語が現れる場合は、「子供を連れて／公園に遊びに行った」のように分割する。
- 複合語:「書き上げる」「読み終わる」「立ち上がる」「読み書き」「行き帰り」など。

5.2 接続範囲の認定法

　石黒他（2009）は、理解のメカニズム解明という立場から、「あるいは」「したがって」「たとえば」「一方」という4つの接続詞が前後の文脈をどのくらい広く結びつけているかを測定し、それぞれの特徴を記述している。本稿では、産出のプロセスを考察する手がかりとして逆接の接続詞が前文脈と後文脈のどこまでを接続しているか、その「接続範囲[5]」を、前節で述べた「節」の単位を用いて測定する[6]。

　接続範囲の測定の際は、特定の文が直前の文の内容を補充している場合は直前の文の接続範囲に含まれるが、新たな展開を行っている場合は含まれないとした。例えば、表5のテキストは、11（出来事）→ 12【でも】→ 13（予想外の出来事）→ 14（13の内容補充）→ 15（13と14からの帰結としての出来事）という流れで談話が展開している。

表5　接続範囲の認定法

節番号	本文
11	二か月ぐらい後、試合は始めました。
12	でも、
13	その日音楽は問題が出ました。
14	私たちは何でもすることことができませんでした。
15	クラスメートたちは泣きました。

---

[5] 石黒他（2009）では、塚原（1970）に倣い、接続詞が結びつける文脈の範囲に「機能領域」という用語を用いている。本稿では逆接の接続詞が意味的に接続している範囲を問題とするため、「機能」という用語を避け、「接続範囲」という用語を用いることにする。

[6] 節と接続範囲の測定は筆者と協力者の2名により行い、双方の判定が異なる場合は協議により決定した。

これを脇田（2011）にならって図示すると、図2のような垂直方向と水平方向の展開となる。そこで本稿では、水平方向の叙述は直前の叙述に含まれると見なすことにした。すなわち、図2では、12の【でも】が接続しているのは、11の出来事と13の出来事であるが、さらに13の出来事の内容を補充している14も含めて接続範囲とする。一方、13・14からの帰結として生じた15の出来事は新たな展開を行う垂直方向の接続であるため、この部分は12の接続範囲に含めない。内容補充のための説明だけでなく、「例えば」などに続く例示も内容補充を行う水平方向への展開なので、直前の叙述に含まれると判定する。

```
┌─────────────────┐
│ 11　出来事      │
└────────┬────────┘
         ↓
    【12　でも】
         ↓
┌─────────────────┐   ┌─────────────────┐
│ 13　予想外の出来事 │→│ 14　内容補充    │
└────────┬────────┘   └─────────────────┘
         
┌─────────────────┐
│ 15　帰結としての出来事 │
└─────────────────┘
```

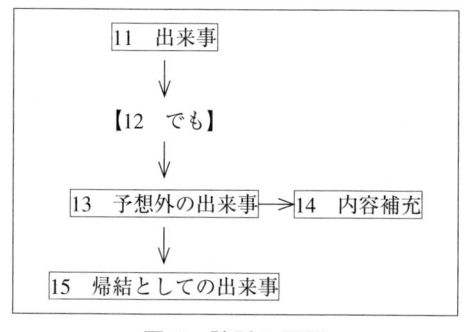

図2　談話の展開

　次節においては、19名分133テキストの調査結果を述べる。

5.3　逆接の接続詞の種類と出現頻度

　表1に示したように、逆接の接続詞は「でも」の頻度が高く、その次に「しかし」が続く。その他、頻度は少ないが、「けれど」「だが」「ところが」「しかしながら」なども出現した。調査対象のテキストに含まれた逆接の接続詞の種類と出現頻度を表6に、出現頻度の変化を図3に示す[7]。

---

[7] 本稿では接続詞が文頭に用いられている場合に限りカウントした。従って、「天気は涼しい、でもちょっと暑いでした。」の下線部のように、文中に用いられている場合はカウントしていない。

表6　逆接の接続詞：種類と出現頻度

実施学期	でも	しかし	その他	合計
1年後期	16	1	0	17
2年前期	20	1	1	22
2年後期	13	6	2	21
3年前期	11	7	3	21
3年後期	7	10	3	20
4年前期	6	13	3	22
4年後期	3	10	1	14
合計	76	48	13	137

「その他」の内訳：けれど3、けれども2、が2、
だが2、ですが1、逆に1、ところが1、しかしながら1

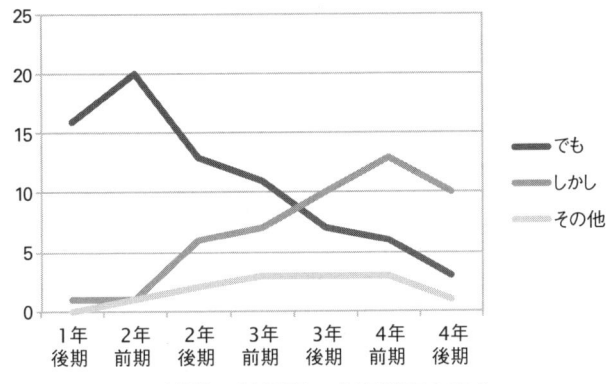

図3　逆接の接続詞：出現頻度の変化

　表6からは、1年後期と2年前期の段階で「でも」が多く用いられているのに対して、「しかし」はそれぞれ1回しか用いられていないことが分かる。また、図3から分かるように、時間が経つと共に「しかし」が増えるが、それと反比例するように「でも」が減少し、3年後期以降は「しかし」が「でも」の数を上回る。「でも」は話し言葉的、「しかし」は書き言葉的な表現であることから、習得が進むと共に、話し言葉的な表現が書き言葉的な表現に変わることが見て取れる。さらに、「けれど」「だが」など「その他」の接続詞の種類も徐々に増え、4年後期までには表6の下部に示したよう

に、8種の「その他」が出現する。

5.4 逆接の接続範囲の変化

習得の初期の段階では、使える文法や語彙が限られているため局所的な処理に多くの負荷がかかり、談話の全体的な構成を考慮に入れた処理まで行う余裕がないものと思われる。さらに、前文脈で述べられた内容を踏まえた複雑な論理関係を示す表現や前後の文脈を照応する表現を習得していないことから、談話の大きなまとまりを作り上げることが難しい。

これらのことから、逆接の接続詞の接続範囲は、習得の初期には小さい範囲にとどまり、習得が進むと共に拡大していくことが予想される。そこで、本稿では、7回の作文のそれぞれに現れる逆接の接続詞の出現頻度と、それらの接続範囲を調査した。その結果は表7（次ページ）の通りである。

この表の3年後期の網掛けで示した2例は、それぞれ、「前文脈23・後文脈13」、「前文脈8・後文脈23」となっている。調査対象の全テキストにおいて、数値が20を超えるのはこの2例だけで、しかも同時期のテキストの中にこれら2つの値が含まれている。その結果、これら2例がこの時期の値をつり上げてしまうことになる。そこで、本稿ではこの2例を除いて接続範囲の変化を調査した。その結果を表8に示す。

表8 逆接の接続詞：接続範囲
（実施学期ごとの平均値）

実施学期	前文脈	後文脈	前後全文脈
1年後期	1.7	1.7	3.4
2年前期	3.5	2.7	6.2
2年後期	4	3.2	7.2
3年前期	3.7	4.6	8.3
3年後期	4.8	5.3	10.1
4年前期	4.3	4.7	9
4年後期	5.7	5.5	11.2

表7 逆接の接続詞の接続範囲

実施学期	形式	出現回数	前文脈	後文脈
1年後期	でも	16	2	1
			2	1
			1	1
			1	1
			1	3
			1	1
			2	1
			1	1
			1	1
			2	1
			3	1
			1	2
			2	4
			3	4
			2	2
			3	2
	しかし	1	1	2
	その他	0	0	0
2年前期	でも	20	4	4
			1	1
			3	1
			2	4
			1	2
			1	3
			2	1
			3	4
			6	9
			10	4
			2	2
			2	5
			3	4
			1	2
			3	4
			6	4
			3	1
			4	1
			3	2
			2	1
	しかし	1	7	1
	ですが	1	12	1
	その他	0	0	0
2年後期	でも	13	4	3
			3	2
			1	1
			6	2
			6	1
			3	6
			1	1
			3	2
			3	1
			2	2
			2	2
			2	1
			4	12
	しかし	6	3	4
			16	4
			5	4
			5	3
			2	4
			5	3
	けれど	2	2	7
			7	3
3年前期	でも	11	8	3
			7	5
			2	5
			1	2
			4	6
			2	3
			2	3
			3	2
			6	8
			4	12
	しかし	7	1	10
			2	1
			5	1
			5	4
			4	4
			10	7
				11
	ぎゃくに	3	1	1
	だが		1	3
	ところが		5	4
3年後期	でも	7	1	3
			5	2
			5	8
			3	4
			3	8
			3	9
				6
	しかし	10	23	13
			3	2
			14	6
			8	23
			4	2
			8	4
			3	14
			2	1
			4	2
				3
	しかしながら	3	13	6
	けれど		6	6
	けれども		5	7
4年前期	でも	6	10	1
			3	1
			12	3
			3	7
			2	11
			2	6
	しかし	13	17	5
			3	4
			1	8
			6	4
			2	9
			3	2
			3	6
			5	2
			3	4
			4	14
			4	3
			4	1
			4	3
	が		1	2
	だが	3	3	7
	けれども		1	1
4年後期	でも	3	2	17
			3	2
			3	2
	しかし	10	1	1
			3	5
			8	8
			4	7
			7	3
			17	3
			3	4
			3	3
			6	2
			11	10
	が	1	3	5

表8の数値は接続範囲と認定された前文脈・後文脈・前後全文脈の節の数の平均値を実施学期ごとに示したものである。この経年変化を折れ線グラフで表したのが図4である。

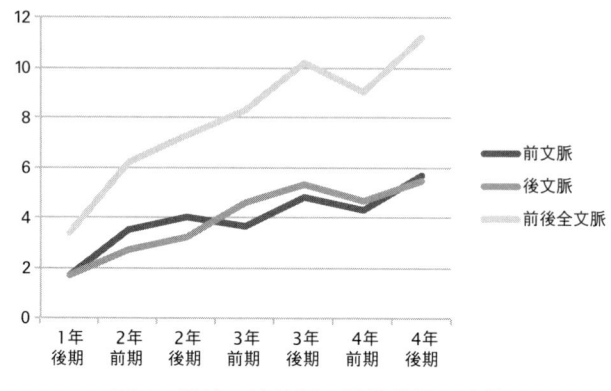

図4　逆接の接続詞：接続範囲の変化

図4から、接続範囲は4年前期で下降するが、全体としては右肩上がりのカーブを示しており、「習得が進むに伴って接続範囲が拡大する」という我々の予想が正しかったことが分かる。

以上、逆接の接続詞の接続範囲が、日本語の習得と共に拡大していくことが確認できた。この現象は、果たして全体的な談話構成力の習得、すなわち、談話の全体を見通したマクロな構造を組み立てる力や、より高度なレトリック技術の習得につながっているのだろうか。接続詞の接続範囲が拡大するということは、局所的な関係性を示すだけでなく、よりマクロな観点からの大局的な関係性を示す談話展開の力も習得しているということだと思われるが、この予想は正しいのだろうか。以下においては、一人の学生の3年間の作文を取り上げ、談話分析の定性的な手法を用いてテキスト全体の談話構成の変化とレトリック技術の習得、および、接続範囲の拡大との関連について考察する。

6. 談話構成の変化と逆接の接続詞
6.1 調査データの概要

この節では前節で調査した半年ごとの 7 回分のテキストのうち、2 年前期、3 年前期、4 年前期の 3 回分のテキストに絞って談話の全体的な構成を分析し、その変化を観察する。また、それらのテキストで用いられている逆接の接続詞の接続範囲と談話展開の機能を検討し、接続範囲の拡大と談話構成力の習得との関連について考察する。取り上げた作文は表 9 に示す通りである。

表 9 調査対象作文の実施回・実施時期・テーマ

通算の実施回	実施学期	実施時期	作文テーマ
第 6 回	2 年前期	2004 年 9 月 22 日	忘れられない出来事
第 16 回	3 年前期	2005 年 9 月 28 日	夏休み
第 26 回	4 年前期	2006 年 9 月 27 日	台湾のデモについて

表 9 の「忘れられない出来事」と「夏休み」は、継時的に生起する出来事を語る物語文、「台湾のデモについて」は、自分の意見を主張する意見文のテキストで、テキストタイプとしては全く異なっている。できれば同じタイプのテキストに統一したかったのだが、「LARP at SCU」は、日本語教育上の配慮からか、1、2 年次は生活作文が主体で物語文か説明文、3 年後期以降は意見文に限られるという構成である。このことからテキストタイプは不統一であるが、毎年 9 月に書かれた 3 年分のテキストを分析する。

これらのテキストのうち、全ての回で逆接の接続詞を用いていた者は 3 名おり、そのうち、大学入学後に日本語を習い始めたのは ID28 の学生のみであった。そこで、この学生に対象を絞って定性的な談話分析を行うことにする。以下ではこの学生の属性について述べる。

「LARP at SCU」には、作文の 1 回目と 6 回目の調査時に行った SPOT テスト[8]（本稿ではそれぞれ「テスト A」「テスト B」と呼ぶ）の成績一覧表が添付されている。本稿が調査した学生 19 名のうち、大学入学後に日本語を習い始めた者は 6 名いるが、表 10 はこれら 6 名の学生の SPOT テストの得点

---

[8] 小林典子、フォード順子によって考案された日本語能力簡易試験。Simple Performance-Oriented Test。

と得点の伸びを示したものである。この表に見られる通り、ID28 のテスト A の得点は 31 点、テスト B の得点は 46 点であった。6 名のテストの平均点はテスト A が 38.3 点、テスト B が 48.8 点であるから、ID28 はどちらのテストも平均を少し下回っている。しかし、得点の伸びについては、平均が 10.5 点であるのに対し、ID28 は 15 点と平均以上の伸びを見せている。つまり、本節で談話分析を行う 2 年前期の段階で、ID28 は、伸びは平均以上だが、得点は平均を少し下回る日本語力の持ち主であった。残念なことに、これ以降 SPOT テストが行われていないため、3 年次から 4 年次にかけての成績は不明である。

表 10　スポットテストの成績

学生 ID	得点		得点の伸び
	テスト A	テスト B	（A － B）
06	21	38	17
15	52	56	4
21	39	46	7
25	44	53	9
28	31	46	15
29	43	54	11
合計	230	293	63
平均	38.3	48.8	10.5

6.2　分析の方法

　ID28 のテキストの分析は以下の手順で行われた。
　（1）　節で区切ったテキストを、エクセルの 1 行に 1 節ずつ入力し、節番号を振る。
　（2）　1 文ごとに文の機能のタグ付けを行う。
　（3）　テキストの意味的なまとまりごとにその内容を要約する。
　（4）　テキストのトピックの変わり目を特定し、トピックを記入する。
　（5）　テキスト全体の談話展開に即して談話構成を検討し、その結果を記入する。

（6） 逆接の接続詞の接続範囲と談話展開において果たしている機能について検討する。

表 11 にテキストの分析例を示す。

表 11　学習者のテキスト分析例

節番号	テキスト	文の機能	内容	トピック	構成
25	夜、私たちは	<出来事4> 出来事3に続く出来事	子供のころのように妹と夜空の星を見ていい夜だと思った	妹と星を見たこと	ストーリーの展開
26	小さい頃のように、				
27	家の前に座って、				
28	空を見た。				
29	たくさんの星があって、	<出来事5> 出来事4の補足の情報			
30	私たちは静かに見た。				
31	「いいですね、こんな夜	<評価3> 出来事4と5に対する評価			
32	と私の心に思った。				

「文の機能」は、句点によって区切られた文の一つ一つについて、談話展開の過程で何を表しているのか、前後の文脈とどのように関わるのかを探索的な方法で判定した。分析したテキストからは、以下のようなタイプの文が観察された。

　出来事：特定の時間に生起した出来事を表す文
　状況：存在や状態、あるいは、習慣的な出来事や恒常的な出来事など、
　　　　特定されない時間に生起した出来事を表す文
　評価：「楽しい」「面白い」「不便だ」「感動した」「迷惑だ」など、書
　　　　き手の評価を表す表現が含まれた文
　言い換え：前に述べたことを言い換えている文
　主張[9]：書き手の主張として読むことができる文

---

[9] 「主張」の認定は、伊集院・高橋 (2012) の「テーマに関する書き手の意見が明確に表されているもの」(p. 4) という規定に従った。

譲歩[10]：書き手の意見や感想で、譲歩を行っていると読むことができる文
　他者の主張：他者の主張として読むことができる文
　提言：他者への提言のための主張として読むことができる文
　例示：述べられたことの事例として読むことができる文

　一文の中に、状況と出来事、出来事と評価など、2つ以上の機能が混在しているときは、主節の持つ機能のみを記述した。例えば、表11の節番号29「たくさんの星があって」は＜状況＞、30「私たちは静かに見た」は＜出来事＞であるが、表には主節に関わる「出来事」のみを記入した。さらに、その下に、当該の出来事が談話展開や前後の文脈とどのように関わっているかの注記を付けた。

　「内容」は、本稿筆者の内省により内容のまとまりごとに区切り、そのまとまりが表す内容を要約した。なお、誤用を含む学習者の作文は、時として内容把握が難しいことがある。そのような場合は、当該作文に対する指導後に書き直した第2稿のデータを参照して解釈し、要約を行った。

　「トピック」は、本稿筆者の内省により、内容的にトピックが変わっていると思われる箇所で区切り、それぞれのトピックを簡潔に示した。

　「構成」は、物語文の場合は「主題の提示」「概要」「ストーリーの展開」「結び」、意見文の場合は「主題の提示」「意見の展開」「結論」に区分した。

　次節からは、学生ID28の経年的な3つのテキストを順次分析する。

6.3　2年前期「忘れられない出来事」

　表12（304ページ）は2年前期のテキスト「忘れられない出来事」の分析結果である。

　まず、この表を参照しながらこのテキストの談話展開を観察しよう[11]。

　このテキストは、＜出来事1＞でストーリーが開始され、チアダンスの試合というストーリーの主題が提示される。それを契機として＜出来

---

[10] 「譲歩」の認定は、工藤・伊集院（2013）の「筆者が文章中で、自説と対立する立場に理解を示したり対立する立場に有利な情報を提示したりする箇所、および、自説の問題点や限界を指摘したり自説に不利な情報を提示したりする箇所」（p. 1）という規定に従った。

[11] 表12〜表14の「内容」の網掛け部は、「でも」の接続範囲を示す。

事 2 ＞から＜出来事 11 ＞までの、ほぼ全ての出来事が時間軸に沿って次々に述べられるという展開、すなわち、直前の出来事に続いて次の出来事が述べられるという談話展開となっている。

　時間軸に沿ったこのような出来事の展開は、トピック転換部にも明瞭に現れている。まずトピックを開始する節番号 1 では、「高校時代の二年生のとき」という表現で、これ以降に述べるストーリーの時の指定が行われる。次に、「試合でのハプニング」に移る節番号 11 で「二か月ぐらい後」、次の「受賞」に移る節番号 21 で「最後」、さらに「苦労の報い」に移る節番号 25 では「練習のとき」という具合に、全てのトピック転換部において一貫して時の指定が行われている。「練習のとき」で始まる節番号 25 から「結び」が始まるが、この前半部で、テキスト冒頭で述べられた練習の辛さが受賞によって忘れられたことが述べられる。次いで、それを受けた＜評価 2 ＞で、「忘れられない出来事」という作文の課題に言及することによって物語が結ばれる。この「結び」の部分では、「練習のとき」という過去の時間に遡るが、それ以外は時間軸に沿って継時的に述べるというスタイルが取られている。図 5（305 ページ）[12] はその展開を垂直方向と水平方向の流れによって示したものである。この図に見られるように、＜出来事 2 ＞の内容を補充する＜出来事 3 ＞と＜出来事 4 ＞を除く全ての出来事が時間軸に沿って順次生起する出来事である。

---

[12] 図 5 〜図 7 の網掛け部は【でも】の接続範囲を示す。

表12　学生 ID28　2年前期（第6回　忘れられない出来事）

節番号	テキスト	文の機能	内容	トピック	構成
1	高校時代の二年生のとき、クラスメートの全員で「啦啦隊」試合に参加しました。	＜出来事1＞ストーリーの開始	チアダンスの試合に参加した	合唱の練習	主題の提示・ストーリーの展開
2	これは私たちの始で参加しましたので、	＜出来事2＞出来事1の帰結	そのために一生懸命練習して大変だった		
3	全員は一生懸命にしました。				
4	毎週の土曜日と日曜日は学校で集まりました。	＜出来事3＞出来事2の補足情報			
5	朝八時から、午後四時まで練習して、	＜出来事4＞出来事2の補足情報			
6	四時後まだ下手な人は				
7	續いて				
8	練習しました。				
9	とても大変だ	＜評価1＞出来事2〜4に対する評価			
10	と思いました。				
11	二か月ぐらい後、試合は始めました。	＜出来事5＞出来事4に続く出来事	2ヶ月後に試合が始まった	試合でのハプニング	
12	でも、	＜出来事6＞予想外の出来事	【でも】音楽に問題が生じ私たちは何も出来なかった		
13	その日音楽は問題が出ました。				
14	私たちは何でもすることができませんでした。	＜状況1＞出来事6の内容			
15	クラスメートたちは泣きました。	＜出来事7＞出来事6・状況1の帰結	【でも】先生が音楽なしで踊ろうと言ったから、踊り終えた。		
16	でも、	＜出来事8＞予想外の出来事			
17	先生は				
18	「音楽はない、直接しましょう」				
19	といいましたから、				
20	私たちは完成しました。				
21	最後、	＜出来事9＞出来事8に続く出来事	準優勝して、みんなは喜び私は泣いた	受賞	
22	私たちは Second place でした。				
23	みんなさんは楽しかった。	＜状況2＞出来事8と9に関わる状況			
24	私は泣きました。	＜出来事10＞出来事9に続く出来事			
25	練習のとき、	＜出来事11＞出来事9と10の帰結	練習は楽しくないことがあったがその苦しさは全て忘れた	苦労の報い	
26	楽くない事がありましたが、				
27	そのとき				
28	全部忘れました。				
29	それは	＜評価2＞出来事1〜11に対する評価	それが私の一番忘れられないことだ	忘れられないこと	結び
30	私の一番忘れれな				
31	事でした。				

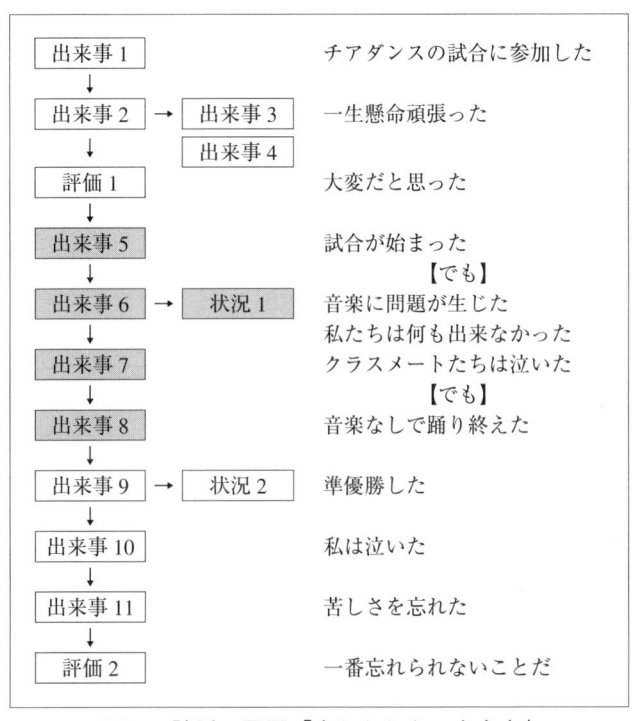

```
出来事1        チアダンスの試合に参加した
  ↓
出来事2 → 出来事3   一生懸命頑張った
  ↓     出来事4
評価1         大変だと思った
  ↓
出来事5        試合が始まった
  ↓                【でも】
出来事6 → 状況1    音楽に問題が生じた
  ↓           私たちは何も出来なかった
出来事7        クラスメートたちは泣いた
  ↓                【でも】
出来事8        音楽なしで踊り終えた
  ↓
出来事9 → 状況2    準優勝した
  ↓
出来事10       私は泣いた
  ↓
出来事11       苦しさを忘れた
  ↓
評価2         一番忘れられないことだ
```

図5　談話の展開「忘れられない出来事」

　次に、逆接の接続詞「でも」の接続範囲について観察する。このテキストでは「でも」が2回用いられているが、この2回とも「試合でのハプニング」というトピックを語る部分で出現する。この部分は、予想外の出来事が連続して起こることを表し、このストーリーの中で最も緊迫した状況を述べるクライマックス部分である。この箇所での「でも」は次のように、継時的に連なる2つの出来事をつないでおり、その接続範囲は狭い範囲に収まっている。

（1）　2か月後に試合が始まった。（節番号11）
　　　　　【でも】
　　　音楽に問題が生じ、私たちは何もできなかった。（節番号13〜14）
（2）　クラスメートたちは泣いた。（節番号15）

【でも】
　先生の声かけで、音楽なしで踊り終えた。（節番号 16 〜 20）
　以上、2 年前期のテキストを分析し、このテキストでは継時的に生起する直前と直後の出来事を結ぶという単純な形で談話が展開されていること、および、「でも」が比較的狭い範囲で直前と直後の文脈を結んでいることを述べた。次節では、このテキストと比較しながら 3 年前期のテキストを分析する。

6.4　3 年前期「夏休み」

　3 年前期の「夏休み」も 2 年前期のテキストと同様に、物語文である。このテキストの分析結果を表 13（次ページ）に示す。

　2 年前期のテキストでは、冒頭からいきなりストーリーを構成する出来事の記述が行われたが、このテキストでは、まずストーリーの背景的な状況（夏休みは特別なことがなかったこと）が述べられ、それによってこのストーリーの主題である「夏休み」が導入される。さらにその後の節番号 5 と 6 でストーリーの内容を予告的に述べる「概要（でも少しうれしいことがあったこと）」が加えられ、しかる後にうれしい出来事（星のような虫を見たこと）が記述され、ストーリーが展開される。

　ストーリーの背景的な状況を述べる部分は、Labov and Waletzkey (1967) の物語構造における orientation にあたり、「概要」を述べる部分は、abstract に相当する。この orientation と abstract の手続きを経てストーリーが開始され、展開され、それに対する評価（本当に運がいいと思ったこと）が述べられる。出来事が開始され、展開されるこの部分は complicating action、それに対する評価が述べられる部分は evaluation に相当する。このように、このテキストは、Labov and Waletzkey (1967) の orientation, abstract, complicating action, evaluation の全てを備えており、物語として整った構造を持つものとなっている。この点で、2 年前期のテキストよりさらに高度な談話構成となっていることが分かる。

表13　学生 ID28　3年前期（第16回　夏休み）

節番号	テキスト	文の機能	内容	トピック	構成
1	今度の夏休みは別なことがなかった。	<状況1> 背景的な情報	夏休みは特別なことがなかった	平凡な夏休み	主題の提示
2	アルバイトしかしなかった。	<状況2> 状況1の補足情報			
3	友達と遊ばなくて、	<状況3> 状況1の補足情報			
4	勉強もしなかった。				
5	でも、	<出来事1> ストーリーの開始	【でも】 星のような虫を見るといううれしいことがあった	珍しい虫を見たこと	概要
6	少しうれしいことがあった。				
7	家のそばにほしのような	<出来事2> 出来事1の内容			
8	むしが見た。				
9	一匹だけだが、	<評価1> 出来事2に対する評価			
10	本当にうれしくなった。				
11	現在の環境は悪くなるから、	<状況4> 評価1の背景	この虫は、環境の悪化で少なくなっている		
12	そのようなむしが少ない。				
13	小さい頃、そのむしが見たことがあるが、	<状況5> 評価1の背景			
14	遠いことだ。				
15	今度の夏休み、そのむしを見て、	<評価2> 状況4と5に対する評価	そんな虫を見られたのは運がいい		
16	本当に運がいい				
17	と思った。				
18	夏休みは長い暇があるから、	<出来事3> 出来事1の内容	夏休みに妹が帰ってきた 妹は普段はあまり帰ってこない	妹と星を見たり話をしたこと	ストーリーの展開
19	妹は家に帰った。				
20	去年から、妹は	<状況6> 出来事3の背景的な情報			
21	大学生になって、				
22	学校が遠いから、				
23	寮に住んでいて、				
24	あまり家に帰ない。				
25	夜、私たちは	<出来事4> 出来事3に続く出来事	子供の頃のように、妹と夜空の星を見ていい夜だと思った		
26	小さい頃のように、				
27	家の前に座って、				
28	空を見た。				
29	たくさんの星があって、	<出来事5> 出来事4の補足の情報			
30	私たちは静かに見た。				
31	「いいですね、こんな夜」	<評価3> 出来事4と5に対する評価			
32	と私の心に思った。				
33	私たちだんだん大人になっていくから、	<状況7> 評価3を補強する情報	こういうことは少なくなっている		
34	そのような場合が少くない。				

35	そして、	<出来事6> 出来事5に続く出来事	妹と話をしたり星を見たりしているうちに時間が流れていった	
36	私たちは			
37	話したり、			
38	星を見たりした。			
39	知らず知らずのうちに、	<出来事7> 出来事6の帰結		
40	時間が流した。			
41	今度の夏休みは	<評価4> 今年の夏休みに対する評価	今年の夏休みは平凡だ	平凡だが感動的な夏休み
42	別なことがなくて			
43	平凡だ。			結び
44	でも	<評価5> 今年の夏休みに対する評価	【でも】 私には感動する夏休みだった	
45	私にとってとても感動する			
46	休みだ。			

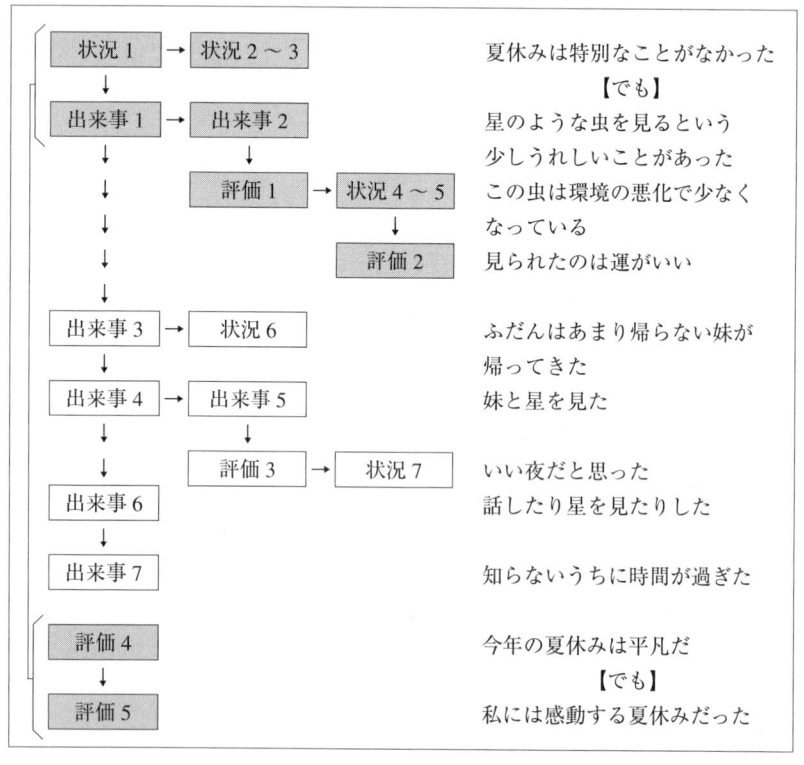

```
状況1 → 状況2～3                夏休みは特別なことがなかった
 ↓                                【でも】
出来事1 → 出来事2              星のような虫を見るという
 ↓                              少しうれしいことがあった
 ↓      評価1 → 状況4～5        この虫は環境の悪化で少なく
 ↓              ↓                なっている
 ↓              評価2           見られたのは運がいい
 ↓
出来事3 → 状況6                  ふだんはあまり帰らない妹が
 ↓                               帰ってきた
出来事4 → 出来事5                妹と星を見た
 ↓
 ↓      評価3 → 状況7            いい夜だと思った
出来事6                           話したり星を見たりした
 ↓
出来事7                           知らないうちに時間が過ぎた

評価4                             今年の夏休みは平凡だ
 ↓                                【でも】
評価5                             私には感動する夏休みだった
```

図6　談話の展開「夏休み」

さらに、ストーリーの展開部分は、単純な継時的出来事の連鎖ではなく、＜出来事１＞の内容を＜出来事２＞によって補充したり、＜評価１＞の背景や＜評価１＞を補強する情報を＜状況４〜５＞で加えたり、そこからさらに＜評価２＞につなげたりなど、図６に見るように、かなり複雑な構造となっている。物語文であるので、基本的には継時的に連なる出来事を描写しているのだが、その背景的な状況や、出来事や状況に対する補足的な情報、あるいはそれらに対する書き手の感想・評価を随時加え、より豊かな内容を表現しようとしていることが見て取れる。このような変化は母語話者児童の作文にも観察されるもので、茂呂（1982）は学年が進むと共に、継時的時間関係の出現率が低下し、同時的時間関係、あるいは背景的時間関係の出現率が増加することを報告している。

　ところで、Labov（1972）は、ストーリーテリングで最も重要な要素にevaluation を挙げている。Labov によれば、evaluation とは、話し手がなんのためにストーリーを語っているのか、それによって何をもくろんでいるのかを示すものである。したがって、evaluation が欠けている物語は迫力のないものとなり、聞き手を引き付ける力を失うことになる（Labov 1972: 12）。図６に見られるように、このテキストでは＜評価１＞から＜評価５＞までの評価が出現し、明示的な evaluation だけを捉えてみても頻繁に評価が行われている。それに比べて、２年前期のテキストでは＜評価１＞と＜評価２＞が観察されるだけである。この点でも３年前期のテキストが２年前期のテキストより整った構成であることが分かる。

　次に、逆接の接続詞「でも」の接続範囲と談話展開の機能を検討する。
　「でも」は冒頭に近い「概要」の部分と、最後の「結び」の部分の２箇所で用いられている。まず、「概要」では、「（特）別なことがなかった」と述べた後で、「少しうれしいことがあった」と述べることで、「少しうれしいこと」に読み手の注意を引き付け、それに続けて具体的な出来事を述べることでその内容を補っている。このように、「でも」の後続部分はかなり広い範囲で前の文脈と結ばれている。

　　（１）　夏休みに特別なことがなかった。（節番号１〜４）
　　　　　【でも】

星のような虫を見て運がいいと思った。（節番号 6 〜 17）
　次に、「結び」に現れる 2 回目の「でも」は、その前後の文脈を結びつけ、上記（1）とほぼ同じ内容をより簡潔な表現で繰り返している。
　（2）　今年の夏休みは平凡だ。（節番号 41 〜 43）
　　　　【でも】
　　　　私には感動する夏休みだった。（節番号 45 〜 46）
　すなわち、このテキストでは「概要」と「結び」とで、このテキストの中心的な内容である「特別なことはなかったが感動することはいくつかあった」ということがらを述べているのである。このような構成は、中心的な内容を表す部分を冒頭と末尾に配置する「両括式」（佐久間（1990））の構造を成すもので、物語の一貫性の明示という点でより整った構成であると言える。さらに、「特別なことはなかった」と読者を牽制しておいてから、「感動することはいくつかあった」と述べることで、読者をより引き付ける効果を果たしている。このような「でも」の使い方は次の節で述べる「譲歩を踏み台にした主張」に類する構造を成している。このようなレトリックの技術が発揮されている点も 2 年前期のテキストには見られなかったことである。
　以上、2 年前期と 3 年前期の物語文テキストを比較した。その結果、1 年を経過して談話構成がより高度なものになっていることと、「でも」の接続範囲が広くなっていること、1 年前には見られなかったレトリック技術が使われるようになっていることが明らかになった。以下においては、4 年前期に書かれた意見文のテキストを分析し、談話構成と逆接の接続詞の使用にさらなる変化が見られるかどうかを検討する。

6.5　4 年前期「台湾のデモについて」

　このテキストは、表 14（312 ページ）の「文の機能」が示すように、＜出来事＞を表す文は 1 つも出現していない。この点が、時間軸に沿った＜出来事＞の連鎖からなる物語文との大きな違いである。意見文であるこのテキストは、節番号 1 から 7 で現状の社会情勢（反陳水扁のデモが盛んであること）について、8 から 16 で社会情勢に対する世論（賛否両論あること）について、17 から 18 で世論に対する自分の意見（どちらが本当かよく分からな

いこと）について述べた上で、デモが社会に与える影響の大きさやそれが悪いことであるという自分の主張を行っている。19以降は主張を支える事例と共に自分の主張を展開するという構成になっており、その結論は、45以降の＜提言＞という形で提示される。この構成は、椙本（1997）が述べる「意見文に典型的な構造」――（1）事実を挙げる、（2）それについて意見を述べる、（3）自説が正しいことを論証する、（4）意見の要約、または要約し解決策の提案をする――であり、意見文として整った構成を作り上げている。

　以下においては、表14の「構成」に示した「意見の展開」部分について、詳しく見ていくことにする。この部分は、「デモの影響の大きさ」と「デモがもたらす悪い影響」という2つのトピックが書き手の主張として述べられている箇所である。これらの箇所で「でも」が用いられ、次に示すようにかなり広い範囲での接続が行われている。

　　（1）　どちらが本当か分からない。（節番号17〜18）
　　　　　【でも】
　　　　このデモが大きな影響を与えることは確かだ。（節番号20〜30）
　　（2）　デモは民主を示す方法だ。（節番号31〜32）
　　　　　【でも】
　　　　行き過ぎたら悪い影響を与えることになる。（節番号34〜42）

　（1）では、17〜18の「本当な原因がどちらかが私は分からない」という言い方で、対立する2つの世論のどちらを支持すべきか自分には分からないと述べることにより、自分がこの問題に対して明確な意見の持ち主ではないことを述べ、しかし、そんな自分でも、このデモが台湾に大きな影響を与えることが分かるということを、20〜21の「赤いデモは台湾人に深い影響を与えることは誰でも分かる」という表現を用いて主張している。

　また、（2）では、31〜32で「デモは人が民主を示す方法だ」と述べることにより、デモを支持する立場の人々に共感を示し、そのことは認めた上で、34〜37で「しすぎたら、民主自由を現すことではないと思う」と、デモが行き過ぎれば悪い影響を与えることを主張している。

　これらの主張には、自分の主張を弱める意見を述べ、それに反論する形で

自分の主張をより強固なものとして提示するという述べ方、すなわち「譲歩を踏み台にした主張」とでも言えるレトリックが使われている。＜譲歩＞を【でも】が受け、＜主張＞に続くこの流れは、図7（314ページ）からも見て取れる。

表14　学生ID28 4年前期（第26回　台湾のデモについて）

節番号	テキスト	文の機能	内容	トピック	構成
1	最近、台湾は赤の思想に囲まれている。	＜状況1＞背景的な情報	反陳水扁のデモ隊が赤い服を着て各地でデモをしている	反陳水扁のデモ	主題の提示
2	赤色は政府に反対する	＜状況2＞背景的な情報			
3	と思われて、				
4	特に、赤い服だ。				
5	陳水扁総統に反対する	＜状況3＞背景的な情報			
6	人は、赤い服を着て、				
7	各地でデモをしている。				
8	このデモは台湾の民主の再進化だ	＜他者の主張1＞状況1～3に対する人々の評価	このデモについて、賛否両論がある		
9	という				
10	人がいる。				
11	新しい歴史を作る。	＜他者の主張2＞状況1～3に対する人々の評価			
12	このデモは	＜他者の主張3＞状況1～3に対する人々の評価			
13	野党が総統に反対する				
14	ために、混乱を作る				
15	ことだという				
16	人もいる。				
17	本当な原因がどちらか	＜譲歩1＞他者の主張1～3に対する意見	どちらが本当か分からない		
18	が私は分からない。				
19	でも、	＜主張1＞譲歩1に続く主張	【でも】このデモが台湾に大きな影響を与えることは確かだ		
20	赤いデモは台湾人に深い影響を与える				
21	ことは誰でも分かる。				

22	例えば、	<例示1> 主張1を支持する事例	例えば、「赤」といえば子供でも「倒扁」と言うように厳しい影響がある	デモの影響の大きさ
23	赤と言ったら、			
24	すぐ「倒扁」			
25	と思い浮かす。			
26	子供でもリンゴなど	<例示2> 主張1を支持する事例		
27	思わなくて、			
28	「倒扁」			
29	と言い出す。			
30	厳しい影響だ。	<評価1> 例示1と2に対する評価		
31	デモは人が民主を示す	<譲歩2> デモ一般に対する意見	デモは民主を示す方法だ	意見の展開
32	方法だ。			
33	でも、	<主張2> 譲歩2に続く主張	【でも】行き過ぎたらそうではなくなる	
34	しすぎたら、			
35	民主自由を現す			
36	ことではない			
37	と思う。			
38	社会や経済、教育など、悪い影響を与える	<主張3> 主張2の補強	社会は混乱し、経済や教育も悪くなる	デモがもたらす悪い影響
39	と考える。			
40	社会は混乱になって、	<言い換え1> 主張3の言い換え		
41	経済力は弱くなる。			
42	学校と社会からの教育も悪くなる。	<言い換え2> 主張3の言い換え		
43	誰でも見たくない	<評価2> 主張3に対する評価	だれも望まない結果だ	
44	結果だ。			
45	だから、	<提言> 主張1〜3の帰結	そうならないようよく考える必要がある	必要なこと 結論
46	台湾のデモはこのような結果にならないように、			
47	台湾人は今度、よく考える			
48	必要があるのだ。			

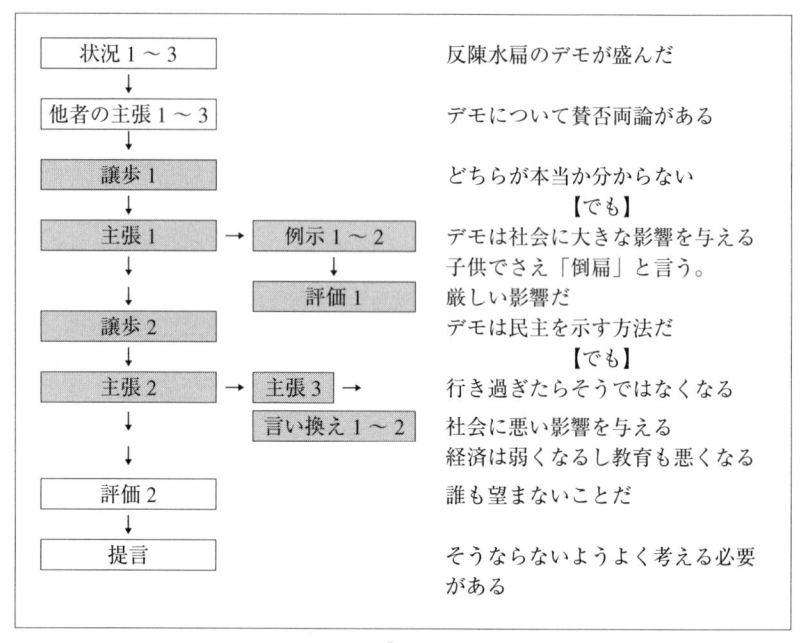

```
状況 1～3              反陳水扁のデモが盛んだ
  ↓
他者の主張 1～3         デモについて賛否両論がある
  ↓
譲歩 1                 どちらが本当か分からない
  ↓                                        【でも】
主張 1     →  例示 1～2   デモは社会に大きな影響を与える
  ↓                    子供でさえ「倒扁」と言う。
  ↓           評価 1    厳しい影響だ
譲歩 2                 デモは民主を示す方法だ
  ↓                                        【でも】
主張 2     →  主張 3  → 行き過ぎたらそうではなくなる
  ↓           言い換え 1～2 社会に悪い影響を与える
  ↓                    経済は弱くなるし教育も悪くなる
評価 2                 誰も望まないことだ
  ↓
提言                   そうならないようよく考える必要
                       がある
```

図7　談話の展開「台湾のデモについて」

　伊集院 (2010) は、「確かに」を用いた主張の表現を分析し、「反対の立場の見解も加味した上で、それに反論を加えることによってさらに自分の主張を強化させるような技能」(p. 101) のことを「譲歩」+「反論」と呼んでいる。上記の (2) はこのパターンに当てはまるが、(1) については、「反対の立場の見解」が示されているわけではなく、この文に「確かに」を加えると不自然な文になる。(1) の論法は、自分が明確な意見を持つような人間ではない、と自分の立場を弱め、そのような自分でも次のことは主張できると述べる論法、すなわち、自分の主張がそれくらい明確で妥当性のある主張だと暗に示すことによって自分の主張を強固なものとして提示するというレトリックであり、＜譲歩 1 ＞は「自説の問題点や限界を指摘したり自説に不利な情報を提示したりする」(工藤・伊集院 2013: 1) ことを行っている部分である。

　以上に述べたように、ここでは「でも」という接続詞が「譲歩を踏み台に

した主張」というレトリックを駆使するために用いられている。この種の論法は、主張を強めて提示できるだけでなく、その主張を行うまでに多様な要素を考慮した、より複眼的な考察を行っていることを示すことができるものである。ここでの「でも」は、図7が示すように、＜譲歩1＞や＜譲歩2＞を受けて、後続文に長く続く＜主張1＞＜例示1〜2＞＜評価1＞、あるいは＜主張2〜3＞＜言い換え1〜2＞を接続し、主張を支持する事例や主張を強化するための補足を行うという、意見文にとって最も重要な部分、すなわち、主張とその根拠を展開する部分で用いられている。

7. まとめ

　本稿では、19名の縦断的なテキストを定量的に調査し、日本語の習得が進むにつれて逆接の接続詞の接続範囲が拡大することを明らかにした。接続範囲が拡大するということは、よりマクロな観点から大局的な関係性を構想しながら談話展開を行う力を獲得したということである。このことがテキストの全体的な構成とどのように関わるのかを調べるため、学生1名の経年的な3つのテキストを定性的に分析し、日本語の習得が進むと共に、よりマクロな観点からの談話構成が可能となり、より複雑で豊かな内容が表現できるようになること、および、より高度なレトリックが駆使できるようになることを明らかにした。以上のことから、接続範囲の拡大という現象が、談話全体の構成力やレトリック技能の習得と深い関係のあることが明らかになった。

　本稿での定性的な考察は1名の学習者の小規模なデータで行われたものであり、それを一般化して述べることができるかどうかは、さらなる調査と検討が必要である。しかし、本稿により、接続詞の接続範囲の拡大が談話構成力を身につけたことの1つの指標となり得るものであることは示し得たと考える。

調査資料

「LARP at SCR」台湾東呉大学研究グループ
（http://webbuilder.scu.edu.tw/builder/web_page.php?web=156&pid=9346）

引用文献

浅井美恵子 (2003)「論説的文章における接続詞について——日本語母語話者と上級日本語学習者の作文比較——」『言語と文化』4: 87–97. 名古屋大学大学院国際言語文化研究科.

安藤淑子 (2002)「上級レベルの作文指導における接続詞の扱いについて——文系論文に用いられる接続詞語彙調査を通して——」『日本語教育』115: 81–89.

石黒圭・阿保きみ枝・佐川祥予・中村紗弥子 (2009)「接続詞の機能領域について」『言語文化』46: 79–94. 一橋大学.

伊集院郁子 (2010)「意見文における譲歩構造の機能と位置——「確かに」を手がかりに——」『アカデミック・ジャパニーズジャーナル』2: 101–110.

伊集院郁子・高橋圭子 (2012)「中国・韓国・台湾の大学生による日本語意見文の構造的特徴——「主張」に着目して——」『日本語・日本学研究』2: 1–16. 東京外国語大学国際日本研究センター.

工藤嘉名子・伊集院郁子 (2013)「超級学習者の意見文における「譲歩」の論理性」『東京外国語大学留学生日本語教育センター論集』39: 1–15.

佐久間まゆみ (1990)「ケース8　文章の構造類型」寺村秀夫・佐久間まゆみ・杉戸清樹・半澤幹一 (編)『ケーススタディ　日本語の文章・談話』94–105. 東京：おうふう.

椙本総子 (1997)「意見文の構造——中・上級学習者の作文における問題点——」『大阪大学留学生センター研究論集　多文化社会と留学生交流』創刊号: 79–92.

田代ひとみ (2007)「中級日本語学習者の意見文における論理的表現」『横浜国立大学留学生センター　教育研究論集』14: 131–144.

塚原鉄雄 (1970)「接続詞——その機能の特殊性——」『月刊文法』2 (12): 20–18.

西由美子 (1998)「日英語の新聞社説における接続表現——文の連接をめぐって——」『言語文化と日本語教育』15: 24–36. お茶の水大学日本言語文化学研究会.

原田朋子 (2005)「接続表現から見た文脈展開——日本語母語話者と上級日本語学習者の小論文比較——」『同志社女子大学大学院文学研究科紀要』5: 103–120.

松田春香 (2014)『中上級日本語学習者の作文にみられる談話構造の変化——台湾人学習者の作文の縦断的分析を通じて——』筑波大学大学院博士前期課程人文社会科学研究科国際地域研究専攻修士論文.

村岡貴子 (1996)「農学系日本語学術論文における接続表現について——農学系日本語教育のために——」上田功・髙見健一・蓮沼昭子・砂川有里子・野田尚史 (編)『言語探究の領域——小泉保博士古稀記念論文集——』447–456. 東京：大学書林.

茂呂雄二 (1982)「児童の文章産出——短作文における文脈形成分析の試み——」『The Japanese Journal of Educational Psychology』30 (1): 29–36.

脇田里子 (2011)「アカデミック・ライティングのための意見文の構造化の試み」『日本語教

育方法研究会誌』18(2): 24–25.
Labov, William (1972) The transformation of the experience in narrative syntax. In William Labov (ed.) *Language in the inner city: Studies in the black English vernacular*, 354–400. Philadelphia: University of Pennsylvania Press.
Labov, William and Joshua Waletzkey (1967) Narrative analysis: Oral versions of personal experience. In June Helm (ed.) *Essays on the visual and verbal arts*, 12–44. Seattle: University of Washington Press.

付記

　本稿で使用したコーパスは、台湾国科会専題研究計画「台湾日文系学生日語習得縦断式研究」(NSC94-2411-H-031-010; NSC95-2411-H-031-010; NSC96-2411-H-031-020; NSC197-2410-H-031-038-MY3、代表者陳淑娟) の成果である。

対談

日本語の教育と研究の間(あわい)
――来し方と行く末――

砂川有里子　白川博之

それは1980年代から始まった

白川：砂川さんとは、1980年代中頃から始まった「軽井沢合宿」以来のお付き合いですね。あの合宿はどんな経緯で始まったんですか。

砂川：野田（尚史）さんと時々会いたくなって、寂しいねとか言って、じゃあみんなで会おうよって。それだったら、関東と関西でいろんな人たちが合宿できるような場を考えない？って言って、大阪外大と筑波大学と阪大（大阪大学）と、その当時の都立大、だいたいそのぐらいから始まったんです。軽井沢に集まって、丸二日ぐらい、ばっちり。研究会をやって、あとは朝まで飲む、というような。

白川：花火やってね。

砂川：花火やって飲んで騒ぐっていう、そういうのを恒例行事にしていたわけですよね。

白川：やりましたね。楽しかったですね。

砂川：あのとき、楽しかったですね。日本語教育の人たちもたくさん集まっていたし、対照言語学とか日本語研究の人たちも集まっていたし、いろんな人たちが来ていましたよね。

白川：そうですよね。それでそのときいっしょに合宿していたような人が今も、日本語研究でも日本語教育でも中心で活躍していらっしゃいますよね。

砂川：そうですね。あのとき飲んで騒ぎながら、いっしょに遊びながら勉強したっていう絆がすごく強いので、垣根が低くなって、いろんな人と話しやすくなって今でもと

ても助かってます。
白川：本当に。あのとき中心になっていたのは砂川さんと野田さんと蓮沼（昭子）さんでしたかね。
砂川：そうですね。
白川：それが、1985年ぐらいで。だから、計算すると、30年近く…
砂川：お付き合いがあるんですか。
白川：そうなりますね、いつの間にか。それで、その2年後ぐらいに筑波に赴任してこられたんですよね。
砂川：そうですね。
白川：ちょうど、いろんな新しいことが始まっていた時代で。明治書院の『日本語学』も発刊されて。あのときも、おっ、ついにこういう時代が来たんだなんて思いましたよね。あれが82年か、3年かでしたかね。
砂川：そうですね、そのぐらい。だからそれまでの70年代っていうのは、本当に日本語教育の参考書もなければ、文法書も満足にないところで始まっていて、80年代になってようやくそういうものが少しずつ整い始めたくらいの時代ですね。
白川：ぽちぽちね。
砂川：そうですね。そういう意識が芽生えてきたっていう感じで。
白川：そんな感じですよね。森田良行さんの『基礎日本語』が出たのが

80年代中頃、寺村秀夫先生の『シンタクスと意味』が…何年でしたっけ？
砂川：82年？
白川：まだ目新しい。
砂川：そう。だからそういう意味で寺村先生は、日本語教育のための文法書を書かなきゃっていう、高揚した気分を持っていらしたと思うんです。自分がやらなきゃっていう。なかったんですからね、そういうのが。
白川：本当にそうですよね。それを迎える側もそうで、『シンタクスと意味』の帯にはなんだったかな、「日本語教育の現場から生まれた新しい日本語文法」みたいなことが書いてありましたよね。
砂川：うん。だから、あとで益岡隆志さんの本だったか、こんな立派な本が出たのに、それが『国語学』や何かの書評で取り上げられてないってことが書いてあって。ああそうだったんだなって改めてびっくりしたんだけれども。その当時、日本語教育っていう分野がまだ胡散臭い分野っていう風に学界の中では受け止められていたんだろうと思うんです。そういうジャンルもまだ確立していなくて。寺村先生がそれを表に謳ってご本を出されたことは大きな意味があるんだけれども、それがまだ十分に

日本語研究の分野では受け止められなかった…

白川：そういう時代ですよね。『国語学』の展望記事に、やっぱり胡散臭いと思われていたんでしょう、ゲリラ派の研究とか…

砂川：ああ、尾上先生ね。尾上圭介先生がそういう風に。悪い意味じゃないんだろうけど、ゲリラ派っていう風に書かれてね。

白川：要するに、正規軍ではないわけですよ。

砂川：そうですね。ゲリラ派っていうのはいわゆる国語学の伝統から切れてるっていう感じなのかな。

白川：たぶん。しかもおもしろそうなところをつまみ食いしてやっているみたいな印象なのね。

砂川：そうなんでしょうね。

白川：軽井沢の合宿でだって、渡辺実先生の『国語構文論』なんかを…

砂川：一生懸命読みましたよね。

白川：ね。そういう時代ですよね。だから、日本語教育にも役に立つような文法が世の中に出て来始めた。だけど、あんまり十分に認知されていないっていうような、そんな時代でしたよね。

砂川：そうですね。

日本語の教育も研究も

白川：さて、砂川さんといえば、一言でまとめるとすると日本語教育と日本語文法研究、両方にわたって活躍してこられた方というふうに見ているんですが、ご自身はどのような感じですか。

砂川：私は出発点は日本語教師で、日本語教師っていうのは文法に限らず、なんでもやらなきゃいけないんですね。本当はちゃんと音声学も、語彙論も、会話のコミュニカティブな側面もやらなきゃいけないから、どこからでもよかったんです。それがたまたま寺村先生と出会ったことで、文法の世界って本当に魅力的だなって思えて、文法から取りかかったんだけれども、私の意識としては、文法だけが私の研究ジャンルだっていう風にあんまり狭めて考えたくないようなところもある。とはいえ、力がないからずっと文法をやってきたというか（笑）、そういう感じかもしれないですね。

白川：なるほどね。

砂川：だからそういう意味ではいわゆる正統的な研究者の歩むような道は歩んでいないというか、歩めないのかなと思うんです。修論を書いた後に…

白川：テンス・アスペクトでしたっけ。

砂川：そう。その後もテンス・アスペクト以外のことにちょこちょこ手を出していたものだから、田中章

夫先生に怒られたことがあって。「砂川さん、ちゃんと研究者になるつもりだったら、あなた動詞から始めたんなら、動詞研究の砂川っていわれるくらい動詞を極めなさい。」って言われたことがあります（笑）。でもやっぱり日本語教師だから、べつに動詞だけに興味があるわけじゃなく、副詞だって何だってみんな興味を持っちゃうので。

白川：（笑）。日本語教育の世界でも、だいぶ時代が下がっちゃいますけれども、学会の学会誌委員長までなさいましたし、理事もなさったんですかね。

砂川：そうですね。

白川：一方、日本語文法のほうでも、日本語文法学会の委員もなさっていましたよね。

砂川：はい、大会委員長をやりました。

白川：そうそう、大会委員長をなさってて。学会誌もやられましたかね。

砂川：学会誌はやらなかった。学会誌は『国語学』の時代、まだ日本語学会って名乗る前、国語学会っていう名前がついてきたときと、日本言語学会の学会誌。

白川：編集委員をなさっていた。

砂川：そうですね。

白川：すごい。なかなかそういう方は多くはないんじゃないかと思うんですよね。

砂川：今は、日本語教育が専門分野が特化しちゃって、私みたいになんでもやるタイプは少なくなってるでしょう。

白川：すごく少ないですね。

砂川：習得なら習得、教授法なら教授法、文法は文法とか。そういう専門領域が深く狭くなっているような気がしません？

白川：そうですね。

砂川：本当は語学教師って何でもやらなきゃいけないはずなんだけど、学問の内容がそれだけ深まったっていうことなのかなぁ。一人で何でもやるほどの浅いものじゃなくなってきて、それこそ一つのことを深めるかたちで進まないと、そこが究められないっていう雰囲気が強くなってきているような気がするんですけど。

白川：そうですね。でも、本当に昔の方は日本語教育も、日本語学も両方なさっていましたよね。

砂川：私、寺村先生は一番最初、ものすごくえらい言語学者だと思っていたから、まさか日本語教育にこんなに力を入れる方だと思っていなかったんです。ずっと（大阪）外大にいらして日本語を教えていらっしゃるというのは存じ上げていたんだけれど、それでも寺村先生は英語学から入った新進気鋭の日本語研究者、言語学者だってい

うイメージがずっと強かったんですね。あとになって、寺村先生は実は日本語教育にものすごく造詣が深いどころか、日本語教育のために文法研究をされている方だってことがわかって、びっくりしたというか。佐治（圭三）先生もそうだし、そういう方があの時代何人もいらっしゃいましたね。

白川：佐治先生は大阪大学の講座でいうと、日本語教育の方にはりついていらしたんですよね。でも、どっちにいらしてもおかしくないような。現代日本語学の方でもいいし。

砂川：だから、国語学とか日本語学の伝統をきちんと踏まえてらして、そのうえで日本語教育についての応用研究も一生懸命やるっていう、そういう方が多かったような。どちらかというとそういう方が日本語教育を背負っていた時代なのかな。

白川：そうですね。

砂川：大学の先生で、もともとは国語学とか言語学っていうバックグラウンドを持っていた方が、日本語教育を徐々に担うようになっていった。需要が出てきたので、そういうフィールドに入るようになってきたっていう時代だったのかもしれない。

日本語教師こそ研究に有利

白川：それを考えると、現在は日本語教育と日本語学の関係がずいぶん様変わりしましたよね。

砂川：そこがわたしも残念で。あまりに皆さんが狭い専門領域におさまってしまって、お互いコミュニケーションもなかなかできない状態かなっていうのが残念ですね。

白川：そうですね。それで、先生がそんな感じだから、学生の方はもっとだよね。それもおかしいんだけれども。先生はそうであっても学生はそうじゃないってこともあってもいいと思うんだけど、でもやっぱりどうしても先生の影響が大きいから。

砂川：そうですね。研究会を開いても違う領域の学生が発表するときには来ないっていうようなこともあるのかもしれない。なかなかコミュニケーションが難しくなってきていますね。

白川：そうですね。軽井沢の合宿なんて、みんないろいろなことを聞いて、耳学問していましたよね。

砂川：関係ない領域でも意見をばしばし言ってましたよね。物怖じしないで。

白川：そうですね。

砂川：ああいう雰囲気、懐かしいね。

白川：そういうことの象徴的な言葉と

して、寺村先生の言葉で僕、すごく印象に残っているのがあって。追悼文集に斎藤實さんっていう方が書いてらしたんですけれども、「私が日本語教育に興味を持ち日本語の教師になったのは、日本語という言葉をもっとよく知りたかったからなんです」と。それを読んでへぇーっと思ったんです。普通の人の反対ですよね。

砂川：まったくそうですね。

白川：普通の人は、日本語の先生になりたいから日本語の文法とかを勉強しなければいけないってなりますけれど。寺村先生は逆ですよね。

砂川：やはり寺村先生はそういう意味では言語学者なんだと思うのね。言語学者で、自分の言語学、日本語をフィールドとする言語学を極めたい、そうするには日本語を教えてみるっていう経験がすごく有利だっていうことをご存じだった方なんじゃないかな、と。

白川：ああ。

砂川：実にまた日本語教師って有利な立場にあるんですよね。私の場合は最初に日本語教師という職に就いて、はじめて日本語って面白いなぁって思って。そう思わせられたのは、やはり寺村先生が感じられたのと同じように、外国の人がいろんな質問をしてきたり、いろんな間違いを犯したりして、それを私が上手く説明できない、説明する言葉も理論も体系も持たないっていうところに気がついたから。だから私は日本語が面白いなって思ったんだけれど、寺村先生はそれよりも先に言語研究をしたいっていうお気持ちからそういうところに入られたので、入り口がずいぶん違う。

白川：そうなんですかね。やっぱり言語に対する興味が先にあったんですかね。

砂川：英語の先生でしょ、寺村先生は。それでアメリカに留学されたわけじゃないですか。きっとアメリカ留学中に母語の問題にいろいろ気がつかれたんじゃないかしら。アメリカに留学するといろんな留学生もいるだろうし、そこで日本語について聞かれることも多いでしょ、おそらく。外大で日本語を教えられ始めたの、いつのタイミングですか。

白川：65 年じゃないですか。

砂川：留学から戻ってらして、かな。

白川：うん。それで、林栄一先生に声をかけられて。

砂川：あ、そうか。それまでは英語の先生をされていたけれど、そこで、日本語のほうに変わったわけですよね。だからすごくいいタイミングだったんじゃない？

教えるには研究が必要だった

白川：だから本当に、時代が変わったって思うんですよね。うちの学生を見てても、日本語を教えることに興味がある学生はいますけれども、それを通じて日本語が面白くなってとかいう学生はあまりいないですね。

砂川：まだ教えてないからじゃない？

白川：いや、教えてても、です。

砂川：教えてても？

白川：うん。だから、そのへんがよくわからないんですが。私ももう25年くらい広島大学で教えてますんで、だんだんわかってきたんだけど、自分が面白いと思うほど学生は面白く思ってくれないのかな、なんて、この頃。

砂川：そうかなあ。

白川：やっぱり、なんていうのかな、ちょっと当たり前のことになりすぎちゃってるのかな。

砂川：日本語教師というのが社会的に職業として認知されて。そういう職業があるってことがみんな分かっているから、中身はよくわからなくても日本語教師になりたいって大学に入ってくる子、けっこういるでしょ。で、そういう人たちは、まだ内発的な動機ってないんじゃないの？　教える経験を積んでいくうちに、これが説明できない、あれがわからない、ここのところで学生に突っ込まれて立ち往生した、とか、そういう経験をふみながら勉強したくなってきて、もう一回大学院に戻ってくるとか、これが研究したいっていうテーマがはっきりするとかって。そういうことで、学部時代にちょっとアルバイトで教えたりボランティアで教えたりしているくらいだと、まだなかなか自分の中でそういう興味が沸いてこないんじゃない？　だから、こっちが面白いぞーって言わないと（笑）、なかなか面白いと思ってくれない、みたいなところはある。

白川：むずかしいですね。うーん。寺村先生はよくそういうことをなさっていて。だけど私も寺村先生の真似をしてそういう授業運びをするんだけど、やっぱり昔のわれわれと違ってあまり乗ってくれないというのか、あれは不思議といえば不思議ですよね。やっぱり、日本語の文法規則なんかも、自分で考えなきゃいけないというような時代だったんですかね。

砂川：そうですよね。参考書とか何もなかったからね。本当に、明日の授業で説明するために、新聞でかたっぱしから「ように」と「ために」にマーカーをつけて、用例を集めて、分析して教えたっていう

のを覚えてる。

白川：そうですか。

砂川：国語辞典を見ても、なにを見てもぜんぜん分からなくて。「ように」と「ために」っていうのを両方教える教科書で一気に出てきちゃって。これ、質問を受けたらどうしようって思って。もう新聞を片っ端から調べて用例を引き出して。必死になって考えたね。そういう時代だったの、なに説明するにも自分で調べなきゃって。だから、『(日本語)文型辞典』を作ったじゃないですか。『文型辞典』を作るときに、そのような経験から、国語辞典はあまり参考にならない、と。参考になるのはいろんな中級レベルの日本語教科書だったんですね。それも1冊じゃ出てない可能性があるから、10冊ぐらい並べて、明日教える1つのテーマを探し求めたので。それで、最初は教科書の索引を作ったんです。

白川：はい、覚えてます。くろしおからのね。

砂川：それは、自分が調べるときにあまりに大変だったのね。机の上に10冊も教科書を並べて、片っ端からそれを見ていくっていうのが。だから索引を作ったら多少はいいかなと思って作ったのが始まりで。それで、索引を作っちゃったら、どうせなら中身も書こうかみたいなノリで始めたの。

白川：なるほど。今おっしゃったようなものは、中上級ですか。『文型辞典』は主に中上級でしょうけど。中上級はもちろんそうだし、初級だって、受身なんていうすごく基本的なことでも、益岡さんの受身の論文が出て、おおーって思うような。

砂川：そうね。その前はやっぱりアルフォンソさんの教科書を読むとか。

白川：(笑)

砂川：ICU「Modern Japanese」の受身のところでなんて説明してあるかなっていうのを見るとか。そんな感じで、日本語の教科書を見ながら説明しなきゃいけなかった。他に参考書がない時代だったからね。

白川：だからある意味、やっぱり日本語教育と日本語研究の距離がすごく…

砂川：近かったんですよね。日本語研究しなきゃ日本語教育ができない時代だった。今は、お膳立てが整いすぎちゃったのかな。

白川：整いすぎていますね。ある意味ね。

砂川：研究しなくても参考書をぱっと見て、ぱっと教えられるから、そこまで深くやる人が少なくなってきちゃったのかもしれない。

まだまだ研究することはある

白川：それでまた母語話者っていうのは、ある程度できている説明を見ると妙に納得しちゃうんですよね。分かった気になっちゃう。でも、それが学習者にとっていい説明であるかどうかは、わかったもんじゃないですよね。

砂川：それで、非母語話者の先生たちも、参考書に書いてあるものが本当に正しいかどうか吟味しないで。書いてあるから教えているみたいなところもあるでしょ。本当かなっていうようなことを教えているっていう。

白川：うーん、非母語話者の場合は、また母語話者とは違う難しさはあると思いますけどね。直観がうまく働かないから、反例が作れないとか。だけど、まだまだやるべきことはあると思うんですけどね。どのレベルでも。

砂川：どのレベルでもね。初級文法で教えた同じ形式が中級上級に進むにつれて、いろんな用法を持ってくるでしょ。そういうようなところはまだ全然記述されていないし。日本語教育の中でもやらなきゃいけないことはまだまだたくさんあると思うんだけどね。

白川：庵（功雄）さんたちが書かれた中上級のハンドブックなんてそのへんのことをね。

砂川：そう。書いても書いても書かなきゃいけないことは出てきますよね。

白川：だから、そういう意味で野田（尚史）さんが10年前ぐらいに、もう耕す土地がなくなっちゃったという言い方でおっしゃってたけど、そんなことはないと僕は思うんですね。どうでしょう？

砂川：野田さんがどうしてああいうことを言ったのかがよくわからないけれど、ある意味で体系的な文法カテゴリーがかなり整備されてきて。それまでは本当に手探り状態で、こういう文法カテゴリーにこういう現象があるというようなことを記述していくことで日本語の記述文法が整備されていった時代だったじゃないですか。そういう意味での整備がある程度完成したっていう意味だったのかな。それ以上なにか体系的に面白いことを言うとか、理論的になにか新しい発見をするとかいうのが非常に難しくなってきた。

白川：体系的にはそうかもしれない。

砂川：大きなパラダイム転換をしないとなにか新しいことが言いにくくなってきた、とか。そういう意味では確かに難しくなってきたと思うんです。そういう研究をしようとする人にとっては。

白川：だけど網羅性を追求するのであ

れば、まだまだ…
砂川：まだまだやることはいくらでもあるわね。
白川：あるし…体系性だってもうちょっと見直すことはありうると思うんですけどね。いや、ちょっと元気が出ました（笑）。

日本語教育と日本語研究の乖離

白川：ちょっと話を進めさせていただきますけれども、今までの話でもちょっと出てきていますが、日本語教育と日本語研究とがだんだんと離れ離れになりつつあるんじゃないかという。寺村先生の活躍されていた時代の状況と現在の状況が違うということもあると思うんですけれども。さっきおっしゃってくださいましたけど、だいぶ整備されてきたから自分で考える必要はなくなった、とみんな思ってるというかね、正確に言うと。ほかにもうちょっと考えると、どんなことがあると思われますか。

砂川：寺村先生の時代はやっぱり文法シラバス全盛期だったんですよね。そのちょっと前はオーディオリンガルメソッドがすごく盛んで。寺村先生のあたりにコミュニカティブというようなことが言われてきたけれども、それでもやっぱりシラバスは文法シラバスが強くて、機能シラバスとかノーショナルシラバスっていうのがぼちぼち出てきつつあった時代。だからやっぱり教えるときに文法がすごく重視されていた時だったんだろうなと思うんですね。

白川：なるほど。

砂川：それが今はもういろんな理論が出てきていて（笑）。ファンクショナルもノーショナルも飛び越えて、ナチュラルアプローチだ、今はフォーカス・オン・フォームだのなんだのとかね。

白川：フォーカス・オン・フォームはわりと文法屋にとっても…

砂川：わりと文法寄りになってきた、揺り戻しが来たっていうことかな。あまりにイマージョン教育なんかで問題が起こりすぎて、おそらくそういうのを踏まえてフォーカス・オン・フォームが出てきたんだろうけど。でも、教え方もタスクベースド・インストラクションとか、いろいろなものがあって、日本語教師の方もちょっと振り回され感があるんじゃないかしら。その都度、どこに自分の立ち位置を置いていいかわからない。文法だけやってたんじゃいけないって言われちゃうから、もっとほかのこともやらなきゃみたいな感じでとまどうとか、それとあと習得研究もすごく深まりを見せて

きたので、文法研究だけじゃなくて文法習得の問題もあるだろうし、文法以外の習得研究もこれからいろいろ出てくると思うのね。

白川：文法だけやってたんじゃだめっていうのはわかりますけれども、そもそも文法をちゃんと分かった上で、っていう意識がちょっと薄くなっているような気がするんですけど、いかがでしょう。

砂川：それはものすごく感じる。自分の教えている学生にも。本当は文法をちゃんと修めた上で、いろいろ新しいことをやってよねって思うんだけど。だって教えるときに文法を知らないで教えたら、教科書や練習問題も書けないでしょ、と思うけれども（笑）。とんでもないことだと思います、本当に。

白川：そうですね。

砂川：参考書を調べれば、今はずいぶんいろいろなところで手軽に答えが見つかるから、そんなに文法文法って言わなくても教えられるけれども、でも教育現場では実際、参考書にも書いてないいろんな問題にぶちあたることなんていくらでもあって。そういうときにちゃんと、文法の問題だったらこういう本を調べて、それでわからなければ自分でこういう用例を探してっていうような形で深められる力を持っていないと困るなって思って。

白川：要するに考え方の問題ですよね。知識じゃなく。

砂川：知識じゃなく、そういう力をつけたいから、やっぱり文法もやってねって言いたいわけ。やるところはやってね、修めるところはちゃんと修めておいてね、そうじゃないとそういう力もつかないでしょっていう風に思うんだけど。

白川：まったく同感ですね。だけど日本語教育の世界では、そういう考えはすごく少数派になってきて。

砂川：保守派になってきちゃって。

白川：守旧派っていうのかな。

砂川：守旧派（笑）。

白川：どうなんでしょうかね。

砂川：化石派（笑）？

ノンネイティブから学ぶもの

砂川：でも、海外で日本語を教えているノンネイティブの先生たちは、やっぱり文法がないと教えられないんじゃない？

白川：いや、だからむしろ海外の先生のほうがご自分でそういう研究をなさる方多いですよ。

砂川：だからそういうところからまた新しい風が起こってくるかもしれないし。

白川：ぜひ起こって。

砂川：筑波にもたくさん留学生が来て

るでしょ、博士課程などで。そういう人たちががんばっていい文法研究をしてくれるんじゃないかと思うんですけど。

白川：そうですよね。ノンネイティブのね。

砂川：ノンネイティブの研究者たち、そこに学ぶものが私たちもたくさんある。

白川：それは本当にそうだと思います。それは私自身の課題だとも思いますけどね。留学生の研究指導をしていて、いつも悩むところですけど、われわれ自身はネイティブスピーカーなわけじゃないですか。指導している相手はノンネイティブで。だから実は、これ、なかなか指導するのが難しいんですよね。だから本当に共同作業っていうのかな、ネイティブ同士でも共同作業は共同作業なんだけれども、相手がノンネイティブの場合はやはりこちらも勉強させてもらうって言うかね。どういうところがどういうふうに分からないのかっていうのを教えてもらうすごくいい機会だと。私も以前すごくそういう点でいい学生がいましてね。自称「わがままな学習者」っていうんですけれども、要するに、わからない、わからないっていい続けるんですよ。これ、うれしいですよね。そういう説明じゃ

わからないって言ってもらいたい。こちらはわからないことがわからないわけですから。そのギャップを埋めていく作業がすごく大事なんだと思いますね。

砂川：そうね。研究者じゃなくても、日本語学習者でもやっぱりこちらが一生懸命教えて、もう間違えないだろうと思ったらまた間違えてくるっていうような場合、なにか教え方にまずいところがあったわけで。なんでこういう間違いを犯すかなっていうようなところからまた面白い研究が始まったりするじゃないですか。

白川：そうですね。だからノンネイティブから学ぶことってすごく多いと思うんだけど。でも、いわゆる誤用研究、誤用分析っていうのは下火になっちゃってますよね。

砂川：そういえば誤用分析で思い出した。寺村先生の誤用例集をプラシャント（・パルデシ）さんが（国立）国語研究所から検索できるように電子化してくれましたよね。本当に寺村先生はものすごく早い段階から、いわば学習者コーパスの走りみたいなものを考えてらして、その必要性を痛感していらしたんだと思うのね。今でもぜんぜん誤用例研究は色あせてないと私は思いますよ。

白川：そう思うんですけどね、なかな

かそれが伝わらないっていうかな。誤用分析研究は習得研究のほうに発展的に解消したんだというふうに捉えられているんじゃないですか。

砂川：でも文法研究や語彙研究にとって、誤用例ってものすごく大切じゃないですか。

白川：本当にそうですよね。

砂川：誤用例研究が下火っていうことはぜんぜんなく、私もいつも誤用例集にお世話になっています（笑）。今誤用例のデータベースがいくつか出てきてすごく助かってるし。で、習得研究の方たちがいま一生懸命学習者コーパスを作ってくださろうとしているでしょ。それは習得研究に役立つだけじゃなくて文法研究にもすごく役立つし、語彙研究にも役立つし、非常にいい流れだと思ってるんですけど。

白川：それ、もうどんどん学界に向けて発言してくださいよ。

砂川：はい（笑）。だから私もせっかく学習者コーパスが整ってるんだったら、それを使った研究をやってみたいなあ、って。今、そのやり方を自分なりに編み出していけたらいいなあって思ってるんだけどね。

白川：そうですね。学習者コーパスを使った日本語研究ですよね。習得研究ももちろんできるけれども。

砂川：習得研究というか日本語研究ですね、私がやるとしたら。習得研究ってどうやってやったらいいのかわからないので（笑）。

白川：私もよくわからない。

砂川：どうしても学習者コーパスを使った語彙研究とか文法研究とかってなってくると思うけれど、やってみたいなあって。

白川：それはどんどんキャンペーンを張っていただきたいぐらいですね。

砂川：はい。私のこれからの課題にします（笑）。

教育文法とレファレンスグラマー

白川：では、次に日本語教育文法について。いつごろからですかね、日本語教育文法ってことが言われ始めましたよね。

砂川：これは結構最近のことで。

白川：割と最近ですよね。でももう10年ぐらいにはなりますかね。

砂川：野田さんの本のタイトルが初めだったっけなあ。あれが2005年だっけ？　もう8年。

白川：阪大でのシンポジウムがあったのが2003年でしょ。だからもう10年。もちろん日本語教育文法っていう考え方、ペタゴジカルグラマーっていうのはもう大昔からあるんだろうけど、こういう形で特

に取り上げて言われるようになったのはここ10年ぐらいですね。

砂川：そうですね。

白川：まあいろんな流派があるみたいで。

砂川：寺村先生も実用文法っていう言い方をしていたじゃないですか。寺村先生の実用文法のイメージには、やっぱり外国人の人たちが日本語を学ぶときの参照文法、レファレンスグラマーでしっかりしたものを作りたいっていうお気持ちから実用文法って言ってらしたんじゃないかなと思うんですね。先生も辞書と文法書があればその言葉が使えるようになるような、そういう文法書を書きたいって思ってらしたと思うので、そういう意味では寺村先生の実用文法と今の教育文法っていうのがどう違うのかですよね。

白川：うん。だけどたぶん、現在の全ての流派の日本語教育文法の人は寺村先生の文法は日本語教育文法だとは思わないでしょうね。

砂川：うーん、どうなんだろう。今の日本語教育文法っていうと、もう少し目的が特化されたもの、たとえば、会話のための文法とか、日本の生活者のためのやさしい日本語教育文法とか、すごく目的別実用文法みたいな感じがするんです。寺村先生のはそうじゃなくて、そのベースに流れるもう少し一般的な日本語全体を体系化して、わかりやすく外国の人たちに理解できるような形で示すっていうのが寺村先生の実用文法だったんだけど。今の教育文法は読解のための文法とか、会話のための文法とか、そういうのが言われている教育文法のイメージなのかなって気がするけど、違いますか？

白川：大雑把に言えばそんな感じでしょうね。だから本当の意味での実用文法って言うのかな。

砂川：教えるときの特定の学習者を想定し、特定の学習環境を想定したなかで、その拠って立つ文法みたいな特化した形の文法なので、いわゆる実用文法がベースになっているんだと思うけれど、それの特別な形態みたいな、目的別みたいな感じ。レファレンスグラマーっていうのは体系的なものだから、体系的に示すためにそれなりに特殊な用語というか、文法用語とか文法カテゴリーとかをたくさん準備しないと書けないけれども、教育文法っていうのは目的別だから、そういうものをあんまり出してはいけない目的のときもある。そうなってくるとまた書き方は若干変わってくるけど、それでも全体の日本語の体系をにらんだ上で、どうそれをやさしく噛み砕い

て示すかっていう方向性になっているんじゃない？
白川：その辺りからして微妙に考え方の違いがありそうですけどねぇ。
砂川：うーん。これだけが日本語教育文法だっていうのは言ってもらっちゃ困る。むしろね。日本語教育文法っていうのはこういう実用的な文法の寄せ集めよ、みたいな感じで捉えてもいいんじゃないのかなと。
白川：菊地康人さんが「もうひとつの日本語教育文法」というパネルセッションをやられたことがありますけど、もうひとつどころじゃない、もう三つも四つもあってもいいということですね。
砂川：複数形で。はい。
白川：なるほど。まあ多様性ということを考えれば、それは納得がいきます。じゃあ、それを認めたうえで、でも、そうするとレファレンスグラマーというのは、やっぱりいろいろな教育文法からちょっと離れたものとしてあるんでしょうかね。
砂川：私のイメージでは、そういうもののベースを作るのがレファレンスグラマーなのかなって。そういう意味でいいレファレンスグラマーがあれば、それぞれの目的別教育文法が作りやすいだろうなあって思いますけどね。

白川：日本語教育文法についてどう考えてらっしゃるかを伺おうとしたんですけれども、そうすると、別に対立するものじゃないと。
砂川：うん。対立するものではない。
白川：ということですね。むしろ、その上でやっぱりレファレンスグラマーみたいなのを充実すべきだっていうお考えも強くていらっしゃる。
砂川：そう。完成形っておそらくないと思うから。どれだけ講座本が出ても、やっぱりそれを改良する努力はいつも続けなきゃいけない。
白川：そうですね。われわれが日本語記述文法研究会で構想していた段階で引き合いに出されたのが、クワークの英語の *A Comprehensive Grammar of the English Language* なんですけれど。たぶんそこに追いついていないかもしれないですね。英文法に比べるとまだ日本語文法は記述が荒いと言うか、分からないことが多すぎるような気がしますけど、どうですか。
砂川：いやごめんなさい。クワークの文法書を知らないので比較はできないんだけれども。
白川：具体的に言うと、われわれが英語を勉強するときにわからないことがあったとき、英語だったらこれを見ればどこかに書いてあるっていうのがある感じがするんで

す。大きい本を見れば。でも日本語はまだその段階にいっていないんじゃないですかね。

砂川：一冊これがあればだいたい80％ぐらいわかるよっていうのは日本語にはないですね。

白川：それから、振り返ってちょっと反省すべきだと思うのは、ある程度それまでに比べたら詳しいものは出来ていると思うんですけど、やはり学習者の視点というのが絶対的に足りないですよね。私、科研費の研究でその記述文法の一部分を学習者とか日本語の先生とかに見せて、批評してもらうということをやったんですけど、ずいぶんいろいろと厳しいご指摘をいただきましたよ。

砂川：たとえばどういうのが出てきたの？

白川：いやいや（笑）。具体的にはよく覚えていないですけど、やはり特にノンネイティブの方にとってはまだ甚だ不満足だ、知りたいことが書いていない、と。

砂川：何かが言いたいと思って、表現したいと思って調べても、だめ？

白川：知りたいことが書いてない。だから私も前から主張しているんですけど、詳しく書けばいいってものじゃなくて、やっぱり書くべきことを書かないといけない。その掘り起こしのために、やはり先ほどの話にもちょっとつながってきますけど、学習者言語の観察、分析がやっぱり必要なんだなあって思います。英語はそういうのが進んでいるんじゃないかと思うんですよ。もう世界中に英語学習者がたくさんいますし、歴史も長いですしね。

砂川：日本語の場合圧倒的に英語と需要が違うので、出版社なんかもそんなにお金を出してくれないじゃないですか。たとえば英語の辞書だとオックスフォードとか、ああいうところはもう専属の職員さんを抱えて、専属の研究室もあって、そこがもう辞書研究所みたいになっていて。すごいですよ、研究者を抱えているわけですから。そんなの日本語教育では望みようがないじゃないですか。そんなことをやってたらつぶれちゃう。だから、日本語教育の場合、そこまでなかなか望めないので、みんなが努力して自分のできる範囲で最善のものを出すしかない。似たものでも少しでもいいものをちょこちょこ出すしかないんだけど。

白川：なるほどね。

日本語教育学界の現状

白川：では、ちょっと話題を変えまして。冒頭にも言いましたけど、砂

川さんは日本語教育の世界にも深く関与していらしたわけですが、どうでしょう、最近の日本語教育学界の現状をどうご覧になっていますか。具体的にいうと、学会の大会とか、研究集会なんかのテーマを見ていましても、文法関係のテーマが以前よりすごく少なくなっていますよね。だけども、文法に関して日本語教育の現状に問題がないかというと、全然そうじゃないと思うんです。まだまだ改善の余地があると思うし、もっというと、日本語教育をもう少し改善するためにも文法が研究されないといけないと思うんですが、そうだとしたら、どのような形で取り組んでいったらいいか、心がけだけでもいいですから、お考えをお聞かせいただけないでしょうか。

砂川：（笑）。なにか打ち上げ花火でもやりますか（笑）。

白川：ええ、もちろん。

砂川：SIG（テーマ領域別研究会）みたいなものがありますよね。日本語教育学会などに文法関連のSIGをみんなで作って、文法関係者で語らって危機感を共有して。一人ではできないので、みんなで自分の得意分野のSIGをいくつか立てるとか。そういう打ち上げ花火構想かなあ。あとはなんでしょう

ね。実際に自分のところの学生を見ていても、やっぱりものすごく日本語教育に行く人達の興味や関心が多様化しているので、児童の日本語教育をやりたいとか、それから音声指導の方をやりたい、もっとコミュニカティブなものをやりたい、教材を作りたい、といろいろ多様化して。学部レベルでも院レベルでもそうなんですね。それを文法に目を向けさせるっていうのもなかなか容易ではない。こちらが門構えを組んでお店を出していてもなかなか寄ってきてはくれないというところがあるので、やっぱり文法は必要だよっていうキャンペーンを張っていかないとどうしようもないのかなと思うんですね。

白川：ただ、あまりにも文法に対する不信感が強くて、だから文法を教えてたんじゃ日本語はできるようにならないっていうビリーフができちゃってるような感じなので、このビリーフを突き崩すのがすごく難しいと思うんですよ。

砂川：そうかなあ。そうでもないような。

白川：そうでもないですか。

砂川：学生たちに教えさせてみると結局こちらが文法シラバスで教えるなといっても、文法シラバスで教えたがる学生がいまだに多い。そういうのと文法研究をしようとい

うのとはちょっと違う話かもしれませんが。

白川：でもぜんぜん矛盾しないと思うんですよ。つまりこんなことをやってもだめだなと思いながら、たぶん教えてるんじゃないですか、文法シラバスで教えてたとしても。それをやっぱり文法は必要なんだって思ってもらうためにはどうしたらいいのかなって僕もずっと悩んでいるんですけれども。

砂川：そうね。私もあんまり成功してないです、その点は（笑）。

白川：（笑）

砂川：自分のところの学生で文法ファンが作れていないからね。

白川：なんかね、多様化っていうのが妙なエクスキューズになっていると思うんですよ。だから文法に対する批判をするときにも必ず出てくるのが、多様化した日本語教育っていうものですよね。昔だったらそれでいいかもしれないけれど、今はそうじゃないっていう論。それをどう思われますか。

砂川：やらなければいけないこと、目を向けなければならないことが多すぎる、本当に日本語教師は手が10本あっても足りないっていうところは、たしかにその通りだと思うんです。だから、そういうところに持ってきてあなた文法研究しなさいって言っても、あんまりアピールにならないのね。

白川：だけど、文法研究しなさいっていうのは、先ほどのレファレンスグラマーみたいなものを言っているわけじゃないですよね。それこそ多様性に応じていろんな文法研究っていうのがあるはずで。

砂川：野田さんが飽和状態って、どういう表現で言ったの？

白川：もうみんな研究され尽くしちゃって耕す土地がない、という。

砂川：そういう感覚はあるんだろうと思うのね。文法をやるとものすごく大変で、どういうジャンルを究めようとしても、ものすごくたくさんの論文、先行研究があり、そこで自分達が出来ることは何なんだろうって。最初からそういう無力感を感じてしまう、そんな空気は確かにあると思う。そういったところで、文法は難しいという意識を持っちゃったんじゃないかな。

白川：だけど、なにも研究してくれって言ってるわけじゃないわけですよ、論文を書いてくれとか。だけれども研究心を持ってもらいたい、と思うわけですよね。

砂川：そうね。ちゃんと文法に目を向けて、きちんと文法書は読んで、自分である程度のレファレンスグラマーの全体像ぐらいは理解しておいてほしいよ、とか、そういうこと

は思います。

白川：それは日本語教育がいかに多様化していても、変わらない部分ですか。

砂川：そう思います。そういうことは訴えていかなきゃいけないのね。声を大にして言っていかなきゃいけないですね。

白川：そのへんがぜんぜん理解されていないっていうのかな。多様化したからああいう従来の文法は必要ないっていうような単純な図式になっているような気がするんですよ。これはやっぱりキャンペーンが必要ですね。

砂川：ね、みんなで旗揚げしよう（笑）。

談話の研究

白川：じゃあ、ちょっとここで、日本語教育の話はいったんおいておいて、別の角度からいろいろとお話を伺いたいと思うんですが。砂川さんといえば談話の研究者として、いろいろと貢献なさってきたと思うんですね。私の記憶の中でも昔、文法学会の前身の文法談話会っていうのがありましたが、あれのテーマを決めるときに、モダリティとかヴォイスとかいろいろあった後で、「今度は談話をやりましょう」っておっしゃった。談話会の時代ですからだいぶ前のことですけどね。だから、昔から談話の研究の必要性をずっと説いてらっしゃった方だと思うんですけれども。最近のご著書でも『文法と談話の接点』っていうんですか。これ、いいタイトルですよね。

砂川：ありがとうございます（笑）。

白川：砂川さんの文法研究のスタンスを端的に表していると思うんですけれども。だけど、その一方で以前に比べるとその談話というものを前面に出して文法を研究するということは少なくなったような気がするんですよ。たとえば、井上和子先生が文文法と談話文法というような論文を書いたこともありますよね。そのときには文文法以外に談話文法が必要だというようなことがさかんに議論されていました。『談話の文法』なんて久野暲さんの本が出たこともあります。ああいうときに比べると、談話っていうのを前面に出すことが少なくなったような気がするんですけれど、それはもう談話の中で文法を考えるというのは文法研究者の中で常識になってしまったからなんでしょうか。

砂川：いやいや、まだそんなに談話の研究っていうのが積極的にすすめられているようには思えないんですけれども。

白川：ああそうですか。

砂川：方言研究のように実際のフィールドをやっている方たちっていうのはどうしても文文法だけじゃなく、談話文法のほうまで入っていきますよね。それと同じように日本語教育をやっていると、たとえば作文を直していても、なんでここでこう直したくなっちゃうのかなっていうこととか、その文の中だけで納まらないことがいくらでもある。そういう意味では、日本語教師もフィールド言語学をやっているわけですよね。そういう人たちってどうしても談話文法のほうにいかざるを得ないと思うんですけど、まだそういう方法論とかが明確になっていない感じがしますよね。

白川：そうですか。

砂川：そういう研究がもっと進められていいんじゃないかなと思うんです。もっといろんな方面から談話に関する研究が出てきてほしいな、とは思います。

白川：そうですね。どんな文法現象を扱うのでも、談話っていうのは無視できないと思うんですけれどね。でもたしかに、あんまり…

砂川：私は書き言葉を主に扱ってきたんだけれども、最近は会話を分析して、話し手が聞き手との相互作用の中で自分の立場をどのように伝えるかといったような研究は進んでいってますよね。

白川：そうですね。筑波の院生さんでも、よくそういう論文を書いてらっしゃいますよね。

砂川：そっちのほうがたくさん出てくるようになって、あれも含めて談話研究というなら、談話研究はずいぶん進んでいると思うんですね。ただ、会話の分析が主流になってきた陰で、書き言葉の分析が少し隠れちゃっているような気がしていて。まだまだ書き言葉だってやらなきゃいけないことはあるのになあっていう気はしているんです。だから、もうちょっと時間ができたら、私もそっちのほうにもう一回戻って、初心に帰って勉強しなおしたいなとは思っているけれども。

白川：もしそうだとしたら、それは皮肉なことですよね。国語学なんていう時代のときには文章論とかあったわけですよね。

砂川：そうですね。接続詞の研究とか。それで、品定め文とかそういう文の研究も、かなり談話的な発想からそういう名前が付けられていると思うんですね。

白川：林四郎先生の『文の姿勢の研究』とか。

砂川：そう。林先生みたいに文がその文章の中でどういう機能を持っているのかみたいなことって、今書

き言葉コーパスがたくさん出ているので、昔のアプローチとはまた違うアプローチで研究出来るんじゃないかなって思ってるんですね。私もまだ『文法と談話の接点』で中途半端にしかそういうことをやっていないので、もう少し腰をすえて続きをやりたいなっていう気持ちはあるんですけど、とにかく日本の大学は忙しくて（笑）。

白川：（笑）。

砂川：そういう時間が取れないでいるっていうところですね。

白川：『文法と談話の接点』で扱われたのは主に主題の問題ですか。

砂川：そうそう。主題展開の問題ですね。

白川：「は」と「が」とか。

砂川：うん。書き起こしてそれをつなげていってそして収束させる、っていう一連の作業がどういう言語形式を伴っていくのかというようなことを、丁寧に見ていきたいなという課題ですね。

白川：「は」と「が」こそ、主題のことこそ談話の問題だと思うんだけれども、それはだいぶ前からいわれていますけど、研究は進展していないという感じですか。

砂川：私が最近あんまり勉強していないからそういうふうに感じるのかもしれないけど、どちらかというと話し言葉の分析が非常ににぎやかで、いい研究がどんどん行われてきているけれども、書き言葉のほうはそんなに目立って進んでいるっていう感じがしないんですね。

白川：話し言葉の研究はかなり進んでいますか。

砂川：話し言葉の中での、談話の終結とか、トピックシフトとかそういう研究はけっこう進んでいると思います。

白川：でも、それはどちらかというと会話分析みたいな分野ですよね。

砂川：私自身、会話分析にはタッチしていないというか、あまり勉強していないので、なんともいえないんだけど。会話分析とは違うやり方で会話を文法の側面から見ていくっていうやり方はあると思うんですよ。文法の形式的なところから、会話の中でそういう形式がどういう役割を果たしているか。その先にどういう展開をつかさどっているか。そういうようなところで、まだまだ会話の文法研究っていうのが出来るだろうと思うんですね。

コーパスと日本語教育

白川：それとも関係しますけど、砂川さん、最近コーパス研究を熱心にやっていらっしゃいますよね。本（『日本語教育のためのコーパス調

査入門』)も出されたりしてですね。

砂川：そうなんですよ。ちょっと自分でも信じられないんですけど。全然なにもわかってないでやっているっていう感じです。「現代日本語書き言葉均衡コーパス」を（国立）国語研究所が作るときに、どういうわけか私をその日本語教育班の班長さんにしてくれたんですね。そのときにはコーパスなんてよく分かってなかったけど、なんか面白そうと。『明鏡国語辞典』を書くときに、『明治の文豪』とか『新潮文庫の100冊』とか、ああいう電子データをgrep検索しながら例文を作ったり語義を考えたりしたことはあったんですね。だけど、用例集めのために使ったくらいのことしか経験がなくて。コーパスのことは何にも分からなかったんだけれども、ちょっと知りたいと思って入れていただいたんです。

白川：そうなんですか。

砂川：それで、打ち合わせに行ったら、みんな私の分からない言葉で話してて。「アノテーション」ってなんですか、「正規表現」ってなんですかという感じで、教えていただいて。お邪魔虫だったんだけど、5年間そのプロジェクトに参加させていただいたおかげで少し耳学問ができて。幸いコーパス検索ソフトの中納言とか、ああい

う簡単にコーパスが使えるソフトがありますよね。そういうのを使えばなんとか分析できる的な初級者なんです。

白川：そうなんですか。本まで書いていらっしゃるのに。

砂川：そう。それはだからコーパス初級者が初級者のために書いたの。李在鎬さんとか石川慎一郎さんがいたから、引っ張ってもらって書けたんだけど。こういうわからないおばさんが手探りでコーパスを使うためにはどうしたらいいかっていう本だから、私が参加する意味があったわけ。

白川：なるほど。いや、コーパスは面白そうで役に立ちそうだけれども、なんかわかんないなっていう人にとっては、むしろそういう本のほうがありがたいというか。

砂川：そうですね。だから、あれは言語研究者のための本ではないんだと思うんです。

白川：そうですか。

砂川：言語研究者のための本だったら、もっと厳密にコーパスの使い方やなにかをきちんと危険性も含めて解説すべきだし。むしろ私たちがやったのはコーパスってこんな便利だから使ってみてくださいっていう本なので。現場の先生たちがちょっと調べて自分の明日の授業の準備をするとか、テスト問題を

作るとか、そういうときに役立ちますよっていうレベルで。研究者のためのコーパスの活用本というのはまた別にありますので、そっちのほうを見ていただきたいという気がします。

白川：そうだったんですか。

砂川：私の意識としてはそうです。李さんや石川さんも…おそらく。だって日本語教師のためのコーパス入門書なので。言語研究をする人のためのコーパス入門っていうのはちょっとまた違うスタンスで。

白川：日本語教育のためのっていうふうに銘打ってあるんですね。

砂川：そう。だから私でも書けたの。

白川：なるほど。そこでもやっぱり日本語教育への関心とつながってくるんですね。

砂川：そうですね。やっぱり現場の先生たちが明日教えるのに、この使い方が困ったとか、作文でちょっと直したけれどなんでこれを直したのか解説しなくちゃならないから困ったっていうときに、コーパスが使えてそれが説明できるんだったらとてもいいじゃないですか。そういうところで使ってもらいたかった。

白川：僕よく分からないんですけど、ノンネイティブの人でも十分使いこなせますか。

砂川：そうなんですよ。ノンネイティブはなおさら言語直観がないから、ノンネイティブの日本語教師が困ることって多いと思うんですね。そういうときに手軽にコーパスで検索するとかなりわかります。ノンネイティブの方でも自信を持って答えられるようになりますよっていうことをお知らせしたかった。

コーパスの威力と落とし穴

白川：なるほど。私も便利そうだなとは思うんだけれども、今でも参入しきれないでいるのは、量的にはすごく把握しやすいだろうけれども、いろいろなデータがまぜこぜになっているじゃないですか。それを選り分けるのは、結局はやっぱり手作業になるだろうから、その辺りがどうも自分の中で整理できなくて。

砂川：そうですね。研究論文を書こうと思うと、コーパスを使ってもものすごく手間がかかるんです。まずゴミを探すとか。コーパスは形でしか検索してくれないので、それを今度は意味で分けなきゃいけないとか。分析をする前作業が大変になってくるんですね。だから、本格的に研究しようとするとコーパスを使ってもちっとも手軽じゃないなっていうのが私の印象

で（笑）。いくつか実際に類義語研究とかやってみましたけれども、コーパス検索ツールを使ってやると、本当にこちらが知りたいことが、なかなか痒いところに手が届かないなっていう感じもありますし。だから研究するのと教育のために実用的な目的で使うのと、分けて考えたほうが安全かなという気がします。

白川：なるほどね。で、研究するにしても、やはり万能ではないと。

砂川：研究するんだったら、コーパスの危険性も十分知ったうえで、慎重に扱って研究してほしいなって。

白川：それもすごくキャンペーンが要りそうですね。

砂川：うん。それは私も、「現代日本語書き言葉均衡コーパス」プロジェクトの中でいろいろな方達に教わって。簡単に手を出しちゃいけないんだって、手を出すからにはそれなりに慎重に準備して書かなきゃいけないんだってことは教えていただいたんですね。

白川：だけど、今コーパスは大はやりで、コーパスを使っていないと逆に何でコーパス使わないんですかって言われるようなご時世ですよね。けっこうだれもかれも大規模コーパスを使って論文を書いていますけれども、読んでみると調査報告みたいで、だからどうしたのって言いたくなるのが多いように思うんですけど、いかがでしょうか。

砂川：いや、でもやっぱり実際使ってみると、自分の直観では気づかなかったことに気が付かされることが多いので、やっぱりコーパスの威力ってすごいなと思うんです。自分でいくら手作業で用例を集めて分析してもなかなか気がつかないことが、あれだけ大量にバンと集められると、直観で、内省で分からないことが見えてくるっていうのは確かにあるので、そういう意味でコーパスが盛んになっていってほしいと思うんですけど。ただ気をつけなければならないのは、数量化したらすぐさまなにか答えが出てくるような、安易な理解がされているとしたらそれはすごく危険で、さっき言ったようにコーパスそのものにも落とし穴がたくさんあるし、使うにはそれなりの知識と技術を持って慎重に使わないと、とんでもない勘違い論文を書いてしまうこともありうると思うんですね。そういう点は注意しなきゃいけないけれど、便利なことは便利です。もっと使う人が増えたらいいなって私は思ってます。

白川：なるほど。僕もその砂川さんの

本を読む必要がありそうですね。

砂川：ぜひ、よろしくお願いします（笑）。

日本語教育と国語教育

白川：じゃあ最後に、母語話者と日本語っていう観点からお話を伺いたいと思います。本当に砂川さんすごいなって思うのは、日本語教育のこともやれば、もちろん文法研究もやるし、また、あの辞書のお仕事ですよね。『明鏡国語辞典』の編集委員をなさったり、あるいは『問題な日本語』ですか、ああいった啓蒙書も書かれて。日本語教育の専門の方が国語教育的なことに関与されるって、普通の人にとっては不思議な、おもしろいことだと思うんですよね。その辺りのこと、どうお考えになってらっしゃいますか。

砂川：国語教育ってわからないですね。非常に違う分野だっていう感じがします。ただ、筑波大学の中にはたとえば矢澤（真人）さんみたいに国語教育に関わる先生たちもいらっしゃるわけで、そういう方たちから話を聞いて耳学問的に国語教育ってこういうもんだ、ああいうもんだ、国語教育の中での文法教育の難しさとかっていうお話は伺うんですね。それから、数年前に矢澤さんに誘われて、全国大学国語教育学会というところでパネルを組んで発表させていただいたりして。そういうところで発表してみて感じるのは、やっぱり文法教育っていうのは国語教育の中でまだちょっと異質な扱いを受けている、ということなんです。

白川：そうですね。

砂川：やっぱり国語教育は情操教育というか、文学を鑑賞するとか、漢字を教えるとか、子供の成長に合わせて言葉を豊かに美しくするとか、そういう方面にはみなさん熱心なんですが、文法形式のほうになるとあんまり熱心じゃない。それよりも段落をどうやって作るかのほうが重要だみたいな感じの発言もあったりして、私たちのパネルがどこまで理解していただけたのかなっていう印象を受けました。でも矢澤さんも頑張って、それ以降もその学会で毎年パネルを続けていらっしゃってるし、科研費を取って研究を進めています。だから私はそういう中で耳学問的に参加させていただいて、ありがたいことだと思ってるんですね。『明鏡国語辞典』もこれは、私が日本語教育っていう立場だから入ってくださいって言われたんです。北原保雄先生に日本語教育の観点も国語辞典に取りいれていかなきゃ

いけないと。

白川：それは新しいですよね。

砂川：外国人の方も国語辞典をたくさん使っているのだから、そういう人たちに役に立つ辞典じゃないと困る、だから砂川さん入ってくださいっていう形で入れさせていただいて。辞典作りってこんな大変なものかというのを、ものすごく勉強になりました。

白川：ちょっと知りたいんですけど、いろんなイディオマティックな語彙項目を見出しに掲げているあたりはすごく新しい企画ですよね。それは中上級の文型辞典なんかのお仕事と直接関係しているから、ああこの辺りはかなり砂川さんの貢献だろうなあと。

砂川：かなり取りいれてくださっているんですね。複合辞みたいなものも、見出し語にするといろいろな問題が起こってくると思うんですよ。どれだけ複合しているかとか、複合辞じゃなくて本動詞として使われる場合もあるけど、その区別をどうするかとか。そういうようなものも編集委員会の中で議論をしながら進めていったので、編集会議は本当に楽しかったです。『明鏡国語辞典』の編集会議、毎回毎回、いろいろ勉強させていただいて、本当に楽しかった。

白川：そういうものだけに限らず、格助詞の記述なんかもすごく詳しいですよね。「を」だけで 2 ページぐらいになったりとか。あれもだいぶ砂川さんが参加されることによって…

砂川：ええ。あの最初の下書き原稿は私が書かせていただいて。だけどそれが最後にはぜんぜん違うものになって出てくるので、すごいなって思ったんですけど（笑）。ああこれが辞書の編集って仕事かって。何回も何回も会議を重ねてどんどん編集部のほうで書き直していくので。私が書いたものともうぜんぜん違う、倍ぐらいに膨らんでいたりすることもあったり。

白川：そうですか。あれは本当にすごく新鮮で。「を」にこんな用法があるというのは日本語教育の世界ではそんなに変わったことじゃないですよね。あれを国語辞典に盛り込んだというのはすごいことだと思うんだけれども。これは単に学習者が使うときに役に立つっていうだけじゃなくて、ネイティブスピーカーが読んでもすごくおもしろいんじゃないですかね。

砂川：そうですね。気付かないことがいろいろ書いてあると思う。たとえば「を」でも「ホームランを打つ」って言うときと「ボールを打つ」ときの「を」は違うでしょ、とか、そんなことまで書いてある

わけで。そういうのは日本人の母語話者でも気がついてないですよね。それから、本来は国語辞典って意味重視だから語の意味を書いていくけれど、日本語学習者の場合だとどうしても形式が重要になってきて、形式からじゃないとその表現に行き着けないので、なんとか意味重視のところに形式重視も入れてくださいということも議論して、「〜の形で」というのをたくさん入れるようになった、とか。いろいろ従来の国語辞典と違う方法を取り入れていると思います。

白川：その形式重視っていうのは、本当に、日本語教育から国語教育になにがしかの提言ができる部分じゃないでしょうかね。だからもっと、言葉としての日本語の面に目を向けてほしいっていうようなメッセージを送れるんじゃないですかね。

砂川：そうですね。だから、国語辞典は従来は語というものが絶対で、それが見出し語に立っていて、その語の意味を記述するっていうことが目的だったところに、複合辞のような語だか何だかわからないようなあいまいなものも、連語という形でたくさん取り入れるっていうのも、これも一つの形式重視のあり方だろうと思うし。連語として取り入れられない場合は「〜の形で」っていうのを立てて、一つの見出しの中の子見出しみたいに目立つ形で示すことで、利用者が形から見つけられるようにするとか、そういう意味では従来の国語辞典の方針に別の方針も取り入れて融合、折衷したみたいな形になっているんですね。実用の書としてはそういう折衷案があって、私はいいと思うし、それで使い易ければいいと思うんですね。

白川：それから、使い方についての記述についてもすごく充実していますよね。これは『問題な日本語』と重なる部分ですけれど。「読ませて頂く」とかいうのがあったり。

砂川：誤用例を入れたりもしました。

『問題な日本語』

白川：『問題な日本語』の話が出たので、そちらにちょっと戻りたいと思うんですけれど。『問題な日本語』っていうのもまた斬新な企画ですよね。つまり、何が正しくて何が間違いなのかっていう単純な話じゃなくて、こういう変な言葉があるけれど、こういうそれなりの理由があるっていうような記述がすごく多い。これはすごく日本語教育につながるところがないで

すか。学習者言語を見るときの目とか。

砂川：そうですね。なんでこれが変なんだろう。なんでこっちのほうが正しいって言われてるんだろうっていう。そこは日本語教育につながるんだけど。私が面白いなと思ったのは、これを扱っていたらまさに言語変化の揺れとか、誤用と正用の境目みたいなことを扱っているというところ。これをやって初めて、言葉ってこんなに速く変化するんだって気付いたんですね。最初は編集部からこれを書いてください、あれを書いてくださいって言われるのが全部若者言葉みたいなものばっかりで、私、若者言葉は使わないし、周りにそういうのを使う人もいないから、使い方も知らなかったし、原稿を書くのに本当に困ったんですけど。だけど、書いているうちにすごく面白くなってきて。まさにこれって今、言葉が揺れて、変化している、その部分を捉えてなんとか説明しようとしているんだなって、そこから言葉の変化とか文法の変化っていうことにもすごく興味を持つようになっちゃって（笑）。最近はそっちの方の本をたくさん読んだりしています。『問題な日本語』のおかげで、今まで現代日本語の共時的なところにしか目がいってなかったのが、近代語や近世語の本も読んでみようかな、とか。だから、人間どこでなにが転がっているかわからないですね。

白川：本当ですね。

砂川：嫌々やり始めた仕事だったんだけど、今、この仕事はすごく重要な仕事になってきています。

白川：砂川さん、「じゃないか」、「じゃないですか」っていう表現を担当されてましたよね。

砂川：そうですね。

白川：それで、いろんな用法の「じゃないか」を整理して、ここまでは許せるけど、これは論外みたいなことをおっしゃってますけれども、あれこそ言葉の変化が速いってことでしょうかね。

砂川：言えるようになっちゃったりね。

白川：うん。だから砂川さんがあの時点でこんなの論外としているものでもけっこう使う人が増えていますね。

砂川：そうそう。増えてますよね。これはちょっとおかしいんじゃないのって言ったのが、今ぜんぜんおかしくなくなっちゃってるのがいっぱいあるでしょ。

白川：ありますね。

砂川：学生が何でそんな問題を取り上げるんですかって聞くんです。学生の頭の中ではぜんぜん変だと思っていないから。どうして私が

そういう問題を取りあげているかが理解できないとかって言われちゃう。それで、10年前はおかしかったんだよ、とかいうと、えーって言われる (笑)。

白川：(笑)。学習者もすごく言葉の揺れの問題には敏感ですよね。つまり、自分たちはどうしたらいいのかっていう。

砂川：そんなの習ったことがなかったからわからなかったのが、今初めてわかりましたとかっていう (笑)。

白川：学習者とか、それから日本語を教える人はその揺れの扱いをどう考えたらいいと思いますか。すごく難しいですよね。

砂川：本当に難しい。辞書を書くときもそうですね。辞書はそれが国語教育とかで規範として参照されるわけだから、一番安全無難でみんなが使っているものを表に出すんだけど、でも、揺れている部分、違う用法もあるとしたら、やっぱりそういうところも書かなきゃと思うんですよね。明鏡国語辞典はそれを、こういう状況では使われているとか、若者たちが使う場合もあるとか、こういう使い方は不適切だとか、そういうコメントつきであげているんですよね。国語辞書ってすごく保守的だから、そういう問題って今まであんまり扱ってこなかったんですね。それを『明鏡国語辞典』は積極的に取り入れている。

白川：これこそ一般社会への啓蒙活動につながると思うんだけれど、揺れに関してはすごく保守的な考えを持つ人が多いですね。特に年配の方ですが。たぶん『問題な日本語』っていうのは、どちらかというと若い人にはすんなり受け入れられるんだけど、年配の方はやっぱり抵抗があるんじゃないですか。どうですか。

砂川：そうだと思います。読者ノートで、正しいとか間違っているとか言っていないことが、批判されることはありますね。

白川：そうそう (笑)。でも、それこそ僕は啓蒙が必要な部分だと思います。正しい、間違いではなくって。

砂川：いつの時代でも変わり始めって間違いだとか、気持ち悪いとか言われつつ、徐々に変わっていくわけですよね。

白川：私も公開講座みたいなもので、言葉の揺れの企画に携わったことがあるんですけども、それはラジオ放送によるものだったんですよ。それでスクーリングみたいなのがありまして、講師として行ったらやっぱり文句を言う人がいるんですよね、年配の人で。理屈で

はわかった、と。言葉は変化するものらしいと。だけど、ことばの専門家がそういうことを言って、乱れを容認しているのがいけないんだ、とかいってね。ぜんぜん話わかってもらえてないなっていうふうに（笑）思ったんですけれども。

砂川：でもちゃんと使い分けているんですよね、若い人たちも。身内で使っているときは若者言葉を使うけど、別の人に向かってはそういうものは使わない、とか、使い分けていることが多くって。そんなに目くじらたてるほどのことでもないだろうと思うんだけど。

白川：僕も。使い分けるってことが要諦だと思いますね。やっぱり自分の言葉の使い方が、年配の人には癇に障るということがわからないっていうところが問題なんじゃないですかね。

砂川：テレビなんかで聞いてて、年配の方がきっと腹を立てるんでしょうね、若い人たちのことばに。

白川：そうですね。「じゃないですか」なんていうのも、たぶんテレビあたりから広まった用法だと思いますけど。でも、こんな言い方が出てくるのはそれなりの理由があるっていう、合理的な方向に変化しているんだということを知ってもらいたいですよね。

砂川：できれば、なんで変化が起きるのかっていうところまで考えられたら面白いなって今思っているところなんです。いろいろな要因があると思うんですけど、社会的な要因もあれば、わたしたちの認知的な要因もあるだろうし。そういうところまで説明できたらおもしろいだろうなあって。

白川：なるほど。いろいろな方向への発展が考えられて、楽しいですね。話は尽きませんが、時間も遅くなりましたので、この辺で。今日は長時間、ありがとうございました。

執筆者一覧

佐藤琢三*（さとう・たくぞう）　　　学習院女子大学国際文化交流学部教授

庵　功雄*（いおり・いさお）　　　　一橋大学国際教育センター教授

長谷川守寿（はせがわ・もりひさ）　　首都大学東京都市教養学部准教授

阿部二郎*（あべ・じろう）　　　　　北海道教育大学札幌校准教授

牧原　功（まきはら・つとむ）　　　　群馬大学国際教育・研究センター准教授

天野みどり（あまの・みどり）　　　　大妻女子大学文学部教授

冨樫純一（とがし・じゅんいち）　　　大東文化大学文学部准教授

生天目知美（なばため・ともみ）
　　　　　　　　　　　　　　　　　東京海洋大学大学院海洋科学技術研究科准教授

ポリー・ザトラウスキー（Polly Szatrowski）　ミネソタ大学言語学研究所教授

渡辺文生（わたなべ・ふみお）　　　　　　　山形大学人文学部教授

木戸光子（きど・みつこ）　　　　　　　筑波大学人文社会科学研究科准教授

石黒　圭（いしぐろ・けい）
　　　　　　国立国語研究所日本語教育研究・情報センター准教授・
　　　　　　一橋大学大学院言語社会研究科連携教授

アンドレイ・ベケシュ（Andrej Bekeš）　　　　リュブリャーナ大学文学部教授

俵山雄司（たわらやま・ゆうじ）
　　　　　　名古屋大学国際教育交流本部国際言語センター准教授

砂川有里子（すなかわ・ゆりこ）　　　　　元筑波大学人文社会系教授

白川博之（しらかわ・ひろゆき）　　　広島大学大学院教育学研究科教授

（論文掲載順。*は編者）

文法・談話研究と日本語教育の接点

| 発　行 | 2015年4月10日　初版第1刷発行 |

| 編　者 | 阿部二郎・庵　功雄・佐藤琢三 |

| 発行所 | 株式会社　くろしお出版
〒113-0033　東京都文京区本郷 3-21-10
TEL: 03-5684-3389　FAX: 03-5684-4762
URL: http://www.9640.jp　e-mail: kurosio@9640.jp |
| 印刷所 | 株式会社　三秀舎 |
| 装　丁 | クリエイティブ・コンセプト |

©Jiro ABE, Isao IORI, Takuzo SATO 2015　Printed in Japan
ISBN 978-4-87424-653-5　C3081

● 乱丁・落丁はおとりかえいたします。本書の無断転載・複製を禁じます。